全国职业教育物流管理专业规划教材

Xiandai Wuliu Guanli
现代物流管理

主　编　关艳萍
副主编　刘冉昕　仪玉莉

人民交通出版社股份有限公司
China Communications Press Co.,Ltd.

内 容 提 要

本教材依据岗位工作任务，明确职业能力目标、相应的专业知识目标和职业素质目标，据此构建教材内容，选取能力训练项目，按工作过程对教材内容、训练项目进行序化，编写成项目教材。教材采用知识学习、课堂训练、知识拓展、课外阅读、图文、网络链接等形式，体现能力目标、知识目标，注重物流管理职业人的基本素质和可持续发展能力的培养，为后续物流的实践技能锻炼和培养奠定良好的基础。

本教材可以作为职业院校物流管理及相关专业的教材，也可以作为物流企业员工培训和社会学习者自学的教材。

本教材配有多媒体课件和丰富的教学素材，读者可致电010-85285867索取。

图书在版编目（CIP）数据

现代物流管理 / 关艳萍主编. —北京：人民交通出版社股份有限公司，2018.9
ISBN 978-7-114-14939-9

Ⅰ.①现… Ⅱ.①关… Ⅲ.①物流管理-教材 Ⅳ.①F252.1

中国版本图书馆CIP数据核字（2018）第201445号

书　　　名：	现代物流管理
著 作 者：	关艳萍
责任编辑：	司昌静
责任校对：	宿秀英
责任印制：	刘高彤
出版发行：	人民交通出版社股份有限公司
地　　址：	（100011）北京市朝阳区安定门外外馆斜街3号
网　　址：	http：//www.ccpress.com.cn
销售电话：	（010）59757973
总 经 销：	人民交通出版社股份有限公司发行部
经　　销：	各地新华书店
印　　刷：	北京虎彩文化传播有限公司
开　　本：	787×1092　1/16
印　　张：	15.25
字　　数：	330千
版　　次：	2018年9月　第1版
印　　次：	2022年12月　第4次印刷
书　　号：	ISBN 978-7-114-14939-9
定　　价：	45.00元

（有印刷、装订质量问题的图书由本公司负责调换）

Preface 前 言

本教材依据岗位工作任务，明确职业能力目标、相应的专业知识目标和职业素质目标，据此构建教材内容，选取能力训练项目，按工作过程对教材内容、训练项目进行序化，编写成项目教材。教材采用图文、动画视频、网络链接等形式体现能力目标、知识目标、知识学习、课堂训练、知识拓展、课外阅读。

本教材注重学习者物流管理职业人的基本素质和可持续发展能力的培养，是在先进的物流管理运作理念支配下，为后续物流实践技能的锻炼和培养奠定良好的基础。本教材可以作为高职物流管理及其相关专业的教材，也可以作为物流企业员工培训和社会学习者自学的教材。

在本教材建设过程中，以培养现代物流管理的理念和管理能力为重点，对原学科体系下的物流管理教材进行教学内容重组，按照职业活动的特点和要求进行整合。在充分分析物流人才养成要求、行业人才结构质量要求、岗位能力要求、职业资格证书的基础上，依托物流行业，体现第三方物流企业运营特点，以工作任务为核心、以业务流程为主线，围绕岗位职业能力，深度融合工作对象、手段、组织、环境等要素，用项目操作、案例分析等形式表现出来。

本教材的针对性与适用性较强，在理论实践一体化的教学过程中，能够激发学生自主学习的动力，实现管理创新能力的培养。本教材包括物流与物流系统、现代物流管理基本原理、流通业物流管理、制造业物流管理、第三方物流管理、国际物流管理、订单处理与信息技术、供应链管理等理论内容，还包括制造系统流程管理、供应系统流程管理、销售系统流程管理、物流公司流程管理、推动式供应链系统、拉动式供应链系统等实践内容。

现代物流人才不仅要有高超的专业技能，还需要良好的团队精神；既要具有独当一面的解决问题能力，还要有良好的交往能力，善于团队协作。本教材打破传统的让学生死记职业道德标准手册的方式，而是通过大量的物流案例、作业，使学生产生学习的兴趣并乐于接受。使学生真正理解和接受"与人合作"，掌握现代物流企业管理理念的精髓，树立高尚职业道德，成为一名具备综合素质的现代物流企业一线管理人才。

本教材由辽宁省交通高等专科学校关艳萍任主编，刘冉昕、仪玉莉任副主编。在本教材编写过程中参考了大量的文献资料及网络资源，引用了一些专家学者的研究成果和物流企业的案例资源，在此对这些文献作者表示崇高的敬意和诚挚的感谢。由于物流业处于快速发展与变革中，物流理论及相关方法也在不断发展变化，本教材还有待进一步探讨和研究。限于时间等因素，我们虽竭尽全力，但错漏仍不可避免，诚恳地期望使用本书的广大师生、行业企业专家及阅读本书的读者提出真诚而宝贵的意见与建议，使其更趋完善。

作 者

2018 年 3 月

Contents 目 录

模块一　物流与物流系统 ·· 1
　　单元一　物流 ··· 1
　　单元二　物流系统 ·· 12

模块二　现代物流管理基本原理 ·· 20
　　单元一　物流战略 ·· 20
　　单元二　物流成本 ·· 33
　　单元三　物流质量与物流服务 ·· 49
　　单元四　物流标准化 ··· 60

模块三　流通业物流管理 ·· 72
　　单元一　运输管理 ·· 72
　　单元二　仓储管理 ·· 92
　　单元三　包装管理 ··· 107
　　单元四　装卸搬运管理 ··· 115
　　单元五　配送管理 ··· 123
　　单元六　流通加工 ··· 134

模块四　制造业物流管理 ·· 140
　　单元一　采购物流与销售物流管理 ·· 140
　　单元二　生产物流管理 ··· 158

模块五　第三方物流管理 ·· 179
　　单元一　第三方物流 ··· 179
　　单元二　第三方物流管理 ·· 182

模块六　国际物流管理 ·· 194

　　单元一　国际物流 ·· 194

　　单元二　国际物流管理 ·· 201

模块七　订单处理与信息技术 ·· 210

　　单元一　订单处理 ·· 210

　　单元二　物流信息技术 ·· 216

模块八　供应链管理 ·· 226

　　单元一　供应链 ··· 226

　　单元二　供应链管理 ··· 229

参考文献 ·· 236

模块一　物流与物流系统

单元一　物　　流

 学习目标

了解现代物流形成的基础，正确区分现代物流与传统物流的不同，明确现代物流在经济中扮演的重要角色。通过中外物流实际案例介绍，培养学生树立正确的专业信心和职业观念。

从系统论角度正确理解现代物流的内涵，掌握物流系统如何实现在恰当的时刻、将正确的物品、以正确的顺序、以准确的数量、以恰当的成本满足用户需要，通过图1-1物流系统的形象描述，培养学生树立物流的系统观念和全方位、全视角考虑解决物流实际问题的能力。

图1-1　假如没有一个设计优良的物流系统

物流对顾客来说具有许多含义。物流过程几乎直接或间接地影响着人类活动的每个领域。自人类文明发展以来，物流便开始存在于人们的日常生活中，可以说是无处不在、无时不有的。很少有商业领域能像物流一样对人类社会产生如此重大的影响。

一、物流的定义

(一) 物流意识的形成

物流一词源于美国。1915年阿奇·W·肖(Arch W. Shaw)在《市场流通中的若干问题》一书中有所表述。1920年,著名的营销专家弗莱德·E·克拉克(Fred E. Clark)在他所著的《市场营销的原则》一书中,将物流纳入市场营销的研究范畴,明确指出市场营销是指商品所有权所发生的各种活动以及包括物流在内的各种活动。

"物流"最初被称作实体配送,即Physical Distribution(PD)。这一概念最早形成于美国。1935年美国销售协会阐述了实体配送"是指销售过程中的物资资料和服务从生产场所到消费场所流通过程中所伴随的种种经济活动"。

第二次世界大战期间,美军后勤组织运用了一套科学方法,成功地将各种战略物资及时准确地送到世界各地,为第二次世界大战提供了后勤保障。这套方法在军事上被称为"Logistics"(兵站或者后勤)。该方法主要强调军队在作战时,能否以最快的速度、最高的效率,安全无误地将武器、弹药以及军队的吃、住、行等所有必需物品按要求供给前线,这是影响军队胜败的重要因素。这套后勤管理方法包括军需品的订货、生产计划制订、采购、库存管理、配给、运输及通信等。第二次世界大战后,这种"后勤"的概念被大量运用到了民用领域,应用于流通领域和生产经营管理全过程中所有与物品获取、运送、存储、分配有关的活动,促进了世界经济的发展,也促进了物流学理论的形成和发展。后来人们把"Logistics"一词专用于物资的流通中,逐渐取代了PD,成了物流科学的代名词。

20世纪50年代,日本从美国引进物流的理念,将之译为"物的流通"。日本学者平原直首次用"物流"取代"物的流通",并发展与完善了物流的科学研究和实践。

物流概念在各个经济发展阶段,为适应不同的经济活动目的,不断地进化、调整和完善。物流的概念至今还在演变。

(二) 现代物流理念

物流经过多年的发展,在不同阶段和不同的国家产生了许多种定义。2001年8月,我国国家标准《物流术语》(GB/18354)发布,2006年对其进行修订,其中对物流的定义是:"物流(Logistics),即物品从供应地向接收地的实体流动过程。根据实际需要,将运输、储存、装卸、搬运、包装、流通加工、配送、信息处理等基本功能实施的有机结合。"(如图1-2~图1-8所示)

图 1-2 运输

图 1-3 储存（仓储）

图 1-4 装卸

图 1-5 搬运

图 1-6 包装

图 1-7 流通加工

1. 绿色物流

绿色物流（Environmental Logistics）是指在物流过程中抑制物流对环境造成危害的同时，实现对物流环境的净化，使物流资源得到最充分合理的利用。现阶段，由于环境问题日益突出，在处理社会物流与企业物流时必须考虑环境问题。尤其是在原材料的取得和产品分销中，运输作为主要的物流活动，会对环境产生一系列的影响，而且废弃物品如何合理回收，以减少对环境的污染或最大可能地再利用也是物流管理过程中需要考虑的内容。绿色物流业务流程如图 1-9～图 1-12 所示。

图 1-8 配送

图1-9 回收

图1-10 分类

图1-11 分解

图1-12 处理

2. 虚拟物流

虚拟物流（Virtual Logistics）是为实现企业间物流资源共享和优化配置，以减少实体物流方式，基于计算机信息及网络技术所进行的物流运作与管理。虚拟物流是多个具有互补资源和技术的企业，为了实现资源共享、风险共担、优势互补等战略目标，在保持自身独立性的前提下，建立的较为稳定的合作伙伴关系。

 案例

苏州虚拟空港

苏州没有海港，没有机场，发展物流产业"先天不足"，然而这并不妨碍苏州成为江苏省的重要国际物流转换枢纽。其周边的海港如上海港、宁波港，空港如虹桥机场、浦东机场为苏州物流提供了重要支持。"不求所有，但求所用"，苏州物流利用数以万计的制造企业在苏州聚集的规模优势，将周边海港、空港连成一张四通八达的物流网，使苏州年产将近2000万台的笔记本电脑和其他产品快速流向全国乃至世界各地。

所谓虚拟空港，即把苏州工业园区视为一个虚拟空港，应用空陆联程模式，以苏州作为航空运输的最终目的地。该空港拥有国际航空组织规定的城市代码（SZV），国外供应商在发货时，直接将货物的目的地定为苏州工业园区。这样一来，当货物到达真正的机场比如上海浦东机场、杭州萧山机场后，将由航空公司直接通过陆路运输转至园区内。

苏州物流中心 SZV 业务流程如图 1-13 所示。

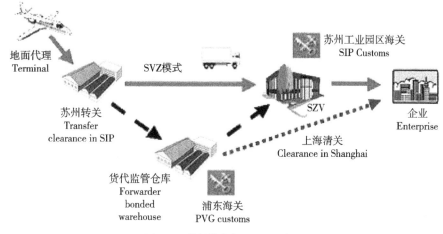

图 1-13　苏州物流中心 SZV 业务流程

二、现代物流在经济中扮演的角色

（一）物流是人类社会再生产的条件

（1）物流是连续性生产的有力保障。

整个经济运行可以分为生产、流通、消费三个领域，但是由于生产和消费是相对统一的，所以整个经济的运行可简单地分为生产和流通两个领域。这两个领域对于国民经济来说，都是非常重要的，缺少了哪一个都不行。只有将两者结合起来，协调配合，才能够使国民经济顺畅地发展。生产与流通之间的关系，类似于鸡与蛋的关系。

首先，生产决定流通，没有生产就没有流通。因为，没有生产，就没有产品，当然也就不需要流通。无论是流通的品种、流通的数量、流通的范围，都取决于生产的品种和数量。从这个意义上说，生产是第一位的，生产决定流通。但是，流通又对生产有反作用。这主要表现为以下几个方面：第一，流通为生产提供原材料、设备和工具，为生产创造必要的物质条件，没有流通，就不可能有原材料的供应，没有机器设备和工具的提供，生产就不能够进行；第二，流通又为生产分销产品、收回成本、创造利润，为生产和再生产的顺利进行，为企业的生存与发展提供资金支持。其次，没有流通，产品就不能分销出去，既占用流动资金，又不能收回成本和利润，不但不能进行再生产，甚至企业的生存都成了问题。这样，流通既在前端为生产提供原材料、机器设备等物质条件，又在后端为生产分销产品、收回成本和利润，为继续生产提供资金支持。生产的前端、后端都离不开流通，可以说，流通是生产的前提条件，没有流通就不可能有生产，企业也就不能生存和发展。

（2）物流与商流分离是提高社会经济效益、降低成本的需要。

广义的商品流通具有二重性。一方面是指商流，即商品从生产者到消费者不断转卖的价值形态转化过程，对于由若干次买卖所组成的序列而言，这是商品所有权在不同的所有者之间转移的过程；另一方面是指物流，即由商流所带动的商品实体从生产者方向消费者方的转移过程，也即流通领域的物质运动，就是流通领域的物流。投入物流的劳动是生产性劳动，因为它是生产过程在流通过程延续的劳动。虽然商品以转卖带动着商品体的转移，但商品体的物质运动有其独立运动过程。商品两个因素的对立统一是商流与物流分离的前提条件和基础。商流是指价值运动，物流是指使用价值的物质运动。反过来，正像使用价值是价值的物质承担者一样，物流又是商流运动的物质内容。它对商流也有能动的反作用。研究商品价值运动，要从节省社会劳动、减少流通费用开支、加快资金周转速度出发，以顺利达到加速商品价值形态更替的目的；研究使用价值过程，则要从缩短商品运输路线、减少商品在流通领域的停留时间出发，降低储运成本，使商品实体顺利实现位移。因此，两者并非、也没有必要永远同时发生。商流中的劳动和物流中的劳动，性质不同，从广义商品流通的角度比从单纯的所有权转移（狭义商流）的角度来研究流通过程更为重要。如何减少物流中的劳动量，是讨论商流与物流分离的问题所在。

  物流与商流的分离是商品流通发展的产物。随着产销矛盾的发展，商流与物流必然会在时间上、空间上、规模上发生各种分离。在现代商品经济条件下，由于现代科学技术的发展和商品流通的深化，两者分离程度更高了。随着商业规模的扩大和经营结构的复杂化，像以前那样孤立地研究储、运、装、卸等物流的各部分，以及分别加以组织、管理就不够了，必须整体地、系统地研究物流，以便做出规划、对策和采取措施，并且要建立基础设施，否则各方面不能配套，物流就搞不好，商品流通过程也就难以顺畅。只注重商流，不抓物流是不行的。商业的发展既包括经营规模扩大，也包括经营的专业化、社会化，结构的复杂化和层次化。专业化协作的结果使得商业内部各行业之间、各企业之间的关系越来越复杂。这些联系都要通过物流来实现。另外，地区分布、横向联系的发展也要求物流的适应和完善。在高度集中统一的单一经济成分、单一流通形式、单一流通渠道、多环节的流通体制下，物流问题并不突出，因为各种经济运行主要靠强制性指标和行政办法来组织。现在是有计划的商品经济，多种经济成分、多种流通形式、多条流通渠道、少环节的流通体制已经确立，需要有指导性计划为主的宏观控制，需要发挥市场调节作用，搞活企业。在这种情况下，物流体制改革的迫切性就更加突出。从整体出发，单纯地、系统地来研究物流问题成为我国市场经济大发展的客观要求。根据我国的经济发展战略，我国的商品流通将全面加入国际贸易大循环。随着改革开放的深入，国内各地区之间的贸易及进出口贸易将大量增加，研究国内及国际的物流也应提到日程上来。由此可见，研究商流与物流的分离，并注重对物流进行独立研究，是市场经济发展的必然要求。

  物流是基于交换活动即产品实体在空间位移中形成的经济活动，其过程的结果是按一定时间要求完成社会再生产过程的物质补偿的实物替换，以解决大生产引起的空间上、时间上的矛盾。与之相对应的是社会生产中的专业化分工。这也就决定了物流中包含大量的技术问题或技术经济学问题。

商流是基于交换主体在经济利益上所形成的经济运动过程，是按一定方式在等价交换基础上完成交换客体在所有权上的转移。因此，商流中涉及大量社会经济问题和物质利益问题。商流与物流的互相分离，一般有以下几种情况。

(1) 商流在前，物流在后。物流是在商流之后完成的，商品的预购就是如此。实行商品预购，首先是买卖双方的一系列交易活动，如商务谈判、签订合同、交付订金或预付货款等，这时商品可能还没有生产出来，当然也不会有物流。经过一定的时间，等商品生产出来以后，才从产地运送到销地的购买者手里，这时也就有了商品的包装、装卸、运输、保管等物流活动。

(2) 物流在前，商流在后。商品的赊销属于这种情况。在商品赊销的条件下，买者不是先付货款，而是先取得商品。商品实体首先发生包装、装卸、运输、储运等物流活动，过一段时间才实行付款和结算，商流是在物流之后完成的。

(3) 商流迂回，物流直达。例如在商流中，产品的所有权可能多次易手，但产品实体却从最初的售卖者直接送达最终的购买者。在这种情况下，商流是曲线迂回地进行，但物流则不需要迂回进行，而是直达供货。

(4) 只有商流，没有物流。至少有以下两种情况。一种是建筑物、房产的买卖。一栋大楼，可以经过许多卖主与买主的交易，反复地发生由商品变为货币和由货币变为商品的价值形态的变化，所有权出现多次的转移，但它依旧岿然不动，并没有物的流通。第二种情况是商品的投机活动。在投机活动中，由商品变为货币和由货币变为商品可以进行多次转换，商流不断地进行，但商品却可以一直沉睡在仓库里，这就是只有商流而没有物流。除此以外，还有只有物流而没有商流的现象。如我国农民家庭副业中的自给产品，就是这种情况。

马克思在《资本论》中虽不曾使用商流与物流的概念，但对只有商流没有物流或只有物流没有商流的情况都做过分析。马克思说："A 卖给 B 的房屋，是作为商品流通的，但是它并没有移动。棉花、生铁之类可以移动的商品价值，经过许多流通过程，由投机者反复买卖，但还是留在原来的货栈里。""虽然社会产品不作为商品流通，也不经过物质交换来进行分配，但是运输业还是起着重要的作用。"探讨物流与商流的区别和联系是有意义的，它可以帮助我们以新的思路看待现实经济问题。

商流和物流是商品流通中的两个方面，两者是互相制约的。在商流的一切活动中，中心的环节是销售，其他活动都是为了实现商品的销售。离开销售，社会的需要就无从满足。商流堵塞，物流随之不畅。反过来，物流是商流的物质基础。物流堵塞，商流也不能畅通无阻；而商流与物流的分离不仅具有其客观必然性，而且也有其重要的现实意义。

商流与物流的分离，有利于减少商品实体运动中不必要的中转环节，节约流通时间。例如按照自然流向组织商品调运，实行直线运输、曲线结算办法，就能有效地克服由于商品所有权转移而造成的不必要的中转环节和流通时间长的现象，从而加速商品流通。

商流与物流的分离，有利于降低商品仓储运输数量，减少装卸次数，节省流通费用开支。例如按照商品实体运动的规律，合理布局商业仓库网络，就能有效地克服迂回、倒流、重复等不合理运输，从而大大节省流通费用。

商流与物流的分离，有利于加速商品流通的现代化进程。例如，随着物流体制改革的深入，物流中心及物流网络系统的建立，能有效地把分散在各行业、各企业的物流设施组织起来形成集合力，并在此基础上广泛采用电子计算机、立体仓库等现代化管理手段和设施，从而大大推动商品流通的现代化进程。

研究商流与物流的分离还应注意两者分离可能产生的某些消极作用。商流与物流的分离既是商品经济发展的产物，又会给商品经济的发展带来新的矛盾。例如，在商流与物流分离的条件下，非法投机、买空卖空活动易于滋生，不法之徒可利用这种空隙转手倒卖，这种不必要的多转手、多环节会导致中间环节膨胀，造成人为的损失、浪费。因此，对不同商品要注意从商流与物流的分离特点采取不同的调控和管理方法，防止重要商品的经营出现混乱。

物流与商流分离，如图1-14所示。

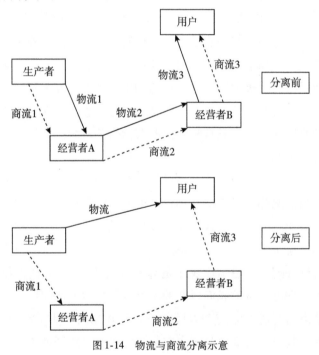

图1-14 物流与商流分离示意

（二）物流增加空间效用、时间效用和附加效用

（1）空间效用。空间效用是通过使产品可在合适的地点被购买或被消费而为产品创造或增加的价值。因为物流有效地将原材料、在制品库存和制成品从原产地移动到消费地，所以物流直接负责为产品附加空间效用。

（2）时间效用。时间效用是使某件事物可在适当的时间被得到而创造价值。如果客户在需要的时候却无法得到产品，那么产品对客户就不那么有价值了。例如，一家食品加工公司必须在生产过程开始前得到原材料（食品）、包装材料和其他物品，或者生产已经开始，在现有物资用完前得到。无法在适当的时候收到这些物品会导致很高代价的生产停顿，并使企业处于竞争劣势。

（3）附加效用。附加效用是通过允许顾客拥有产品而附加给产品的价值。附加效用不是物流的结构，而是提供信贷、数量折扣和延期付款而使顾客得以取得产品拥有权的结果。物流和营销过程以附加效用而告终。

三、现代物流与传统物流的区别

现代物流是相对于传统物流而言的，它与传统物流的区别如表 1-1 所示。

现代物流与传统物流的区别　　　　　　　　　　表 1-1

序　号	传 统 物 流	现 代 物 流
1	只是提供简单的位移	提供增值服务
2	被动服务	主动服务
3	实行人工控制	实施信息管理
4	无统一服务标准	实施标准化服务
5	侧重点到点或线到线服务	构建全球服务网络
6	单一环节的管理	整体系统优化

1. 简单位移与增值服务

传统物流是在生产力水平较低情况下发展起来的，企业多在本地区寻找原材料、资金和劳动力来进行生产，区域、国际的经济贸易以产成品交换为主。随着生产力水平的提高和经济全球化、一体化趋势的增强，跨国企业集团不断涌现，全球化市场逐渐形成。为适应跨国公司在世界范围内寻找原材料、零部件、资金、劳动力的来源，选择适合全球市场的分配中心和集散仓库，必然需要建立起高效、安全、可靠的现代物流服务网络。因此，现代物流具有国际化的特点。

2. 被动管理与主动服务

传统物流的被动性，表现在物流承担方往往被动地满足需求方提出的运输、存储等要求，根据订单或合同提供服务。现代物流的主动性，表现在物流活动嵌入到整个企业管理的全过程中。物流承担方更多地介入企业的生产经营管理活动，除传统的运输、仓储、包装、流通加工等服务功能外，现代物流服务在外延方面向上扩展到市场调查预测、采购及订单处理，向下延伸到分拨配送、物流咨询、物流方案的规划选择、库存控制策略选择、贷款回收与结算、人员教育培训等各项增值服务；在内涵方面则是提高各项服务的质量及物流决策的科学化水平。

现代物流强调服务功能的合理定位与完善化、系列化，几乎能在企业价值链的每个环节提供增值服务，与企业主体经营活动共同发挥作用，构筑起现代企业核心竞争优势。物流服务范围也从传统的单一企业不断扩大到多企业、企业集团，特别是第三方物流的发展及现代信息技术的支持，使现代物流服务的区域扩展到城镇及周边地区、经济区乃至跨地区、全国性、全球性的物流服务。

3. 分散管理与系统管理

传统物流对物流单一环节的分割管理，造成企业追求单一环节成本最低，并不一定追求总成本最低。现代物流不再孤立地看参与物流的各个环节，而是从系统的角度综合考虑物流管理中的各项功能，进而提出物流系统化或综合物流管理的理念。通过合理规划、统筹协调，有效地控制商品的整个流动过程，满足用户不断变化的客观需要，追求系统的整体成本最低和效益最大。

4. 人工控制与物流管理信息化

传统物流实行人工控制，现代物流则实施信息化、专业化、集成化管理。在理论上，现代物流应用博弈论、运筹学等理论对物流的各项活动加以考察；在技术上，条码技术、EDI（电子数据交换）技术、自动化技术、网络技术、智能化和柔性化技术等得以广泛应用，运输、装卸、仓储等也普遍采用专业化、标准化、智能化的物流设备，每项物流服务业务都处于系统中枢的掌握与控制之中，实现人员、设备、技术、管理的高度集成，确保物流质量保障体系的建立和有效实施。

5. 现代物流服务社会化

传统物流侧重点到点或线到线服务，现代物流侧重于构建全球服务网络。现代物流服务社会化的突出表现是第三方物流的迅猛发展，随着社会分工的深化和市场需求的日益复杂，生产经营对物流技术和物流管理的要求也越来越高。企业逐渐认识到依靠自身的力量不可能在每个领域都获得竞争优势，因此更倾向于采用物流外包的方式，将物流环节交由专业物流公司，或者在企业内部设立相对独立的物流专业部门，将有限的资源集中在自己真正的优势领域。

物流服务社会化有利于实现物流企业的集约化、规模化经营，能在更大范围内实现物流合理化，降低物流成本，提高国际市场竞争力。

四、现代物流的发展

现代物流在经济发达国家的发展，如表1-2所示。

现代物流在经济发达国家的发展 表1-2

国家	时间	事件	特征/意义
美国	20世纪初—1945年	实体配送（Physical Distribution，PD）	1. 实体配送只是运输部门的附加职能 2. 制造业内部的实体配送管理被认为是一个分离的组织功能和领域 3. 建立实体配送部门的目标只是降低实体配送的成本

续上表

国家	时间	事件	特征/意义
美国	1946—1956年	后勤管理（Logistics）	1. 真正的物流部门设立 2. 学术界、实业界真正从战略的高度来管理、发展物流
	1957—1978年	《航空货运在物流中的作用》一书发表； 全美物流管理协会（NCPDM）成立	1. 第一次将总成本分析的概念引入物流领域。提出从物流费用总体的角度评价运输手段的优劣 2. 通过年会、学术会议、出版物，为跨行业的企业提供物流交流的渠道
	1979—1985年	专家学者出版物流学术著作； 美国政府制定物流法规、法案； 全美物流管理协会修改物流定义； 解除运输管制	1. 物流得到企业高层管理人员的充分重视 2. MRP（物资需求计划）、MRPⅡ（制造资源计划）、DRP（配送需求计划）、JIT（准时制生产方式）的发展和实施，突出了整合物流活动以及将其效能最大化的需求 3. 指出了物流与企业营销、制造等功能之间的关系
	1986年—至今	物流技术和物流软件发展迅猛	保证物流信息采集的标准化和准确性，提高了物流管理的整体效率和管理水平
日本	1956—1973年	首次派"物流专业考察团"到美国各地考察	1. 提出物流包含运输、配送、装卸、保管、包装、流通加工和信息传递等活动 2. 物流基础建设的大发展时期
	1974—1984年	以大型量贩店为中心的网上订货、发货系统蓬勃发展	全国方位内的物流联网
	1985年至今	基本立国方针：扩大外需，积极开拓国际市场，贸易立国； 积极倡导高附加价值物流、Just-in-Time物流等方面	1. 物流现代化、纵深化发展 2. 整个流通体系的物流管理发生变化，即从集货物流向多频度、少量化、进货短时间化发展

现代物流在中国的发展，如表1-3所示。

现代物流在我国的发展 表1-3

时间（年）	事件
1979	中国物资经济学会筹备组成立并派出考察团赴日本参加"第三届国际物流会议"，这是我国首次参加国际物流会议

续上表

时 间（年）	事 件
1984	中国物流研究会成立，这是我国第一个以物流学科名称命名的全国性学术组织
1989	第八届国际物流会议在北京召开，"物流"一词正式在我国使用
1999	中国第一个物流专业网站"中国物流网"开通
2001	国家标准《物流术语》首次发布，同年中国物流学会成立
2003	原劳动和社会保障部发布"物流师国家职业资格"标准，同年国家标准化管理委员会批准成立"全国物流标准化技术委员会"
2006	国家质量监督检验检疫总局和中国国家标准化管理委员会联合发布国家标准《物流术语》，以代替2001年的《物流术语》
2007	我国"五纵七横"公路国道主干线基本贯通，全国高速公路通车总里程达5.3万公里，居世界第二位。大陆港口集装箱吞吐量突破1亿标准箱，连续5年名列世界第一。铁路第六次大提速，铁路货运能力提高12%
2008	国务院组建交通运输部，原交通部、中国民航总局、国家邮政局归并其中
2009	国务院常务会议，审议并通过《物流业调整振兴规划》，物流业跻身国家十大产业振兴规划
2010	《农产品冷链物流发展规划》和《全国物流标准专项规划》两个物流业专项规划出台
2013	国务院批准设立中国（上海）自由贸易试验区，保税物流和国际物流迎来发展新机遇
2015	国标委发布《物流标准化中长期发展规划（2015—2020年）》。促进物流企业间协同合作，降低物流成本、提高物流效率
2016	国务院办公厅转发国家发展和改革委员会《物流业降本增效专项行动方案（2016—2018年）》，推进物流业供给侧结构性改革

单元二　物流系统

掌握物流系统的定义，了解物流系统的目标、组成及分类。

一、物流系统概述

（一）物流系统的定义

系统是物流中的一个关键概念。物流处在社会大环境之中，它是由那些为了在物流渠道内管理物料、人员的有序流动而相互联系的活动所组成的网络。

物流系统是由运输、储存、包装、装卸、搬运、配送、流通加工、信息处理等基本功能要素构成的各个基本环节组成的有机整体。

（二）物流系统总体要求

物流系统的总体要求包括：具有能很好地实现运送、保管功能的包装；装卸搬运功能满足运送和保管的要求；保管中变质、丢失、破损现象少；接收用户订货时商品的在库率高；对用户的订货能很快地进行配送；在运送中交通事故、货物损伤、丢失和发送错误少；能提供保障物流活动流畅进行的物流信息系统，能及时反馈信息；合理地进行流通加工，以保证生产费用与物流费用之和最小等。

简单地讲，对物流系统的总体要求可以归结为"7R"，即：

(1) 在恰当的时刻（Right Time）；
(2) 将正确的物品（Right Material）；
(3) 以正确的顺序（Right Sequence）；
(4) 以准确的数量（Right Amount）；
(5) 以恰当的成本（Right Cost）；
(6) 按正确的取向（Right Orientation）；
(7) 送到指定的位置（Right Place）。

二、物流系统的五大目标（5S）

物流系统设计运作的目标（如图 1-15 所示）可以由以下五个方面来表述：

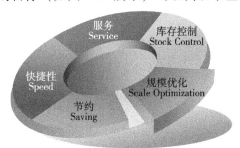

图 1-15 物流系统设计运作的目标

(1) 服务目标（Service）。物流系统作为连接生产与再生产、生产与消费的桥梁纽带，要求有很强的服务性。在为用户服务方面，物流系统采取送货、配送等形式，力求做到无缺货、无货物损伤和丢失等现象，且费用低。近年来出现的"准时供货方式""柔性供货方式"等，也是其服务性的表现。

(2) 快捷性目标（Speed）。要求快速、及时地把货物送到用户指定的地点，这既是一个传统目标，更是一个现代目标。为此，可以把物流设施建在供给地区附近，或者利用有效的运输工具和合理的配送计划等手段。在物流领域采取的诸如直达物流、综合一贯运输等，就是实现这一目标的体现。

(3) 节约目标（Saving）。节约是物流系统的重要目标，由于流通过程消耗大但又基本不增加或不提高商品使用价值，所以物流领域中的节约目标体现在流通时间的节约、物流费用的节约以及对面积和空间的有效利用等方面。

(4) 规模优化目标（Scale Optimization）。追求"规模效益"是经济领域的重要规律。由于物流系统比生产系统的稳定性差，难于形成标准的规模化格式。因此，在建立物流系统时应研究物流集约化的程度，如考虑物流设施集中与分散的问题是否适当，机械化与自动化程度如何合理利用，情报系统的集中化所要求的电子计算机等设备的利用等。

（5）库存控制目标（Inventory Control）。库存调节性是服务性的延伸，也是宏观调控的要求，在物流领域中正确确定库存方式、库存数量、库存结构、库存分布就是实现这一目标的体现。

上述物流系统的五大目标简称为"5S"，要发挥以上物流系统化的效果，就要进行研究，把从生产到消费过程的货物量作为一贯流通的物流量看待，依靠缩短物流路线，使物流作业合理化、现代化，从总体上达到服务好、费用省的目的。

三、物流系统的组成及分类

（一）物流系统的组成

物流系统是达成物流目的的有效机制，它由物流作业系统和物流信息支持系统两个分系统构成。如图1-16所示。

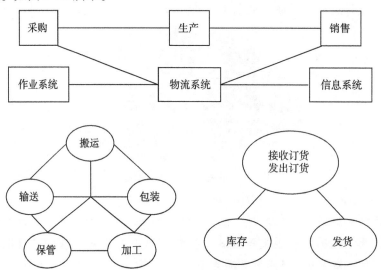

图1-16 物流系统组成示意

物流过程的输入包括自然、人、财务和信息资源。物流从业人员对这些不同形态的输入进行计划、实施以及控制，这些输入包括原材料（如组件、部件、包装材料、基本商品）、在制品库存（即部分完工且尚不能销售的产品）、制成品（即已完工准备销售给中间商或最终客户的产品）。

物流系统的输出包括营销导向和营运效率及效果所导致的组织竞争优势、时间和空间效用以及向客户的有效移动。这样的物流服务组合又产生了另一个输出，即物流成为组织的专有资产。图1-17所示的各种物流活动的有效和有效率的履行使这些输出成为可能。

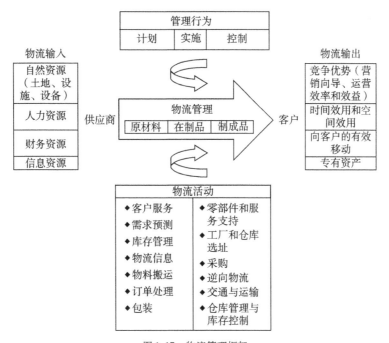

图1-17 物流管理框架

（二）物流系统的分类

1. 按物品运动方式分类

（1）流通业物流。流通业物流是为了克服产品生产点与消费点之间存在的空间和时间上的间隔而产生的一种物品运动方式。它主要通过运输、保管、包装、流通加工、配送等物流运作手段，以最低的成本，把特定的产品和服务在特定的时间提交给特定的客户。流通业物流的运作对象一般是产成品，除了少量的流通加工对物品具有一定的生产性作用以外，流通业物流中，物品自身形态不发生变化，而只发生空间上的转移和时间上的延迟。具体如图1-18所示。

（2）制造业物流。制造业物流是为了将各种物料、零件、配件等物品从原始形态转成特定的产品形态而产生的一种物品运动方式，制造业物流中，物品形态随着生产加工的进行而不断变化，直至最后成为特定形态的产成品。具体如图1-19所示。

图1-18 流通业物流

图1-19 制造业物流

企业物流组成，如图 1-20 所示。

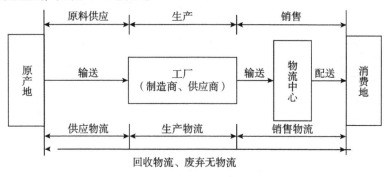

图 1-20　企业物流组成

在制造业物流中，物品形态的发展变化过程按其在制造业中所发挥的职能可分为以下几方面。

（1）采购物流（Supply Logistics）。采购物流指采购物品的活动，具体包括产品制造商购进原材料、销售商购进产成品、客户购进商品而引起的物流活动。

（2）生产物流（Production Logistics）。生产物流指从原材料购入，进入车间，制成半成品、经加工变为产成品，然后运送至成品库的物流活动。

（3）销售物流（Distribution Logistics）。销售物流与采购物流相反，指售卖物品的活动，具体包括原材料供应商售卖原材料，制造商售卖产成品，销售商售卖商品而引起的物流活动。一家企业的销售物流对于另一家企业则是采购物流。

（4）回收物流（Return Logistics）。回收物流指物品经生产消费或生活消费后产生了废弃物品，对其中可以回收复用的部分物品，可以通过回收、分类、加工等物流活动将其回收复用。具体如图 1-21 所示。

（5）废弃物流（Waste Material Logistics）。废弃物流指物品经生产消费或生活消费后产生了废弃物品，对其中不可以回收复用的部分物品，可以通过收集、分类、处理、消纳的物流活动将其废弃。具体如图 1-22 所示。

图 1-21　回收物流　　　　　图 1-22　废弃物流

2. 按地域范围分类

（1）区域物流。区域可以有不同的划分标准，比如可以按行政区域划分、按经济圈划分、按地理位置划分等。区域物流是按以上各种区域展开的物流活动。

（2）国内物流。国内物流的运作应遵守该国物流管理部门所制定的行业标准。

（3）国际物流。国际物流是指当生产和消费在两个或两个以上的国家（或地区）独立进行的情况下，为了克服生产和消费之间的空间距离和时间距离，而对物资（货物）所进行的物理性移动的一项国际经济贸易活动。因此，国际物流是不同国家之间的物流，这种物流是国际贸易的必然组成部分，各国之间的相互贸易最终通过国际物流来实现。国际物流是现代物流系统中重要的物流领域，近十几年来有很大发展，也是一种新的物流形态。

3. 按研究对象分类

（1）微观物流。微观物流通常也称为企业物流，指在企业内部范围进行的物品流动活动。所以从水平方向上看，微观物流又可分为供应物流、生产物流、销售物流、回收物流和废弃物流。

按照物流系统的组成结构，微观物流在垂直方向上可分为物流管理层、物流控制层、物流作业层，它们协调配合实现物流系统的整体功能。物流管理层的活动主要包括对物流系统进行统一规划、制定准则、系统评价等。物流控制层的活动包括对物流作业的实时控制、作业调度等。物流作业层的活动包括运输、储存、包装、装卸、流通加工等实现物品空间转移和时间调度的活动。前两者一般通过物流信息系统实现，后者通过物流作业系统实现。

（2）宏观物流。宏观物流也称为社会物流或大物流，它是一个整体的物流系统，是国民经济的重要组成部分。

拓展案例

德国政府在促进和引导物流发展中做了大量的工作。第一是做好物流的发展规划、建设和协调工作，在全国规划了40个物流中心及货运中心。合理的规划，使物流中心形成网络，各州政府和地方政府围绕着规划中的物流中心，积极做好选址、征地工作，并负责物流中心，基础设施建设以及连通物流中心的道路、铁路的建设，同时通过政策调整、引导企业从事专业物流业务，为物流企业提供一个良好的经营环境。第二是推动各种运输方式协调发展，形成综合运输网。由于德国的公路上车辆多、道路拥挤，公路运输的压力大，政府一方面通过增加燃油税，另一方面建立物流中心，并考虑环境保护问题，将一部分货源从公路引向铁路，使铁路运输为公路运输分流。所以，在促进物流发展的过程中，货物的位移要合理地通过各种运输方式进行，充分发挥综合运输的作用。第三是加强公路、铁路、港口的基础建设，所有的运输基础设施均由政府投资建设，政府的资金一方面通过税收转为投入，另一方面通过土地置换来获得。德国的高速公路成网，又与欧洲的高速公路连通，水运资源丰富，河流交叉，并且与国际大港相连；铁路网密集，通达欧洲各大城市，优越的交通运输环境是物流发展的先决条件。第四是政府监督物流中心的建设，引导有条件的企业进入物流中心，吸引大企业和国际性的物流企业进入物流中心。不来梅市政府为推动当地的经济发展，促进物流发展，由政府出面进行招商，如争取不来梅港、不来梅物流中心成为韩国大宇汽车公司在欧洲的大宇汽车转运中心，南非新鲜水果在欧洲分销批发中心的招商引资过程中，政府做了大量的工作。物流中心的发展，推动、促进当地的经济发展，既解决当地的就业问题，又增加税收，促进其他行业的发展。政府在物流中的作用：一是宏观经济的调控，包括规划与协调，负责物流相关的基础建设工作；二是抓微观经济工作，让科研机构和咨询机构介入物流，为物流企业进行物流工艺设计和物流技术研究、开发工作，制订具体的物流实施方案。

思考题

德国政府在促进和引导物流发展中做了哪些工作？有何借鉴意义？

知识拓展

通过课堂学习和课后查阅资料，完成下述问题：
1. 制约中国物流业发展的原因是什么？
2. 如何设计一个完善的物流系统？

单元测试

一、单项选择题

1. 物流概念最早由_____提出。
   A. 日本　　　　　B. 美国　　　　　C. 德国　　　　　D. 荷兰
2. 下列说法不正确的是_____。
   A. 社会发展初期，商流与物流是统一的，随着社会生产力水平的发展，商流与物流逐渐分离
   B. 在当今高度发达的市场经济环境中，物流发生的同时，物品所有权也随之转让了
   C. 在一定条件下，商流与物流分离可以降低物流成本，加快货物的交换速度
   D. 采取赊销购物方式，会引起物流在前、商流在后的物流商流分离形式
3. 生产季节性商品的企业，为了协调旺季和淡季需求的不均匀性，通常采用在淡季生产储备一定数量的商品以调节旺季的巨大需求，这种储备克服了_____。
   A. 所有权间隔　　B. 场所间隔　　　C. 时间间隔　　　D. 使用权间隔
4. 在制造业物流中，物流按其在制造业中所发挥的功能，可分为_____。
   A. 供应物流、生产物流、销售物流、回收物流及废弃物流

B. 区域物流、国内物流和国际物流
   C. 微观物流和宏观物流
   D. 企业物流和社会物流
5. 下列说法正确的是_____。
   A. 物流所要"流"的对象是一切物品，包括有形物品和无形物品
   B. 只有物品物理位置发生变化的活动，如运输、搬运、装卸等活动才属于物流活动
   C. 物流不仅研究物的流通与储存，还研究伴随着物的流通与储存而产生的信息处理
   D. 物流的起点是从某个企业原材料的供应、储存、搬运、加工、生产直至产成品放入销售整个过程

二、判断题

1. 物流包括生产物流、供应物流和销售物流。　　　　　　　　　　（　）
2. "一手交钱，一手交货"是商流和物流统一的交易形式。　　　　　（　）
3. 物流的作用可以认为是消除了商品生产地和消费地之间的所有权间隔、场所间隔和时间间隔。　　　　　　　　　　　　　　　　　　　　　　　　（　）
4. 物流是有形物品从产出源点到最终消费点的流动储存活动，具体包括运输、保管、包装、装卸、搬运、流通加工及信息处理，从职能上可以分为供应物流、生产物流、销售物流、回收物流及废弃物流五个职能。　　　　　　　　　　（　）
5. 物流系统由物流信息系统和物流作业系统组成，它们之间存在层次性的关系。
   　　　　　　　　　　　　　　　　　　　　　　　　　　　　　　（　）

三、问答题

1. 现代物流与传统物流的区别是什么？
2. 现代物流在经济中的作用是什么？

模块二　现代物流管理基本原理

单元一　物流战略

掌握物流战略解决的8个问题，通过海尔典型"一流三网"物流战略案例分析，树立物流战略观念。明确物流战略在企业战略中的重要地位和作用。

一、物流战略的定义

物流战略（Logistics Strategy）指企业或其他组织为了适应未来环境的变化，为寻求物流的可持续发展，就物流发展目标以及达成目标的途径与手段而制订的长远性、全局性的规划与谋略。

海尔物流

1. 海尔集团发展概况

海尔集团的前身是青岛冰箱厂，于1984年在引进德国利勃海尔电冰箱生产技术的基础上成立的。在此之前，冰箱厂是一个亏损147万元的集体小厂，当时人们的质量意识还相当淡薄。1985年4月，冰箱厂当众砸毁了有严重质量问题的76台冰箱，极大地提高了工人们的质量意识，这样做的结果是：1988年荣获国家质量奖，1990年获电冰箱行业唯一的国家质量管理奖。到1991年，连续五年被全国消费者评为"最受欢迎的轻工产品电冰箱类"第一名。这时的冰箱厂，无论是品牌的知名度还是在产品质量、服务质量上，都达到了一个空前的高度。目前，海尔集团（简称海尔）在全球建立了29个制造基地、8个综合研发中心、19个海外贸易公司，全球员工总数超过5万人。2008年，海尔品牌价值高达803亿元，自2002年以来，海尔品牌价值连续7年蝉联中国最有价值品牌榜首。2008年，海尔以创新为动力，积极克服国际金融危机对产品销售的影响，全球营业额实现1220亿元，同比增长8%，其中海外营业额同比增长9.8%，利润同比增长20.6%。

2. 海尔搭建国际化架构

海尔以本土化战略搭建国际化企业框架,已在海外建成13个工厂、2个工业园。

海尔已实现5个"全球化":全球化采购、全球化设计、全球化制造、全球化营销、全球化资本运作。

从2003年开始,海尔开始了又一个5年战略周期,进入了"全球国际化"阶段。在这个阶段,海尔的国际化战略内涵和之前的国际化相比发生了质的变化。"我们1/3的产品是海外生产、海外销售,1/3的产品是国内生产、海外销售,1/3产品国内生产、国内销售。"2005年年底,梁旭解释了海尔进行全球化战略的背景。这3个"1/3"意味着海尔不再是一个单纯将产品卖到海外去的中国家电制造企业,而是要成为一个真正全球化运作的跨国企业。海尔于2006年正式启动全球化战略,这对海尔的管理能力、对全球市场的把握能力、对客户的响应速度、对分布全球的供应链管理、品牌运作能力等,都是巨大的考验。海尔如果能成功逾越这个瓶颈,它将跻身全球家电巨头之列,如果难以突破,那么海尔将很难成为一个真正的全球化企业。海尔现代化物流设施如图2-1所示。

图2-1 海尔物流

3. 海尔为什么重视物流

在新经济时代,只有以最快的速度满足用户的需求,才能够在竞争中获得优势,避免价格战。

在海尔国际化战略指引下,实施物流重组,进行供应链整合建设,使物流能力成为海尔的核心竞争能力,从而获得基于时间的竞争优势,达到以最低的物流总成本向客户提供最大附加价值服务的战略目标。

(1) 物流重组:建立组织机构,整合集团内部物流资源,降低物流成本。

(2) 供应链管理:实施供应链一体化管理,提高核心竞争力。

(3) 物流产业化:成为海尔在新经济时代的增长点。

4. "一流三网"的物流管理

海尔物流管理的"一流三网"充分体现了现代物流的特征:"一流"是以订单信息流为中心;"三网"分别是全球供应链资源网络、全球配送资源网络和计算机信息网络。"三网"同步流动,为订单信息流的增值提供支持。海尔的物流改革是一种以订单信息流为中心的业务流程再造,通过对观念的再造与机制的再造,构筑起海尔的核心竞争能力。

（1）"一流三网"的同步物流——以订单信息流为中心。

在海尔，仓库不再是储存物资的"水库"，而是一条流动的"河"。河中流动的是按单采购来生产必需的物资，也就是按订单来进行采购、制造等活动。这样，从根本上消除了呆滞物资，消灭了库存。

例如，海尔每个月平均接到6000多个销售订单，这些订单的品种达7000多个，需要采购的物料品种达26万余种。在这种复杂的情况下，海尔物流自整合以来，呆滞物资降低了73.8%，仓库面积减少50%，库存资金减少67%。海尔国际物流中心货区面积7200平方米，但它的吞吐量却相当于30万平方米的普通平面仓库。同样的工作，海尔物流中心只需要10个叉车司机，而一般仓库完成这样的工作量至少需要上百人。

海尔物流信息系统，如图2-2所示。

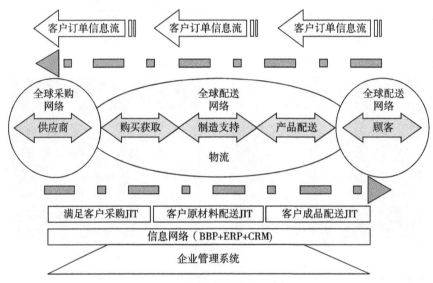

图2-2 海尔物流信息系统

（2）"一流三网"的同步物流——全球的采购资源网。

①通过整合内部资源，提升优化外部资源，获得竞争优势。

②与供应商建立公平、互动、双赢的战略合作伙伴关系。

③实施并行工程，加快开发的速度，获得最领先的技术。

海尔通过整合内部资源优化外部资源，使供应商由原来的2336家优化至840家，国内供应商比例17.50%，而国际化供应商的比例达到82.50%（如图2-3所示），从而建立起强大的全球供应链网络。GE（通用电气公司）、爱默生、巴斯夫、DOW（陶氏）等世界500强企业都已成为海尔的供应商，有力地保障了海尔产品的质量和交货期。不仅如此，海尔通过实施并行工程，更有一批国际化大公司已经以其高科技和新技术参与到海尔产品

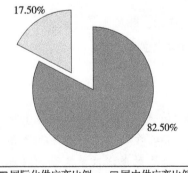

图2-3 海尔物供应商比例

的前端设计中，保证了海尔产品技术的领先性，增加了产品的技术含量，还使开发的速度大大加快。另外，海尔对外实施日付款制度，对供货商付款及时率达到100%，这在国内，很少有企业能够做到，从而杜绝了"三角债"的出现。

（3）"一流三网"的同步物流——全球的配送网络。

①在全国有42个配送中心，覆盖全国的配送时间不超过4天。

②每天向1550个专卖店、9000多个网点配送50000台以上的产品，形成了完整的产品物流、备件物流体系。

③在欧洲、美国，与专业化的物流公司合作，海外的物流业务蓬勃开展。由于物流技术和计算机信息管理系统的支持，海尔物流通过3个"JIT（准时制）"，即JIT采购、JIT配送和JIT分拨物流来实现同步流程。目前，通过海尔的BBP（电子商务采购平台），所有的供应商均在网上接收订单，使下达订单的周期从原来的7天以上缩短为1小时内，而且准确率达100%。除下达订单外，供应商还能通过网上查询库存、配额、价格等信息，实现及时补货和JIT采购。

为实现"以时间消灭空间"的物流管理目的，海尔从最基本的物流容器单元化、集装化、标准化、通用化到物料搬运机械化开始实施，逐步深入到对车间工位的"五定"送料管理系统、日清管理系统进行全面改革，加快了库存资金的周转速度，库存资金周转天数由原来的30天以上减少到12天，实现JIT过站式物流管理。

生产部门按照B2B（企业对企业）、B2C（企业对消费者）订单的需求完成以后，可以通过海尔全球配送网络送达用户手中。目前，海尔的配送网络已从城市扩展到农村，从沿海扩展到内地，从国内扩展到国际。全国可调配车辆达1.6万辆，可以做到物流中心城市6~8小时配送到位，区域配送24小时到位，全国主干线分拨配送平均4.5天。

（4）"一流三网"的同步物流——计算机网络。

海尔物流计算机网络如图2-4所示。

计算机网络连接新经济速度在企业外部，海尔CRM（客户关系管理）和BBP的应用架起了与全球用户资源网、全球供应链资源网沟通的桥梁，实现了与用户的零距离接触。在企业内部，计算机自动控制的各种先进物流设备降低了人工成本、提高了劳动效率，还直接提升了物流过程的精细化水平，达到质量零缺陷的目的。计算机管理系统搭建了海尔内部的信息高速公路，能将电子商务平台上获得的信息迅速转化为企业内部的信息，以信息代替库存，达到零营运资本的目的。

海尔物流运用已有的配送网络与资源，并借助信息系统，积极拓展社会化分拨物流业务。目前，海尔已经成为日本美宝集团、AFP集团、乐百氏的物流代理，与ABB（艾波比）公司、雀巢公司的业务也在顺利开展。同时，海尔物流充分借力，与中国邮政开展强强联合，使配送网络更加健全，为新经济时代快速满足用户的需求提供了保障，实现了零距离服务。海尔物流通过积极开展第三方配送，使物流成为新经济时代集团发展新的核心竞争力。

（5）现代物流管理成果——提升了海尔的核心竞争力。

海尔实施的现代物流管理是一种在现代物流基础上的业务流程再造（如图2-5所

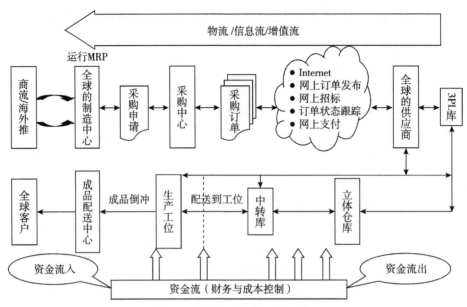

图 2-4 海尔物流计算机网络示意

示)。而海尔实施的物流再造是以订单信息流为核心的,使全体员工专注于用户的需求,创造市场、创造需求。海尔的物流再造也是建立在以"市场链"为基础的业务流程再造,是以海尔文化和 OEC [O—Overall,全方位;E—Every (one、day、thing),每人、每天、每事;C—Control clear,控制和清理] 管理模式为基础,以订单信息流为中心,带动物流和资金流的运行,实施"三个零"(质量零距离、服务零缺陷、零营运资本)目标的业务流程再造。

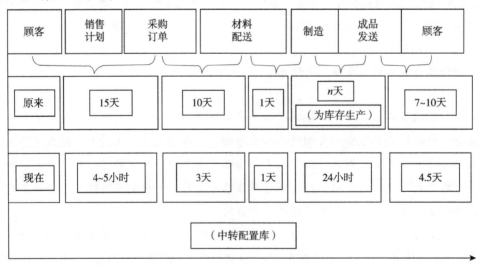

图 2-5 海尔物流再造

物流带给海尔的是"三个零"。但最重要的是,物流可以使海尔一只手抓住用户的需求,另一只手抓住可以满足用户需求的全球供应链,把这两种能力结合在一起,从而在市场上获得用户忠诚度,这就是企业的核心竞争力。这种核心竞争力,促进海尔向世界 500 强的国际化企业挺进。

二、物流战略管理目标和内容

(一) 企业战略与物流战略的关系

(1) 企业战略包括物流战略。

(2) 物流战略已经成为企业战略重点内容之一,为企业长期发展服务,根据企业发展要求实施相应的战略举措。

(3) 只有理解了企业战略,物流才能形成自己最好的战略。

(4) 物流战略规划(如图2-6所示)在许多方面支持着企业的战略规划,增加企业价值。

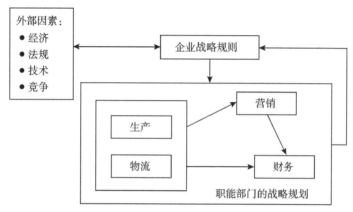

图 2-6　企业战略规划

(二) 物流战略管理目标

(1) 降低成本(Cost Reduction)是指降低可变成本,主要包括运输成本和仓储成本,例如物流网络系统的仓库选址、运输方式的选择等。面对诸多竞争者,公司应达到何种服务水平是早已确定的事情,成本最小就是在保持服务水平不变的前提下选出成本最小的方案,当然,利润最大一般是公司追求的主要目标。

(2) 减少资金占用(Capital Reduction)是指对物流系统的直接硬件投资最小化从而获得最大的投资回报率。在保持服务水平不变的前提下,可以采用多种方法来降低企业的投资,例如,不设库存而将产品直接送交客户,选择使用公共仓库而非自建仓库,运用JIT策略避免库存,或利用第三方物流服务等。显然,这些措施会导致可变成本上升,但只要其上升值小于投资的减少,则这些方法均可以一用。

(3) 改进服务(Service Improvement)是提高竞争力的有效措施。随着市场的不断完善和竞争的愈加激烈,顾客在选择公司时除了考虑价格因素外,及时准确地到货也越来越成为公司关注的内容。当然,高的服务水平要有高成本来保证,因此综合权衡利弊对企业来说是至关重要的。服务改善的指标值通常是用顾客需求的满足率来评价,但最终的评价指标是企业的年收入。

(三) 企业物流决策三角形

物流决策三角形是用来描述物流战略目标的模型,强调配销部分三者关系密切,相互权衡,以顾客服务为核心,并构成一物流网路。物流决策三角形的主体是客户服务目标,其中包含产品、物流服务和信息系统等。物流决策三角形拥有三条边,在进行物流战略决策时应当权衡三条边的因素,以使物流目标(物流决策三角形面积)最大化。底边为选址战略,包括设施选址、网络规划流程。左边为库存战略,包括库存预测、库存基础知识、库存决策、采购和供应决策。右边为运输战略,包括运输基础知识、运输决策。企业物流决策三角形如图 2-7 所示。

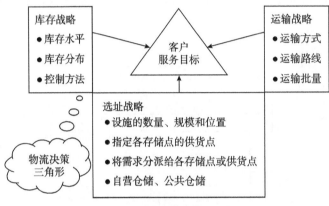

图 2-7 企业物流决策三角形

物流系统的顾客服务水平是较其他因素更应引起关注的方面。若将服务水平定在较低的水平,企业则可使用较便宜的运输方式和在较少的地方设置库存;若定在较高的服务水平,则要求运输和库存都有足够的保障。不可忽视的是,当服务水平已上升接近最好时,要想继续提高往往要花更多的代价。因此,在设计时应权衡利弊,设计合适的服务水平。

物流设施分布包括产品从工厂、分销商或中间库存到顾客整个商品供应活动和相应的费用,存货和分销地点的地理分布构成了物流系统的骨架,选择何种分销方式直接影响物流的费用。于是,物流设施分布要解决的问题就是找到费用最小或获利最大的商品分销方式。库存指的是货物的库存采取何种管理方式,其中,将总的存货分配到不同的分销地点还是通过持续供货的方法是两种不同的存货方式,采取不同的库存管理方法决定了物流设施的分布决策。

运输所涉及的问题包括运输方式的选择、运输批量、运输路线和日程安排。这些决策受物流设施分布的影响,同时在做物流分布决策时也应考虑运输的问题。库存水平的大小也与运输批量有关。

三、物流战略类型

(一) 延迟战略

延迟提供了一种减少物流预估风险的战略。在传统物流安排中,大多数的库存活动和储存是按照对未来交易的预估进行的。如果将一种产品的最后制造和配送延期到收到客户的订单后再进行，那么不合适或错误的生产及在库部署就能自动被减少或被消除。因此有两种延迟形式，即生产延迟（或形成延迟）和物流延迟（或时间延迟），这对于形成物流是至关重要的。

1. 生产延迟

生产延迟是指按一张订单在一段时间里生产一种产品，在获知这个客户的精确要求和购买意向之前，不做任何准备工作或采购部件。按照订单生产使柔性生产能够取得这种效果而不牺牲效率。如果能按市场步伐进行柔性生产，公司将可以完全摆脱对引导预估物流的销售预测的依赖。

生产延迟的目标在于尽量使产品保持中性及非委托状态，理想的延迟应用是制造相当数量的标准产品或基础产品以实现规模化经济，而将最后的特点（诸如颜色等）推迟到收到客户的委托以后再进行。

在受延迟驱动的生产中，物流生产中节约的机会体现在以标准产品或基础产品去适应广大客户的独特需要。可行的生产延迟的例子是根据客户要求混合油漆颜色。混合储存的实现急剧地减少了零售漆商店的库存，零售店不是持有预先混合好的颜色，而是储存基色调，再根据客户特殊的订单来混合颜色。

在其他行业中，加工和储存大量的产品而将最后的包装延迟到收到客户的订单后进行，这样的生产实践已经十分普遍。

这些生产延迟的例子有一点是相同的，就是在保留大批量生产的规模经济效益的同时，减少了存货数量，直到产品被最后确定。它具有向不同客户服务的潜力。

生产延迟的影响有两个方面。首先，销售预估的产品的种类可以减少，因此，物流故障的风险较低。其次，可以更多地使用物流设施和渠道关系来进行轻型生产和最后的集中组装。在某些行业中，传统物流库存的使命正在迅速被改变，以适应生产延迟。

2. 物流延迟

在许多方面，物流延迟或地理上延迟和生产延迟正好相反。物流延迟是在一个或多个战略地点对全部货品进行预估，而将库存部署进一步延迟到收到客户的订单。一旦物流程序被启动，将尽快使产品直接向客户方向移动。在这种概念下，配送的预估性质就被彻底地删除而同时保留着大生产的规模经济。

许多物流延迟的应用包括服务供给部分，关键的与高成本的部件保存在中央库存内以确保所有潜在用户使用。当需求某一种部件时，订单通过电子通信传送到中央库存区域，使用快速、可靠的运输直接装运。结果是以较少的总体库存投资改进了服务。

与生产延迟不同，电子信息系统利用物流延迟，在保持完全的规模经济的同时，使用直接装运的能力来满足客户服务要求。

生产延迟及物流延迟共同提供了不同的方法来制止预期生产、市场的承诺直到客户订单收到为止。它们两者均服务于减少商务的预估性质。然而，这两种延迟模式是以不同的方式减少风险的。生产延迟集中于产品，在物流系统中移动无判别部件并根据客户在发送时间前的特殊要求修改。物流延迟集中时间，在中央地区储存不同产品，使用而要求的存货数量。产品倾向于哪种形式的延迟取决于数量、价值、竞争主动性、规模经济，以及客户期望的发送速度和一致性。在某些情况下，两种不同类型的延迟能够结合进一个物流战略中，一起代表着对于传统预估物流实践的有力挑战。

（二）集运战略

集运即集中运输战略。在物流中存在着一对矛盾，即规模经济性与客户需求多样性之间的矛盾。延迟战略比较好地处理了这对矛盾，但在很多地方还不得不采用小量甚至单件运输的方式，在有些场合下采取集中运输的战略能够获得更好的效果。从操作形式看，有三种基本的集中运输方式：区域化集中运输、预定送货和第三方联营送货。

区域化集中运输是从地理上来考虑的，它把运往某个地区的不同客户的货物集中起来运输，能否实现的前提条件是是否有足够的客户运量。

预定送货是从时间段的角度考虑的，是指与客户商定一个运送计划，保证按时送到，在预定期内有可能集中较大的运输量。

第三方联营送货是一种更灵活的方法，即由第三方提供运输服务。专业的运输公司其服务对象比较广泛，具备把多个货主分散的货物集中起来的条件，比较容易实现集中运送。

四、物流战略环境分析

（1）企业物流的外部环境：指存在于企业之外，对物流企业活动的开展产生决定性影响的各种因素的总和。

外部环境可以概括为以下几类：PEST（Political，Economic，Social，Technological）即政治和法律环境（政治环境包括政治制度、政党制度、政府治国的重大方针政策、政治性社团组织的地位和作用等；法律环境包括国家制定的法律、法规、法令以及国家的执法机构等因素）、经济环境（国民经济发展水平、国家经济政策和社会经济发展的战略制定及实施情况、国内外经济形势及其发展趋势等）、社会文化环境（社会文化发展水平的概况，包括社会结构、社会风俗习惯、文化底蕴、文化发展、价值观念、伦理道德与人口统计因素）、科技环境（包括国家科学技术政策、措施、经费，企业所处产业的研究与开发投入情况，技术创新体制及其奖励政策、知识产权及专利的保护、科学技术产业化动态以及信息与电子技术发展可能带来生产率提高的前景等因素）。

（2）企业内部条件：是相对于外部环境而言的，指企业物流发展的内部因素。企业内部条件分析主要包括三个方面：企业物流资源分析、企业物流能力分析、企业物流目标市场的接纳程度。

（3）企业物流环境的新变化：消费者行为的变化，多品种、小批量生产的转变和零售形式的多样化，无库存经营的倾向，信息技术的发展，物流需求的高度化，经济的可持续发展。

拓展案例

7-11 公司物流战略的启示

现今分析 7-11 公司的物流战略，发现它的很多地方可以供我们借鉴，特别是在选址方式、配送中心战略、物流服务与信息建设四个方面。

7-11 公司的经营目的是，在顾客需要的时候向他们提供所需要的产品。公司的主要目标之一是，通过区位、季节和每天的时间安排，寻求供给与需求之间的微观平衡。7-11 公司利用区位、库存、运输和信息的设计与管理来支持这一目标。

一、7-11 公司的区位布局战略

在目标城市和区域不断开设新的分店是所有连锁经营企业的一般方法。7-11 连锁店在美国的分布，1994 年以前并不集中，相对分散，从物流决策的角度说，点多线长，物流成本高，缺少规模优势，1994—1997 年间，公司关闭了几家分布孤立的分店，收缩战线的长度，减少物流配送成本，形成了较高的分布密度，每个分布该连锁店的郡都开设了好几家分店。现在，公司主要在已经拥有较高连锁店分布密度的地区建立新店。7-11 公司的区位战略是，在目标区域开设新的分店，提高分布密度，将仓储和运输等物流要求进行整合，企业从中受益匪浅。

7-11 公司的物流区位战略对我国正在发展中的便利连锁店有很大的启示作用。与便利连锁店形成竞争之势的超级市场为追求"廉价销售"而使其规模越来越大，因此它就越来越难以在拥挤的住宅区内立足，同时，拥挤的城市住宅区地价、房租费用昂贵，也不利于超级市场降低成本，使超级市场越来越远离住宅区，这就给城市住宅区消费者带来了极大的不便，消费者不会为买几件生活必需品而驱车跑到超市去。而便利连锁店分布于住宅区附近，消费者七八分钟或十来分钟之内即可由住宅步行到店，便利店的顾客主要为周围半径 500 米左右范围的居民。在一个目标区域以一定的服务半径为范围形成覆盖，整合仓储和物流配送体系形成规模效益。

我国各地便利连锁店发展很快，在选址定点问题上完全可以借鉴 7-11 公司的经验和做法，以目标区域密集布点，防止点多线长、片面追求全面覆盖，过高的经营和物流成本，很容易导致经营上难以为继。比如安徽华电在全省各市均有布点，有些中小城市布点密集，竞争中占有优势，经营业绩良好；但在像合肥这样较大的城市，因为覆盖率不高，经营效果并不理想。如果汲取 7-11 公司的经验，果断收缩战线，以经营业绩为中心，在重点目标区域形成密集布点，一定能够获得良好的效果。

便利连锁店的密集布点为物流路径集约化提供了可能。事实上，对零售业而言，中国目前物流服务水准或多或少在短期内是由处于上游的商品生产商和经销商来决定的，要改变他们的经营意识和方法无疑要比企业自身的变革困难、复杂而漫长。这种情景与当初日本 7-11 公司在构筑物流体系所处的环境类似。为此，7-11 公司改变了以往由多家特约批发商分别向店铺配送的物流经营方式，转为由各地区的窗口批发商来统一收集该地区各生产厂家生产的同类产品，并向所辖区内的店铺实行集中配送。

二、配送中心成为制胜法宝

7-11公司还将物流路径集约化转变为物流共同配送系统，即按照不同的地区和商品群划分，组成共同配送中心，由该中心统一集货，再向各店铺配送。地域划分一般是在中心城市商圈附近35千米，其他地方市场为方圆60千米，各地区设立一个共同配送中心，以实现高频度、多品种、小单位配送。实施共同物流后，其店铺每日接待的运输车辆数量从70多辆下降为12辆。另外，这种做法令共同配送中心充分反映了商品销售、在途和库存的信息，7-11公司逐渐掌握了整个产业链的主导权。在连锁业价格竞争日渐犀利的情况下，7-11公司通过降低成本费用，为整体利润的提升争取了相当大的空间。

7-11公司配送中心有一个计算机网络配送系统，分别与供应商及7-11店铺相连。为了保证不断货，配送中心一般会根据以往的经验保留4天左右的库存，同时，中心的计算机系统每天都会定期收到各个店铺发来的库存报告和要货报告，配送中心把这些报告集中分析，最后形成一张张向不同供应商发出的订单，由计算机网络传给供应商，而供应商则会在预定时间之内向中心派送货物。7-11公司配送中心在收到所有货物后，对各个店铺所需要的货物分别打包，等待发送。第二天一早，派送车就会从配送中心出发，择路向自己区域内的店铺送货。整个配送过程就这样每天循环往复，为7-11连锁店的顺利运行提供保证。

配送中心的优点还在于能随时掌握在途商品、库存货物等数据，对财务信息和供应商的其他信息也能了如指掌，对于一个零售企业来说，这些数据是至关重要的。

有了自己的配送中心，7-11公司就能和供应商谈价格了。7-11公司和供应商之间定期会有一次定价谈判，以确定未来一定时间内大部分商品的价格，其中包括供应商的运费和其他费用。一旦确定价格，7-11公司就省下了每次和供应商讨价还价这一环节，少了口舌之争，多了平稳运行，7-11公司为自己节省了时间也节省了费用。

随着店铺的扩大和商品的增多，7-11公司的物流配送越来越复杂，配送时间和配送种类的细分势在必行。以我国台湾地区的7-11连锁店为例，全省的物流配送就细分为出版物、常温食品、低温食品和鲜食食品四个类别，各区域的配送中心需要根据不同商品的特征和需求量每天做出不同频率的配送，以确保食品的新鲜度，以此来吸引更多的顾客。新鲜、即时、便利和不缺货是7-11公司配送管理的最大特点，也是各家7-11店铺的最大卖点。

和我国台湾地区的配送方式一样，日本7-11公司也是根据食品的保存温度来建立配送体系的。日本7-11公司对食品的分类是：冷冻型（-20℃），如冰激凌等；微冷型（5℃），如牛奶、生菜等；恒温型，如罐头、饮料等；暖温型（20℃），如面包、饭食等。不同类型的食品会用不同的方法和设备配送，如各种保温车和冷藏车。由于冷藏车在装卸货时经常开关门，容易引起车厢温度的变化和冷藏食品的变质，7-11公司还专门用一种两仓式货运车来解决这个问题，一个仓温度的变化不会影响另一个仓，需冷藏的食品就始终能在需要的低温下配送了。

除了配送设备，不同食品对配送时间和频率也会有不同要求。对于有特殊要求的食品如冰激凌，7-11公司会绕过配送中心，由配送车早、中、晚三次直接从生产商门口拉到各个店铺。对于一般的商品，7-11公司实行的是一日三次的配送制度，早上3点到7点配送前一天晚上生产的一般食品，早上8点到11点配送前一天晚上生产的特殊食品如牛奶，新鲜蔬菜也属于其中，下午3点到6点配送当天上午生产的食品，这样一日三次的配送频率在保证商店不缺货的同时，也保证食品的新鲜度。为了确保各店铺供货的万无一失，配送中心还有一个特别配送制度与一日三次的配送相搭配。每个店铺都会随时碰到一些特殊情况造成缺货，这时只能向配送中心打电话告急，配送中心则会用安全库存对店铺紧急配送，如果安全库存也已告罄，中心就转而向供应商紧急要货，并且在第一时间将货送到店铺手中。

建设区域性的物流配送中心是社区便利连锁经营模式的基本选择。配送中心统一供货，从根本上解决了便利店因为面积狭小、经营数量有限而导致的经营品种少、商品质量难以保证、商品价格相对较高的问题。国内大城市的社区配套相对比较齐全，各级政府把建设社区便利连锁店作为为老百姓办实事的内容之一，从政策上加以扶持。例如北京市统一规定，社区便利连锁店经营早点业务不得现场制作加工，必须集中制作，统一配送，政府则给予每个店一次性8000元的政策性补贴。在大量的中小城市，由于连锁经营的便利店发展较慢，功能单一，地方政府的政策支持力度相对较小，便利店多以过去的杂货店发展而来，企业无力建设功能完善的配送中心，为社区服务的能力弱。随着国外大型超级市场陆续登陆中国，国内的大型超级市场竞争会趋于激烈，会有更多国内大型企业深入开拓社区便利店这块巨大的市场，在市场细分的基础上，充分利用社区的便利条件，与超级市场竞争。在这一点上，7-11公司的成功经验可以为区域性和城市性的物流配送中心建设提供良好的借鉴。

三、利用便利连锁店的优势，积极发展物流服务

网络购物毫无疑问将成为未来人们购物的主要方式，电子商务也将是零售企业的主要销售方式，但在目前，电子商务的开展还受诸多因素的制约，如支付问题、物流问题、消费者疑虑问题等，尤其是物流问题。如何将网上购物的商品迅速准确地送达消费者手中，成为电子商务成功的关键。确实，在信息时代，由于IT（信息技术）对信息流、资金流的数字化改造，令它们可以自由地游走于世界的任何一个角落。如今，最令人头痛的、仅用信息技术无法解决的便是商品的实体流动，这成为新经济时代电子商务发展的最大瓶颈。然而，本处于物流下游的便利店却在这方面具有得天独厚的优势。由于它们广泛分布于居民区附近，因此成为网上购物的人们最佳提货点。

日本7-11公司充分认识到便利店新的利润增长点——物流服务，随着电子商务计划的启动，市场拓展战略很快从纯零售业转向物流业，利用自己强大的零售网络和配送功能为网上商店提供物流服务。如7-11便利店与他人合作开设的网络书店，8000多家

店铺和53家图书配送处，有力地保证了图书的及时订货和送货，也大大减少了书店组建这些必不可少的设施费用。另外，到就近的7-11店铺订书、取书和付款不仅方便，更让许多对网络付款仍然疑虑重重的顾客可以安心上网购书了。据调查，93%的顾客希望到7-11店铺付款、结账、取书，也就是说电子商务开展并没有改变消费者对地区性店铺的信任感，相反还给地区性店铺带来了更多的商机。

现在，日本7-11便利店承担了解决日本电子商务的物流问题，顾客通过网络订购商品，等待商家把货物送至最近的便利店后，再亲临便利店付款并取走货物。这种方式看起来好像很奇怪，但很符合日本的实际情况。便利店在日本非常普及，无论你居住在日本的什么地方，都可在附近找到一家便利店，收取你从网上订购的货物。7-11公司是日本最大的便利连锁店，在市区，大多数人从家步行5分钟就可找到一家7-11便利店，顾客可以选择附近的任何一家7-11便利店付款取货。因此，7-11便利店理所当然地充当起了物流角色，这一新市场的开拓将使它成为信息时代网络购物的赢家。

7-11公司的经验就是利用其丰富的网络资源开展增值服务，为便利店创造新的利润来源。相比之下，国内的社区连锁店的功能就比较单一，单一的商业业态使社区便利店市场适应能力弱化，与社区的服务对象的关系简单化。目前，有一些大型的社区便利连锁开始学习7-11公司的成功经验，在原有的商业业态的基础上积极为社区提供增值服务，如上海的便利店成为集销售足球票、上网卡到代收电话费、煤气费等于一身，号称无所不能的便利店，成为为社区居民生活提供服务的贴身管家。

四、利用现代信息技术改造传统零售业

7-11公司1973年才成立，但到20世纪80年代中期，它已经替换了老式的、用来监控销售状况的销售点实时信息管理系统（Point-of-Sale，POS）；到1992年，它已经四次更新其信息技术系统，规模最大的一次更新是在1995年。

7-11公司的信息管理系统给它带来了四方面优势。①它能监测消费者的需求变化，这对于企业的发展十分关键。因为在信息时代，竞争的性质已经发生了变化，以前是商家把商品推给消费者，而现在是公司被消费者的需求拉着走。在这样的外部环境下，竞争的主战场转移到了各个便利店——商业经营和顾客的交界面。②公司可以利用所得到的销售数据以及相关软件来进行质量控制、合理定价和改进产品。由于有如此先进的系统，7-11公司得以一天三次获得其所有分店的销售信息，而且在20分钟左右就能获得分析结果。这样，公司就能很快知道哪一种商品或包装更受顾客的欢迎。③新系统、新技术能帮助公司预测每天的市场动态。现今消费者的兴趣爱好变幻无常，所以产品的生命周期也大大缩短。一些产品只存在几周甚至更短的时间。比如，包装午餐、三明治以及米饭团等，这些便利店的主要商品更是要常换常新。④先进的信息管理系统还可以改进公司供应链的效率，使订单周转得更快。以前上午10点钟下订单，下午4点以后才能收到货物，而现在只要7分钟就可以完成。7-11公司正在密切关注国际上的一些竞争对手如何利用互联网，也试图利用互联网来降低每年的日常管理费用。7-11公司还计划安装美国销售采购软件公司 Ariba 的电子商务软件以及购买大量的电子办公设备。因为他们认识到网络化是连锁经营的正确方向和必然趋势。

利用现代信息技术改造传统产业是国家的一项基本产业政策，但在点多面广的零售商业业态中推广现代信息技术存在着诸多障碍，突破障碍和瓶颈必须引入实力较强的大型商业企业来从事社区零售业态的开发，因为现代信息技术的基本特点是信息化、网络化、自动化，同时需要较大的资金投入。大型商业企业可以在短时间内完成区域性便利连锁店的布点，迅速形成零售网络，雄厚的资金实力保证了信息技术的投入，使现代信息技术的应用成为可能。

通过课堂学习和课后查阅资料，完成下述问题：
1. 如何选择企业物流战略类型？
2. 什么是全球化物流战略？
3. 我国企业物流战略联盟的建立模式有哪些？

单元二　物流成本

学习目标

掌握物流成本的冰山理论、物流成本消减的乘法效应、效益背反、第三利润源泉；明确物流成本与物流活动的关系；找出影响物流成本的因素，以及降低物流成本的途径；树立正确的物流成本观念。

一、物流成本概念

总成本分析是管理物流职能的关键。组织的一个主要目标应是减少物流活动的总成本，而不是集中减少孤立的单一活动的成本。试图减少单个活动的成本有时会导致总成本增加。例如，将制成品库存合并到少数几个配送中心将会减少存货持有成本和仓储成本，但可能导致运费巨额上升或是由于客户服务水平下降导致销售量减少。类似地，与大批量采购有关的节约可能低于库存持有成本的关联上升。

图 2-8 指出了物流的六个主要成本类别。管理层必须考虑图 2-9 中所描述的所有物流成本的总和。一项成本的减少会导致其他组成部分的成本上升。只有将物流看作一个完整的系统，并以给定企业的客户服务目标为前提，将总成本最小化，才能实现有效的管理和真正的成本节约。

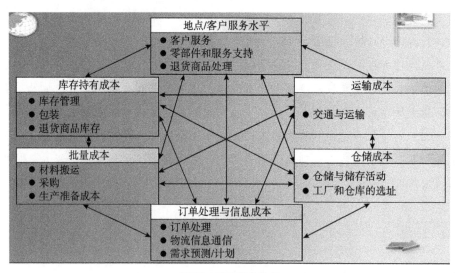

图 2-8 物流成本构成

二、物流成本构成

传统的物流成本计算按照运输费、保管费、包装费、装卸费等功能类别统计,并没有与物流服务水平联系起来,也没有按顾客类别和销售业务人员类别计算物流成本,以至于物流成本上升的责任不明确。这里介绍一种以活动为基础的成本计算方法,这种计算方法能够帮助企业理顺思路、弄清物流成本的来源。

以活动为基础确定物流成本的方法的原则是一切以增值活动本身为着眼点,将消耗的所有有关费用与增值活动的完成联系起来。以往我们经常把物流活动的成本分摊给一个组织或预算单位,而在以活动为基础的物流成本计算方法中,成本是分摊在消费一定资源的活动上的,所以也称为以活动为基础的物流成本分类。在物流活动中,关键事件是一个客户的订单,以及由此产生的反映其完成这项订单工作所需的相关活动或成本。

如图 2-9 所示,基于活动的物流成本方法是将物流成本按照不同的物流活动分解,然后计算各项活动的总和,即为物流总成本。基于物流活动的成本可以分解为以下各

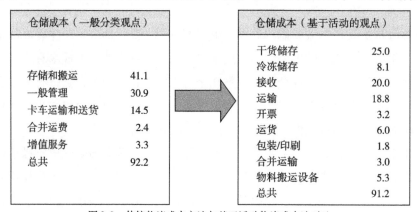

图 2-9 传统物流成本方法与基于活动物流成本法对比

项：订货费用、订货处理及信息费用、运输费用、包装费用、搬运装卸费用、进出库费用、储存费用、库存占用资金的利息、商品损耗、分拣费用、配货费用、物流中心管理费用以及其他由于交货延误造成的缺货损失等。

三、物流活动与物流成本的关系

物流成本是由支持物流过程的活动所驱使造成的。主要的成本类别包括客户服务成本、运输成本、仓储成本、订单处理和信息系统成本、批量成本以及存货持有成本。

（1）客户服务成本。与不同客户服务水平相关的关键成本权衡因素，是丧失销售的成本。客户服务成本包括订单履行成本以及零部件和服务支持的成本，还包括与退货处理相关的成本，这主要影响客户对组织服务的感受以及最终的客户满意水平。

丧失销售的成本不仅包括失去的现有销售所带来的贡献，还包括未来的潜在销售。公司可能由于以前顾客反面的口头宣传而丧失未来的销售机会。某一项评估表明，每个不满意的顾客会将他对于产品或服务的不满平均向其他九个人诉说。不难看出，要衡量客户服务的真实成本是多么困难！

因此，最好的办法是根据客户需要确定希望达到的客户服务水平，并考虑那些需求将会如何受营销组合其他方面开支的影响。正如前面所说，其思想是在给定客户服务目标的前提下，使总成本最小化。因为其他主要的物流成本因素共同作用来支持客户服务，物流经理需要得到有关每个成本类别的开支的正确数据。

（2）运输成本。根据分析个体的不同，可以用多种不同的方法来考察运输支出。成本可以按客户、生产线、渠道类型、运输商、方向（进货对发货）等进行分类。根据发运量、运输重量、距离以及出发地和目的地的不同，成本会相应地发生很大变化。成本和服务还会随着所选择的运输方式的不同而发生大幅变动。

（3）仓储成本。仓储成本与仓储和储存活动以及工厂和仓库的选址过程有关，包括由于仓库数量和位置的变化而引起的所有成本。

（4）订单处理和信息系统成本。订单处理和信息系统的成本与处理客户订单、配送信息和需求预测等活动相关。对订单处理和信息系统进行投资，对支持良好的客户服务水平和控制极为重要。订单处理成本包括订单发送、订单录入、订单核对、订单处理以及相关的内部和外部成本，比如通知运输商和客户有关发运信息和产品的可供情况。发运人和承运人已经进行了大量投资来改善其信息系统，包括电子数据交换（EDI）、卫星数据传输以及发货与销售的条码编码及扫描技术。另外，复杂的信息技术也有了快速发展，如决策支持系统、人工智能（AI）、互联网接入和专家系统。

（5）批量成本。主要的批量成本是由于生产和采购活动所引起的，随生产批量订单的大小或频率的改变而变化。

（6）库存持有成本。库存持有成本受许多因素影响如库存控制、包装以及废物回收和废物处理。

四、物流成本管理的特点

(一) 物流冰山说

物流冰山说是日本早稻田大学西泽修教授提出来的。他在研究物流成本时发现,现行的财务会计制度和会计核算方法都不可能掌握物流费用的真实情况。一般情况下,企业会计科目中,只把支付给外部运输企业、仓库企业的费用列入成本,实际这些费用在整个物流费用中只是很小的一部分。真正的大头是企业内部发生的各种物流费用,如物流基础设施建设费,企业利用自己的车辆运输、利用自己的库存保管货物、由自己的工人进行包装、装卸等费用,这些都没有计入物流费用科目内。因此西泽修说物流费用犹如一座海里的冰山,露出水面的仅是冰山的一角(如图2-10所示)。

图2-10 物流成本隐含性

物流冰山说之所以成立,有三个方面的原因。

一是物流成本的计算范围太大。它包括:原材料物流,工厂内物流,从工厂到仓库、配送中心的物流,从配送中心到商店的物流等。这么大的范围,涉及的单位非常多,牵涉面也特别广,很容易漏掉其中的某一部分。漏掉哪部分,计算哪部分,物流费用的大小相差甚远。

二是运输、保管、包装、装卸、流通加工以及信息等各物流环节中,以哪几个环节作为物流成本的计算对象问题。如果只计算运输和保管费用不计算其他费用,与计算运输、保管、装卸、包装、流通加工以及信息等全部费用,两者的费用计算结果差别相当大。

三是把哪几种费用列入物流成本中的问题。比如,向企业外部支付的运输费、保管费、装卸费等费用一般都容易列入物流成本;可是本企业内部发生的物流费用,如与物流相关的人工费、物流设施建设费、设备购置费,以及折旧费、维修费、电费、燃料费等是否也列入物流成本中等都与物流费用的大小直接相关。因而,物流费用确实犹如一座海里的冰山,露出水面的仅是冰山的一角。

(二) 物流成本削减的乘法效应

乘法效应是指用很少的成本(包括精神的和物质的),换取更多的效益。假定销售额为100亿元，物流成本为10亿元，如物流成本下降1亿元，就可得到1亿元的收益。现在假定物流成本占销售金额的10%，如物流成本下降1亿元，销售金额将增加10亿元，这样，物流成本的下降会产生极大的效益。这个理论类似于物理学中的杠杆原理，物理成本的下降通过一定的支点，可以使销售额获得成倍的增长。

物流成本是以物流活动的整体为对象的，是唯一基础性的、可以共同使用的基本数据。可以说物流成本，是进行物流管理、使物流合理化的基础。

（三）物流效益背反

效益背反指的是物流的若干功能要素之间存在着损益的矛盾，即某一个功能要素的优化和利益发生的同时，往往会导致另一个或另几个功能要素的利益损失，反之也会如此。

具体地说，要使系统中任何一个要素增益，必将对系统中其他要素产生减损的作用。因此，设计和管理物流系统时，应把物流系统作为一个系统来研究。用系统的方法来管理物流系统时，追求的目标应是：以较少的物流成本，用较好的物流服务为用户提供物品，同时，尽量减少外部环境中小经济因素的影响。物流系统的效益背反包括物流各功能活动的效益背反和物流成本与服务水平的效益背反。

1. 物流各功能活动的效益背反

所谓"鱼与熊掌不可兼得"，物流的各项活动处于这样一个相互矛盾的系统中，想要达到某个方面的目的，必然会使另一方面的目的受到一定的损失，这便是物流各功能活动的效益背反。例如，减少物流网络中仓库的数目并减少库存，必然会使库存补充变得频繁而增加运输的次数；简化包装，虽然可以降低包装成本，但会由于包装强度的降低，使运输和装卸中的破损率增加，并且在仓库中摆放时也不可堆放过高，这样就降低了保管效率；将铁路运输改为航空运输，虽然增加了运费，却提高了运输速度，不但可以减少库存，还降低了库存费用。所有这些都表明，在设计物流系统时，要综合考虑各方面因素的影响，使整个物流系统达到最优，片面强调某种物流功能的企业将会蒙受不必要的损失。

由此可见，物流系统就是以成本为核心，按最低成本的要求，使整个物流系统化。它强调的是调整各要素之间的矛盾，把它们有机地结合起来，使成本变为最小，以追求和实现部门的最佳效益。

2. 物流成本与服务水平的效益背反

高水平的物流服务是由高的物流成本来保证的，企业很难做到既提高物流服务水平，又降低物流成本，除非有较大的技术进步。一般来说，提高物流服务，物流成本随即上升，它们之间存在着效益背反。物流服务与物流成本之间并非呈线性的关系，而是如图2-11所示，物流服务如处于低水平阶段，追加成本X，物流服务即可上升Y；如处于高水平阶段，同样追加X，则服务水平就上升Y'，$Y>Y'$。处于高水平的物流服务时，成本增加而物流服务水平不能按比例相应地提高。与处于竞争状态的其他企业相比，在处于相当高的服务水平的情况下，想要超过竞争对手，提出并维持更高的服务标准就需要有更多的投入，所以一个企业在做出这种决定时必须慎重。

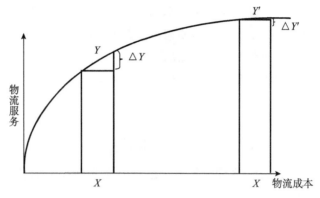

图 2-11　物流成本与物流服务

企业决策层在提出降低物流成本的要求时，必须认真考虑物流成本下降与物流服务之间的关系。

在对物流服务和物流成本做决策时，通常考虑以下四种方法。

（1）保持物流服务水平不变，尽量降低物流成本，不改变物流服务水平。通过改进物流系统来降低物流成本，这种尽量降低成本来维持一定服务水平的方法称为追求效益法。

（2）提高物流服务水平，不惜增加物流成本。这是许多企业提高物流服务水平的做法，是企业面对特定顾客或其特定商品面临竞争时所采取的具有战略意义的做法。

（3）保持成本不变，提高服务水平。这是一种积极的物流成本对策，是一种追求效益的方法，也是一种有效的利用物流成本性能的方法。

（4）用较低的物流成本，实现较高的物流服务。这是一种增加销售、增加效益、具有战略意义的方法。只有要求企业合理运用自身的资源，才能获得这样的成果。

企业采取哪种物流成本策略，往往不是凭感觉而定的，而是通盘考虑各方面因素的结果。这些因素包括商品战略、地区销售战略、流通战略、竞争对手、物流成本、物流系统所处的环境，以及物流系统负责人所采用的方法等。

（四）"第三利润源"

"第三利润源"理论来自于日本学者西则修的著作，是对物流潜力及效益的描述。

从历史的发展来看，人类历史上曾经有过两个大量提供利润的领域：第一是原材料资源领域，第二个是人力资源领域。

原材料资源领域起初是廉价原材料、燃料的掠夺或获得，其后则是依靠科技进步，通过节约原材料消耗、原材料节约代用、原材料综合利用、原材料回收利用乃至大量人工合成原材料资源而获取高额利润，习惯称之为"第一利润源"。

人力资源领域起初是利用廉价劳动力，其后则是依靠科技进步提高劳动生产率，降低人力资源消耗，或采用机械化、自动化来降低劳动耗用，从而降低成本，或通过提高劳动力的训练程度来提高劳动生产率，从而增加利润，这个领域习惯称之为"第二利润源"。

在前两个利润源潜力越来越小、利润开拓越来越困难的情况下，物流领域的潜力被人们所重视，按时间序列排为"第三利润源"。物流作为"第三利润源"，就是合理组织产供销环节，将货物按必要的数量以必要的方式，在要求的时间内送到必要的地点，就是让每一个要素、每一个环节都做到最好。

我国很多企业和一些研究学者在引用这一概念时，忽略了利润的来源，以为物流可以像生产企业一样直接创造利润。其结果是作为物流的需求方则不断要求物流供应方降低价格，压低成本，以减少物流企业的"第三利润源"。最终导致我国物流价格特别是干线运输和仓储价格连年下降，直接影响了物流对GDP（国内生产总值）的贡献，使得很多国有大型物流企业退出这一领域，或将物流设施设备转租给个人经营，导致物流企业的规模逐渐减小。

五、影响企业物流成本的因素

（一）互联网、卫星等现代信息手段对物流的影响

互联网对物流的影响比较明显，比如减少空车资源、减少迂回运输、减少货物库存、减少仓库，变物流为信息流。

美国戴尔公司模式的一个基本特点就是减少库存、加快货物周转。这个模式是由以前的供需转换成需供，所谓供需是把东西生产好了，慢慢卖，一年卖不了卖两年，两年卖不了卖三年，但是没有卖出去以前都是库存。

戴尔公司首先是定制，所谓定制就是按特定客户的需求来生产，就是先需求，然后再供应，再生产。所谓大规模定制是把个性化的需求和大规模生产统一起来。比如50双50码的鞋成本很高，若是面向全世界，可能要50码鞋的有1万人，这对于客户来讲是个性化，但是对于生产来讲是规模化。

戴尔公司有一种观点，多余的存货通常是源自于对市场的盲目不清或源自于对货物短缺的害怕。因此它的基本思路是用信息代替存货。之所以有存货是因为没有信息，为了省1000万元的存货买信息、建立信息系统可能只花50万元，这就是戴尔模式的本质

（二）库存水平

企业的库存成本提高，可以减少缺货成本，即缺货成本与存货成本成反比。库存水平过低，会导致缺货成本增加，但库存水平过高，虽然会降低缺货成本，但是存货成本会显著增加，因此，合理的库存应保持在使总成本最小的水平上。

怎样减少库存？戴尔公司有很多办法，一个办法是让供应商与戴尔公司双重接近。所谓双重接近，第一是供应商的零部件厂与戴尔公司的工厂要尽量靠得很近。戴尔公司的工厂建在中国，供应商零部件的厂也要在中国建，戴尔公司建在澳大利亚，供应商的

配件厂也要建到澳大利亚。第二是通过戴尔公司的网站（dell.com），使供应商与戴尔虚拟地同步工作。比如说客户现在需要一台电脑，戴尔公司就知道客户需要一台电脑，那么全球每一个零部件供应商都会同时看到，然后同时生产，同时工作。

再一个办法是买得少，但买得频率更高。戴尔公司在全球平均库存天数降到7天以内，网上订购存货时间降到3天，原材料库存按小时计算，网上销售已经占总收入的近50%。2000年，网上成交额近100亿美元。而联想的存货天数平均在30天左右，一般电脑企业库存时间是2个月。

（三）运输方式选择

企业采用更快捷的运输方式，虽然会增加运输成本，却可以保证运输质量，缩短运输时间，提高企业竞争力。但这要建立在对顾客服务水平和自身成本的权衡上。

四种运输方式如图2-12～图2-15所示。

图2-12 铁路运输

图2-13 公路运输

图2-14 水路运输

图2-15 航空运输

（四）物流环节

物流环节的多少和经历时间的长短将直接影响物流成本的大小。有关资料显示，在物料形成产品的总生产时间中，真正的加工时间只有10%～20%，其余时间都消耗在物料运输、等待时间（如在库时间、设备调整准备时间）。所以，一般而言，对于物流环节，原则是尽可能减少中间环节，在中间环节停留的时间也要尽可能少，每次运输距离尽可能短，而运输队速度尽可能提高。这也是在运输中要"直达直线运输"（如图2-16所示）、"四就直接运输"（即不经过商业环节，就厂直拨，就车站、码头直拨，就仓库直拨，就车、船过载）的原因所在。

图2-16 四就直拨运输

（五）订货周期

订货周期又称订货提前期，指从准备订货到货物收到的间隔时间。一般订货周期包括订单准备、订单传递、订单登记、按订单供货、订单处理状态跟踪五个部分。高效的企业物流系统可以缩短企业的订货周期，降低顾客的库存，从而降低顾客的库存成本，提高企业的顾客服务水平，增加企业的竞争力。

（六）产品本身

企业的产品是影响物流成本的首要因素。不同企业的产品，在产品的种类、性质、体积、质量和物理、化学性质方面都可能不同，这些对物流活动如仓储、运输、物料搬运的成本问题均会产生不同的影响。主要体现在以下几方面。

1. 产品价值

产品的价值不同，需要的物流成本的支持也存在差异。虽然运输成本、仓储成本一般是按重量和体积计算的，但价值高的产品的物流成本都相对比一般的产品高。如在国际物流中海运费率的一条重要原则是：高价值商品的运费率要高于低价值的商品。因为运输成本和仓储成本都含有保险费，保险费是按照产品的价值比率来计算的，而且存储成本包含库存维持成本，这也是按产品价值的一定比率计算的，这些都增加了产品的物流成本。

2. 产品密度

产品密度对物流成本也是有影响的，因为产品密度是由它的质量和体积决定的。而产品的运输成本、仓储成本一般以质量或以体积作为计量单位来计算，所以产品密度对物流成本有直接的影响。两者之间的关系是产品密度增加，产品质量体积比增大，仓储和运输成本占销售价格的比例呈下降趋势。简单地说，产品密度越大，每车装的货物越多，运输成本就越低，同样，仓库中一定空间领域存放的货物也越多，从而降低了库存成本，如重货钢材、轻泡货物棉花则相反。

3. 产品的风险性

产品的风险性是指产品本身存在的易燃性、易损性、易腐性和易于被盗等方面的特性。产品的风险性会对物流活动有特定的限制，从而引起物流成本的上升。如精密度高的产品，对保管和养护条件要求较高，这无疑对物流各个环节如运输、搬运、仓储等都提出更高的要求而引起物流成本核算的增加。再如新鲜的水果、鲜花需要冷藏储存和运输，通常需用使用费用高昂的航空运输。而产品价值高的产品在运输仓储时的防盗措施也必不可少。总之，由于产品的风险性而在物流过程中引起特殊防护作业，会增加企业的物流成本。

具有风险性的产品示例，如图 2-17 ~ 图 2-22 所示。

图 2-17　危险货物

图 2-18　鲜活货物

图 2-19　特殊货物

图 2-20　活体货物

图 2-21　水果类货物

图 2-22　酒类货物

（七）物流运作方式

企业物流运作方式分为自营物流和外包物流两种。由于市场竞争的加剧，企业物流运作方式从最初的所有物流业务全部自营，逐渐发展为部分物流业务外包直至全部外包。其重要原因就是企业希望通过外包寻求物流成本的降低。

六、降低物流成本的途径

（一）利用物流外包（第三方物流，3PL）降低企业物流成本

企业把物流外包给专业化的第三方物流公司，可以缩短商品在途时间，减少商品周转过程的费用和损失。有条件的企业可以采用第三方物流公司直供上线，实现零库存，降低成本。

（二）通过实现供应链管理，提高对顾客物流服务的管理来降低成本

使由生产企业、第三方物流企业、销售企业、消费者组成的供应链整体化和系统化，实现物流一体化，从而使整个供应链利益最大化，并有效降低企业物流成本。

实行供应链管理不仅要求企业的物流体制具有效率化，也需要企业协调与其他企业以及客户、运输业者之间的关系，实现整个供应链活动的效率化。正因为如此，追求成本的效率化，不仅仅需要企业中的物流部门或生产部门加强控制，同时采购部门等各职能部门都需要加强成本控制。提高对顾客的物流服务可以确保企业利益，同时也是企业降低物流成本的有效方法之一。

供应链管理流程，如图 2-23 所示。

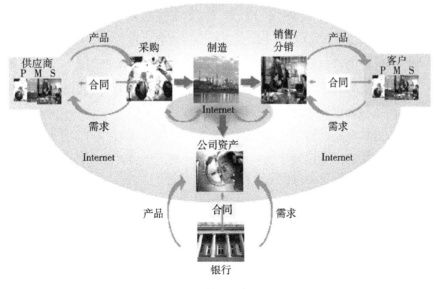

图 2-23　供应链管理流程

（三）从流通全过程的视角加强物流成本管理

对于一个企业来讲，控制物流成本不单单是本企业的事情，即追求本企业的物流效率化，应该考虑从产品制成到最终用户整个流通过程的物流成本效率化，并且物流设施的投资或扩建与否要视整个流通渠道的发展和要求而定。例如，有些厂商是直接面对批发商经营的，因此很多物流中心是与批发商物流中心相吻合，从事大批量的商品输送，然而随着零售业便民店、折扣店的迅速发展，客户要求厂商必须适应零售业这种新型的业态形式，展开直接面向零售店铺的物流活动。在这种情况下，原来的投资就有可能沉淀，同时又要求建立新型的符合现代物流发展要求的物流中心或自动化设备。这些投资尽管从企业来看增加了物流成本，但从整个流通过程来看，却大大提高了物流绩效。

物流全过程示意，如图 2-24 所示。

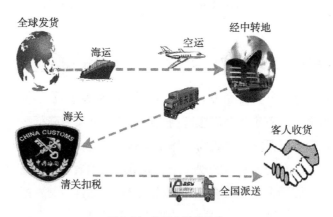

图 2-24　物流全过程示意

（四）通过效率化的配送降低物流成本

企业实现效率化的配送，减少运输次数，提高装载率及合理安排配车计划，选择最佳的运送手段，从而降低配送成本。对于用户的订货要求尽力建立短时间、正确的进货体制是企业物流发展的客观要求，但是，随着配送产生的成本费用要尽可能降低，特别是多频率、小单位配送要求的发展，更要求企业采取效率化的配送，这就必须重视配车计划管理，提高装载率以及车辆运行管理。

通过构筑有效的配送计划信息系统可以使生产商配车计划的制订与生产计划联系起来进行，同时通过信息系统也能使批发商将配车计划或进货计划相匹配，从而提高配送效率，降低运输成本和进货成本。

自动分拣系统如图 2-25 所示，配送车辆如图 2-26 所示。

（五）削减退货成本

退货成本也是企业物流成本中一项重要的组成部分，它往往占有相当大的比例，这是因为退货会产生一系列的物流费，退货商品损伤或滞销而产生的经济费用以及处理退货商品所需的人员费和各种事务性费用。特别是存在退货的情况下，一般是商品提供者承担退货所发生的各种费用，而退货方因为不承担商品退货而产生的损失，因此很容易随便地退回商品，并且由于这类商品大多数量较少，配送费用有增高的趋势。不仅如此，由于这类商品规模较小，也很分散，商品入库、账单处理等业务也很复杂。由此，削减退货成本是物流成本控制活动中需要特别关注的问题。

图2-25 自动分拣系统

图2-26 配送车辆

（六）通过采用物流标准化进行物流管理

物流标准化是以物流作为一个大系统，制定系统内部设施、机械设备、专用工具等各个分系统的技术标准。制定系统内各个分领域如包装、装卸、运输等方面的工作标准，以系统为出发点，研究各分系统与分领域中技术标准与工作标准的配合性，统一整个物流系统的标准。物流标准化使货物在运输过程中的基本设备统一规范，如现有托盘标准与各种运输装备、装卸设备标准之间能有效衔接，大大提高了托盘在整个物流过程中的通用性，也在一定程度上促进了货物运输、储存、搬运等过程的机械化和自动化水平的提高，有利于物流配送系统的运作效率，从而降低物流成本（如图2-27～图2-30所示）。

图2-27 货物标准化

图2-28 仓储标准化

（七）借助现代化的信息管理系统控制和降低物流成本

在传统的手工管理模式下，企业的成本控制受诸多因素的影响，往往不易实现各个环节的最优控制。企业采用信息系统，一方面可使各种物流作业或业务处理能准确、迅速地进行；另一方面通过信息系统的数据汇总，进行预测分析，可控制物流成本发生的可能性。

图 2-29　装卸标准化

图 2-30　运输标准化

企业物流信息管理系统，如图 2-31 所示。

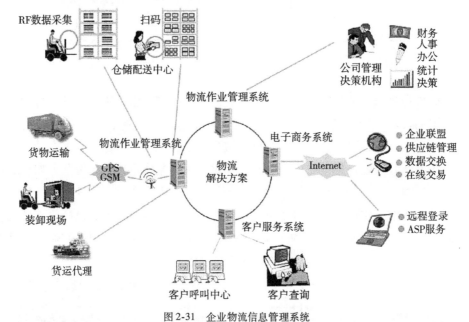

图 2-31　企业物流信息管理系统

拓展案例

上海通用汽车是如何降低物流成本的

前两年还很少有人关注汽车物流，可现在它俨然成了汽车业的"香饽饽"，很多公司都希望通过降低物流成本来提高竞争力。作为国内大型的中美合资汽车企业，上海通用汽车是如何降低物流成本的？

秘诀一：精益生产及时供货。

随着汽车市场竞争越来越激烈，很多汽车制造厂商采取了价格竞争的方式来应战。

在这个背景下，大家都不得不降低成本。而要降低成本，很多厂家都从被视作"第三大利润源"的物流入手。

有资料显示，我国汽车工业企业，一般的物流成本起码占整个生产成本的20%以上，较差的公司基本在30%～40%，而国际上物流做得比较好的公司，物流的成本都控制在15%以内。

上海通用汽车在合资当初就决定，要用一种新的模式，建立一个在"精益生产"方式指导下的全新理念的工厂，而不想再重复建造一个中国式的汽车厂，也不想重复建造一个美国式的汽车厂。

精益生产的思想内涵很丰富，最重要的一条就是像丰田一样——即时供货（Just In Time, JIT），即时供货的外延就是缩短交货期。所以上海通用汽车在成立初期，就在现代信息技术的平台支撑下，运用现代的物流观念做到交货期短、柔性化和敏捷化。

从这几年的生产实践来说，上海通用汽车每年都有一个以上的新产品下线上市，这是敏捷化的一个反映。而物流最根本的思想就是怎样缩短供货周期来达到低成本、高效率。这个交货周期包括从原材料到零部件，再从零部件到整车，每一阶段都有一个交货期，这是敏捷化至关重要的一个方面。

秘诀二：循环取货驱除库存"魔鬼"。

上海通用汽车目前有四种车型，不包括一种刚刚上市的车型在内，另外三种车型零部件总量有5400多种。上海通用汽车在国内外还拥有180家供应商，拥有北美和巴西两大进口零部件基地。那么，上海通用汽车是怎么提高供应链效率、减少新产品的导入和上市时间并降低库存成本的呢？

为了把库存这个"魔鬼"赶出自己的供应链，上海通用汽车的部分零件例如有些是本地供应商所生产的，会根据生产的要求在指定的时间直接送到生产线上去。这样，因为不进入原材料库，所以保持了很低或接近于"零"的库存，省去大量的资金占用。

有些用量很少的零部件，为了不浪费运输车辆的运能而充分节约运输成本，上海通用汽车使用了叫作"牛奶圈"的小技巧：每天早晨，汽车从厂家出发，到第一个供应商那里装上准备好的原材料，然后到第二家、第三家，依次类推，直到装上所有的材料，然后再返回。这样做的好处是，省去了所有供应商空车返回的浪费。传统的汽车厂以前的做法是成立自己的运输队，或者找运输公司把零件送到公司，都不是根据需要来供给，因此存在缺陷。有的零件根据体积或数量的不同，并不一定能装满一卡车，但为了节省物流成本，他们经常装满一卡车配送，造成了库存高、占地面积大。而且，不同供应商的送货缺乏统一的标准化管理，在信息交流、运输安全等方面，都会带来各种各样的问题。如果想要管好它，必须花费很多的时间和很大的人力资源。所以上海通用汽车改变了这种做法。

上海通用汽车聘请了一家第三方物流供应商，由他们来设计配送路线，然后到不同的供应商处取货，再直接送到上海通用汽车，利用"牛奶取货"或者叫"循环取货"的方式解决了这些难题。通过循环取货，上海通用汽车的零部件运输成本下降了30%

以上。这种做法体现了上海通用汽车的一贯思想：把低附加价值的东西外包出去，集中精力做好制造、销售汽车的主营业务，即精干主业。

秘诀三：建立供应链预警机制追求共赢。

上海通用汽车所有的车型国产化都达到了40%以上，有些车型已达到60%甚至更高。这样可以充分利用国际国内的资源优势，在短时间内形成自己的核心竞争力。上海通用汽车也因此非常注意协调与供应商之间的关系。上海通用汽车采取的是"柔性化生产"，即一条生产流水线可以生产不同平台多个型号的产品，如同时生产别克标准型、较大的别克商务旅行型和较小的赛欧。这种生产方式对供应商的要求极高，即供应商必须处于"时刻供货"的状态，会产生很高的存货成本。而供应商一般不愿意独自承担这些成本，就会把部分成本加在给上海通用汽车供货的价格中。如此一来，最多也就是把这部分成本转嫁到了上游供应商那里，并没有真正降低整条供应链的成本。

为了克服这个问题，上海通用汽车与供应商时刻保持着信息沟通。公司有一年的生产预测，也有半年的生产预测，生产计划是滚动式的，基本上每星期都有一次滚动，在此前提下不断调整产能。这个运行机制的核心是要让供应商也看到公司的计划，让他们能根据上海通用汽车的生产计划安排自己的存货和生产计划，减少对存货资金的占用。

如果供应商在原材料、零部件方面出现问题，也要给上海通用汽车提供预警，这是一种双向的信息沟通。万一某个零件预测出现了问题，在什么时候跟不上需求了，公司就会利用上海通用的资源甚至全球的资源来做出响应。新产品的推出涉及整个供应链，需要国内所涉及的零部件供应商能同时提供新的零部件，而不仅仅是整车厂家推出一个产品这么简单。作为整车生产的龙头企业，上海通用汽车建立了供应商联合发展中心，在物流方面也制订了很多标准流程，使供应商随着上海通用汽车产量的调整来调整他们的产品。

目前，市场上的产品变化很大，某一产品现在很热销，但可能几个月后就需求量不大了。上海通用汽车敏捷化的要求就是在柔性化共线生产前提下能够及时进行调整。但这种调整不是整车厂自己调整，而是让零部件供应商一起来做调整。

市场千变万化，供应链也是千变万化的，对突发事件的应变也是如此。某段时间上海通用汽车在北美的进口零部件出现了问题，就启动了"应急计划"，不用海运而改用空运。再比如考虑到世界某个地区存在战争爆发的可能性，将对供应链产生影响，上海通用汽车就尽可能增加零部件的库存，而且也预警所有的供应商，让他们对有可能受影响的原材料进行库存。供应链归根结底就是要贯彻一个共赢的概念。

知识拓展

通过课堂学习和课后查阅资料，完成下述问题：
1. 企业物流成本核算的方法有哪些？
2. 作业成本法在物流成本管理中如何应用？

单元三　物流质量与物流服务

学习目标

从全面管理的角度掌握物流质量的含义；借助衡量物流质量的指标体系从物流时间、物流成本、物流效率等方面对物流质量进行衡量。培养学生树立正确的物流商品质量、物流服务质量、物流工作质量、物流工程质量观念。

正确理解物流服务对提高企业核心竞争力、降低物流成本的重要性，掌握物流运输、仓储等基本物流服务内容，重点掌握物流的增值服务，在知识传授的过程中使学生知道企业如何保持具有竞争优势的物流服务水平。

物流是发展和维持全面质量管理的主要组成部分，物流的一个重要目标即是质量的持续改善。当质量不合格时，像物流这样的典型服务就会被否定。物流本身必须履行一定的质量标准。物流质量管理是指以全面质量管理的思想，运用科学的管理方法和手段，对物流过程的质量及其影响因素进行计划、控制，使物流质量不断得以改善和提高的过程。物流的质量管理是物流管理的重要组成部分。

一、物流质量的定义

物流质量是指物流商品质量、物流服务质量、物流工作质量和物流工程质量的总称。物流质量是一个双重概念，它不仅是现代企业根据物流运作规律所确定的物流工作的量化标准，而且更应该体现物流服务的顾客期望满足程度的高低。如何衡量物流质量是物流管理的重点。物流质量的保证首先建立在准确有效的质量衡量上，主要从物流时间、物流成本、物流效率三个方面来衡量。

（1）物流商品质量。物流商品质量指商品运送过程中对商品原有质量（数量、形状、性能等）的保证，尽量避免破损，而且由于现代物流采用流通加工等手段，可以改善和提高商品质量。

（2）物流服务质量。物流服务质量指物流企业对用户提供服务，使用户满意的程度。如现在许多第三方物流公司采用GPS（全球定位系统），能使客户对货物的运送情况进行随时跟踪。由于信息和物流设施不断改善，企业对客户的服务质量必然不断提高。

（3）物流工作质量。物流工作质量是指物流服务各环节、各工种、各岗位具体的工作质量。这是相对于企业内部而言的，是在一定标准下的物流质量的内部控制。

（4）物流工程质量。物流工程质量是指把物流质量体系作为一个系统来考察，用

系统论的观点和方法,对影响物流质量的诸要素进行分析、计划,并进行有效控制,这些因素主要有:人的因素、体制因素、设备因素、工艺方法因素、计量和测试因素,以及环境因素等。

物流质量管理与一般商品质量管理的主要区别在于,物流质量管理必须满足两方面的要求:一是满足生产者的要求,因为物流的结果必须保护生产者的产品能保质、保量地转移给客户;二是满足客户的要求,即按客户要求将其所需的商品送交给客户。

这两方面的要求基本上是一致的,但有时也有矛盾。比如,过分强调满足生产者的要求,使商品以非常高的质量保证程度送交客户,有时会出现客户难以承担过高成本的情况。物流质量管理的目的,就是在"向客户提供满足要求质量的服务"和"以最经济的手段来提供"两者之间找到一条优化的途径,同时满足这两个要求。为此,必须全面了解生产者、消费者、流通者等各方面所提出的要求,从中分析出真正合理、方面都能接受的要求,作为管理的具体目标。从这个意义上来说,物流质量管理可以定义为:用经济的方法,向客户提供满足其要求的物流质量的方法与手段体系。

二、物流质量的衡量

如何衡量物流质量是物流管理的重点。物流质量的保证首先建立在准确有效的质量衡量上。大致来说,物流质量主要从以下三个方面来衡量。

1. 物流时间

时间的价值在现代社会的竞争中越来越凸显出来,谁能保证时间的准确性,谁就能够获得客户。由于物流的重要目标是保证商品送交得及时,因此时间成为衡量物流质量的重要因素。

2. 物流成本

物流成本的降低不仅是企业获得利润的源泉,也是节约社会资源的有效途径。在国民经济各部门中,因各部门的产品对运输的依赖程度不同,运输费用在生产费用中所占的比重也不同。

3. 物流效率

物流效率对于企业来说,指的是物流系统能否在一定的服务水平下满足客户的要求,也是指物流系统的整体构建。对于社会来说,衡量物流效率是一件复杂的事情。因为社会经济活动中的物流过程非常复杂,物流活动内容和形式不同,必须采用不同的方法分析物流效率。

三、物流质量指标体系

由于物流质量是衡量物流系统的重要方面,所以发展物流质量的指标体系对于控制和管理物流系统来说至关重要。物流质量指标体系的建立必须以最终目的为中心,是围绕最终目标发展起来的衡量物流质量的指标。一般说来，物流服务质量指标，包括物流工作质量指标和物流系统质量指标。以这两个指标为纲，在各工作环节和各系统中又可以制定一系列"分目标"的质量指标，从而形成一个质量指标体系。整个质量指标体系犹如一个树状结构，既有横向的扩展，又有纵向的延伸。横向的主干是为了将物流系统各个方面的工作都包括进去，以免遗漏；纵向的分支是为了将每个工作的质量衡量指标具体化，便于操作。没有横向的扩展就不能体现其广度，没有纵向的延伸就不能体现其深度。

1. 服务水平指标

满足顾客的要求需要一定的成本，并且随着顾客服务达到一定的水平时，再想提高服务水平，企业往往要付出更大的代价，所以企业出于利润最大化的考虑，往往只满足一定条件的订单，由此便产生了服务水平指标。服务水平越高，企业满足订单的次数与总服务次数之比就越高。

2. 满足程度指标

服务水平指标衡量的是企业满足订单次数的频率，但由于每次订货数量不同，所以仅以此来衡量是不完全的，于是就产生了满足程度指标，即企业能够满足的订货数量与总的订单订货数量之比。

3. 交货水平指标

时间的准确性对于物流来说，是衡量其质量的重要方面，因此建立交货水平指标也很重要。它是指按期交货次数与总交货次数的比率（%）。

4. 交货期质量指标

交货期质量指标衡量的是满足交货的时间因素的程度，即实际交货与规定交货期相差的日数（天）或时数（时）。

5. 商品完好率指标

保持商品的完好对于客户来说是很重要的，即交货时完好商品量或缺损商品量与总交货商品量的比率（%）。也可以用"货损货差赔偿费率"来衡量商品的破损给公司带来的损失。对于一个专业的物流公司来说，由于自身的服务水平有限导致商品破损，要付出一定的赔偿金，这部分金额占同期业务收入总额的比率（%）即是"货损货差赔偿费率"。

6. 物流吨费用指标

物流吨费用指标即单位物流量的费用（元/吨），这一指标比同行业的平均水平低，说明运送相同吨位货物费用较低，则此公司拥有更高的物流效率，其物流质量较高。

企业的存在就是为了满足顾客某方面的需要，为顾客提供产品和服务，而物流服务是保证企业能有效提供优质服务的基础。面对日益激烈的竞争和消费者价值取向的多元化，企业管理者已发现加强物流管理、改进顾客服务是创造持久竞争优势的有效手段。

四、物流服务的重要性

物流服务是指物流企业或是企业的物流部门从处理客户订货开始，直至商品送至客户手中，为满足客户需求，有效地完成商品供应、减轻客户物流作业负荷所进行的全部活动。

物流服务的重要性主要体现在以下几方面。

（1）物流是企业生产和销售的重要环节，是保证企业高效经营的重要方面。对于一个制造型企业来说，物流包括从采购、生产到销售这一供应链环节中所涉及的仓储、运输、搬运、包装等各项物流活动，它是贯穿企业活动始终的。只有物流顺畅，才能保证企业的正常运行，同时，物流服务还是提高企业竞争力的重要方面，及时准确地为客户提供产品和服务，已成为企业之间除了价格以外的重要竞争因素。

（2）物流服务水平不同，物流的形式也随之而变化，因此，物流服务水平是构建物流系统的前提条件，企业的物流网络如何规划，物流设施如何设置，物流战略怎样制定，都必须建立在一定的物流服务水平之上。不考虑一定的物流服务水平而空谈物流，是"无源之水，无本之木"。

（3）物流在降低成本方面起着重要的作用，而物流成本的降低必须首先考虑物流服务水平，在保证一定物流服务水平的前提下尽量降低物流成本。从这个意义上说，物流服务水平是降低物流成本的依据。

（4）物流服务起着连接厂家、批发商和消费者的作用，是国民经济不可缺少的部分。

五、物流服务分类

随着物流的不断发展，人们对物流的认识不断加深，物流服务的各项功能越来越多地被人们开发出来，逐渐得到企业和社会的关注，也成为客户选择服务时的参考因素。按照物流服务的水平分类，物流服务可分为基本物流服务和增值服务。

（一）基本物流服务

基本物流服务主要包括以下几个方面。

1. 运输功能

运输功能是物流服务的基本服务内容之一，物流的主要目的就是要满足客户在时间和地点两个条件下对一定货物的要求，时间的变换和地点的转移是实现物流价值的基本因素。企业既可以通过拥有自己车辆的方式设计运输系统，也可将这项物流业务外包给第三方专业的物流公司。专业的物流公司一般自己拥有或掌握一定规模的运输工具，并且具有竞争优势的第三方物流公司的物流设施不仅仅只在一个点上，而是一个覆盖全国或一个大的区域的网络。因此，第三方物流公司首先可能要为客户设计最合适的物流系统，选择满足客户需要的运输方式，然后具体组织网络内部的运输作业，在规定的时间内将客户的商品运抵目的地，除了在指定交货点的交货需要客户配合外，整个运输过程，包括最后的市内配送都可由第三方物流公司完成。

2. 保管功能

这是物流服务的第二大职能，它实现了物流的时间价值。对于企业来说，保管功能是通过一定的库存来实现的。与运输一样，企业既可以构建自己的仓库，也可以租用仓库，来对产品进行管理，也可以交给第三方物流公司来完成这项功能。决策必须是在综合考虑了各方面因素的情况下做出的，最主要的目的是利益最大化。在由运输路线和仓库组成的物流网络中，库存处于结点的位置。

3. 配送功能

这是物流服务的第三大职能。配送是将货物送交收货人的一种活动，目的是要做到收发货经济，运输过程更为完善，保持合理库存，为客户提供方便，可以降低缺货的危险，减少订发货费用。

4. 装卸功能

这是为了加快商品的流通速度必须具备的功能，无论是传统的商务活动还是电子商务活动，都必须配备一定的装卸搬运能力，第三方物流公司应该提供更加专业化的装载、卸载、提升、运送、码垛等装卸搬运机械，以提高装卸搬运作业效率，降低订货周期，减少作业对商品造成的破损。

5. 包装功能

物流的包装作业目的不是要改变商品的销售包装，而是通过对销售包装进行组合，形成适于物流和配送的组合包装单元。

6. 流通加工功能

流通加工的主要目的是方便生产或销售，专业化的物流中心常常与固定的制造商或分销商进行长期合作，为制造商或分销商完成一定的加工作业，比如贴标签、制作并粘贴条码等。

7. 信息处理功能

由于现代物流系统的运作已经离不开计算机，因此可以将物流各个环节及各种物流作业的信息进行实时采集、分析、传递，并向货主提供各种作业明细信息及咨询信息，这是相当重要的。

（二）增值服务

增值服务是为了满足首选客户的要求，向这些客户提供完美订货的承诺。增值服务表现在为了完成完美订货而提供的各种可选方案上。所谓增值服务就是在提供基本服务的基础上，满足更多的顾客期望，为客户提供更多的利益和不同于其他企业的优质服务。增值服务是竞争力强的企业区别于一般小企业的重要方面。有时，在基本服务的基础上也能够实现增值服务，例如丰田汽车公司提出一个星期的交货期，在基本服务的基础上为客户提供了其他公司无法提供的增值服务。增值服务是企业的闪光点，可以体现在以下几个方面，如表2-1所示。

物流增值服务 表2-1

物流服务增值方面	具 体 例 子
以顾客为核心的增值服务	Exel（英国英运物流集团）配送公司为刚出生的婴儿将宝洁公司的一次性尿布送货到家
	UPS（美国联合包裹速递服务公司）是一家提供包裹递送服务的公司，也为食品公司递送快餐
	许多公司不仅承担储运服务，还提供一系列附加的创新服务和独特服务，如存货管理、订货处理、开票和回收商品处理等
以促销为核心的增值服务	销售点展销台的配置、销售点扩大宣传和促销材料的物流支持等
以制造为核心的增值服务	有的厂商将外科手术的成套器具按需要进行装配，以满足特定医师的独特要求
以时间为核心的增值服务	海尔物流事业部采用JIT配送

1. 以顾客为核心的增值服务

以顾客为核心的增值服务是指由第三方物流提供的、以满足买卖双方对于配送产品的要求为目的的各种可供选择的方式。这些增值活动的内容包括：处理顾客向制造商的订货，直接送货到商店或顾客家，以及按照零售商的需要及时地持续补充送货。这类专门化的增值服务可以被有效地用来支持新产品的引入，以及用于当地市场的季节性配送。

2. 以促销为核心的增值服务

以促销为核心的增值服务是指为刺激销售而独特配置的销售点、展销台及其他各种服务。销售点展销包含来自不同供应商的多种产品，组合成一个多结点的展销单元，以便于适合特定的零售商品。在许多情况下，以促销为核心的增值服务还包括对储备产品提供特别介绍、直接邮寄促销、销售点广告宣传和促销材料的物流支持等。

3. 以制造为核心的增值服务

以制造为核心的增值服务是通过独特的产品分类和递送来支持制造活动的物流服务。每一个客户进行生产的实际设施和制造装备都是独特的，在理想状态下，配送和内向物流的材料及部件应进行顾客定制化。例如，有的厂商将外科手术的成套器具按需要进行装配，以满足特定医师的独特要求。此外，有些仓储公司切割和安装各种长度和尺寸的软管以适合个别顾客所使用的不同规格的水泵，这些活动在物流系统中都是由专业人员承担的，这些专业人员能够在客户的订单发生时对产品进行最后定型，利用的是物流的时间延迟。

4. 以时间为核心的增值服务

以时间为核心的增值服务涉及使用专业人员在递送以前对存货进行分类、组合和排序。这种增值服务的一种流行形式就是准时化。在准时化概念下，供应商先把商品送进工厂附近的仓库，当产生需求时，仓库就会对由多家供应商提供的产品进行重新分类排序，然后送到配送线上。以时间为基础的服务，其主要的特征就是排除不必要的仓库设施和重复劳动，以便能最大限度地提高服务速度。基于时间的物流战略是竞争优势的一种主要形式。

六、物流服务水平的衡量

基本的物流服务水平是指向所有的顾客提供的最低服务水准。可以从以下三个方面来衡量，如表2-2所示。

物流服务衡量指标　　　　　　　　　表2-2

基本物流服务的内容	主要衡量指标
存货可得性	缺货率
	供应比率
	订货完成率
物流任务的完成能力（作业绩效）	作业完成时间
	递送的一致性
	作业的灵活性
	作业故障与恢复
服务可靠性	计划的可得性及作业完成能力

1. 存货可得性

存货可得性是指当顾客下订单时所拥有的库存能力。目前，存货储备计划通常是建立在需求预测的基础上的，而对特定产品的储备还要考虑其是否畅销、该产品对整个产品线的重要性、收益率以及商品本身的价值因素等。存货可以分为基本库存和安全库存。存货可得性的一个重要方面就是厂商的安全库存策略。安全库存的存在是为了应付预测误差和需求等各方面的不稳定性。

许多厂商开发了各种物流安排方案，以提高其满足顾客需求的能力。一家厂商可以经营两家仓库，其中一个指定为主要仓库，而另一个作为后备的供给来源。主要仓库是厂商用于输出其绝大多数产品的地点，以便利用自动化设施、效率及其所处地点的优势。主要仓库一旦发生缺货，就可以利用后备仓库来保证一定的顾客服务水平。

高水准的存货可得性需要进行大量的精心策划，而不仅仅是在销售量预测的基础上给各个仓库分配存货。在库存管理中，有ABC库存分类管理策略，其思想就是根据各种存货的重要性不同而保持不同的库存水平。在满足客户订单、对客户进行管理时，我们也可以引入这种思想。因为不同的客户对于企业的重要性是不同的。其关键是要对首选顾客或核心顾客实现高水准的存货可得性，同时实现库存量和仓库设施投资的最小化。存货可得性可以从以下两个指标来衡量。

（1）缺货率。缺货率是指缺货发生的概率。当需求超过产品可得性时就会发生缺货。缺货率就是用于衡量一种特定的产品需求超过其可得性的次数与订货次数的比率。将全部产品所发生的缺货次数汇总起来，就可以反映一个实现其基本服务水平的状况。

（2）供应比率。供应比率用于衡量需求满足的程度。有时我们不仅要了解需求获得满足的次数，而且要了解有多少需求量得到了满足，而供应比率就是衡量需求量满足的概率。

2. 物流任务完成能力

物流任务的完成可以通过以下几个方面来衡量。

（1）速度。完成周期的速度是指从订货起到货物装运再至实际抵达时的这段时间。根据物流系统的设计不同，完成周期所需的时间会有很大的不同，即使在高水平的通信和运输技术条件下，订货周期可以短至几个小时，也可以长达几个星期。但总的来说，随着物流效率的提高，完成周期的速度不断地加快。

（2）一致性。虽然服务速度至关重要，但大多数物流经理更强调一致性。一致性是指厂商面对众多的完成周期而能按时递送的能力，是履行递送承诺的能力。一致性是物流作业最基本的问题，厂商履行订单的速度如果缺乏一致性，并经常发生波动的话，就会使客户摸不着头脑，从而在制订计划时发生困难。

（3）灵活性。作业灵活性是指处理异常顾客服务需求的能力。厂商的物流能力直接关系到处理意外事件的能力。

3. 服务可靠性

物流质量与物流服务可靠性密切相关。物流活动中最基本的质量问题就是如何实现计划的可得性及作业完成能力。实现物流质量的关键是如何对物流活动进行评价。

七、物流服务存在的问题及对策

企业在管理物流时，应该注意以下几个方面。

（1）有些企业对物流不够重视，只是把物流服务水平看作是一种销售手段而不做明确的规定。在很多企业中，并没有专门的物流部门，物流只是在安排生产或销售计划时才会被考虑。由于各个部门之间存在这样那样的矛盾，也使得企业无法从一个系统和全局的角度来看待本企业的物流系统。随着批发商和零售商要求的升级，这种对待物流的态度将使企业无法应对他们的要求。目前，许多企业或是由于销售情况不稳定，或由于没有存放货物的地方，或为了避免货物过时，都在努力削减库存。库存削减必然导致多批次、小批量配送，或多批次补充库存，所以说过度削减可能会使物流成本上升而不是下降。因此，企业必须建立新的物流服务机制，提出物流服务决策。

（2）许多企业还在用同一物流服务水平对待所有的顾客或商品。这比对商品或顾客不进行区分的企业将失去很多来自重要客户的机会。正确的做法应该是把物流服务当作有限的经营资源，在决定分配时，要调查顾客的需求，根据对公司销售贡献的大小，将顾客分成不同层次，按顾客的不同层次，决定不同的服务方式和服务水平。

（3）物流部门应及时对物流服务进行评估。评估应该是贯穿物流活动始终的一项工作；要随时检查销售部门或顾客有没有索赔，有没有误配、晚配，有没有事故或破损等。可以通过征求顾客意见的方法，来检查物流是否达到了既定的标准，成本的合理化程度如何，以及是否有更好的方法。

（4）企业应该从盈亏的角度看待和设计物流系统，而非从单个销售部门的角度来考虑物流系统，因为销售部门容易把物流看作是服务于销售而必须满足其需要的部分。

（5）整体的物流服务水平在不断变化，顾客对物流的要求也越来越高。为顾客提供各种物流过程中的信息也是至关重要的。

（6）企业应把企业物流放在社会大物流的环境中去，企业应该认真考虑环保、节能、废物回收等社会问题。

（7）物流服务作为社会系统的重要一环，越来越受到人们的重视，物流服务是顾客服务的重要因素，是与顾客进行谈判的条件之一。因此，物流服务水平应作为企业的重要决策。

拓展案例

小天鹅：物流整合追求"速度效益"

在不增加投入，也没扩大产出的条件下，小天鹅通过初步调整 19.93 亿元的物流资源配置，使企业采购和销售成本降低上亿元。小天鹅物流整合追求的是"速度效益"，这对许多中国企业来说是一个新概念。速度效益的实现需要企业流程的全方位支撑，还有赖于与信息化、国际化市场竞争要求相适应的企业行为的全面创新。

一切为了"速度效益"。速度是一个综合指标，小天鹅的各种重大决策以及调整改造的各项步骤都与速度有关。改善资金流的一个关键步骤就是第一次从银行获得承诺，使产品销售货款异地转账的最高时限控制在 24 小时以内。小天鹅、安泰达与国内 10 家物流企业的运输合同中有一项条款：中标方自接到安泰达公司发货计划单之时起，须在 6 小时工作时间内派车到达指定仓库提货。也就是说，小天鹅的产品从走下生产线到发货的最长间隔时间是 6 小时。物流整合节省下来的巨额成本费用，可以看成是小天鹅追求的"速度效益"的一部分。

尽管降低成本并不是物流整合最重要的目标，但是这个效益的取得也不是孤立的。没有以往的管理基础和企业制度基础，物流整合就无法操作。相对于整个企业的速度效益来说，资源优化配置是一个连续不断的过程。小天鹅的管理改造和企业制度改造，为企业物流改造提供了一个必不可少的前提。企业资源进一步优化配置需要整合的对象将远远超过物流本身。

物流体系背后是标准体系。小天鹅决定将 100 万台全自动洗衣机、33 条线路的运输业务量委托招标，首先遇到的是操作标准问题。直接参与委托招标方表示："要有标准，没有标准很难弄。"没有统一的标准，就无法进行委托招标。在实际业务流程中，任何微小的违反标准的误差，计算机网络系统就无法确认，并将造成整个物流系统的瘫痪。委托招标也不仅是简单的报价过程，而是招标方、招标机构、投标方对整个标准体系的确认过程。

对于中国企业而言，企业确立行为标准的更大难度还不是来自技术方面。小天鹅委托招标本身也带有排除各种非技术性因素干扰的主观意图。中国企业的采购销售物流往往是家族式的，巨大的隐形利益分配是企业物流改造的一个难点。小天鹅的一位负责人说："委托招标是企业决策观念上的一个突破。"

据介绍，当江苏省国际招标公司依据小天鹅和安泰达公司提供的技术标准进行公开招标的过程中，仍然遇到具有各种背景的公共关系的干扰。但是委托招标的机制架构排除了这种干扰。据了解，某投标方自持具有官方背景，因在正式竞标时迟到3分钟而被淘汰出局，明显低估了江苏省国际招标公司招标程序的严肃性。据介绍，小天鹅国际采购、物流招标和配套件质量资信都是委托第三方进行的，这种做法带来的一个结果就是促进了企业行为方式的转变。

全球采购和物流招标有效降低了生产成本，引进了一批非常有竞争力的供应商，推动小天鹅规范化管理上了一个台阶。委托招标使所有产品零配件、技术、服务都确立了统一的标准。委托招标还克服了企业行为的随意性，通过多元主体共同操作，引入技术、包装、价格、质量等专业机构和专家对供应商进行评审，还要考察供应商的全面生产手段，体现了公开、公平、公正的理念，客观上使企业与市场的信息交流从原来的不对称走向对称。

委托招标制度还是一种授权行为，解决了不同主体的信任问题。江苏省国际招标公司是一家具有国家资质、按照国际惯例操作的专业招标公司，对招标对象的所有细节有严格的审定程序，对各类标准要进行严格界定。这对小天鹅建立统一的标准体系发挥了积极的促进作用。

招标这样一个看似简单的活动，涉及的众多具体调整对象，对于小天鹅公司物流整合的全过程来说还是局部的。

信息化是物流运作的唯一手段。从原材料、零配件采购开始，经生产过程，到终端用户，全过程的信息化管理为小天鹅物流整合提供了重要的技术和管理基础。小天鹅经过努力，引进一批高级专业人才，投资3000多万元，建立了企业内部信息化管理系统，2400多个销售网点的实时销售信息全部进入网络。企业采购和销售通过计算机网络实现了一体化，为物流整合创造了前提。生产和市场的高度配合又为改善资金流创造了条件和需求。

对于企业来说，技术创新不是单纯地注重高技术，管理创新也要考虑企业的承受力，任何创新都要保证企业运行的稳定性。据了解，小天鹅运输业务外包实行委托招标前已经开展了多年，只是以往实行企业自行招标，传统物流成本已经实现了很大程度的降低。委托招标重点解决的是物流标准体系的完善统一，以及物流过程与企业其他经营过程的一体化。物流整合造成小天鹅物流系统产生的富余人员只有25人，这是小天鹅传统物流改造基础工作富有成效的证明。

据了解，小天鹅首次委托招标的销售运输业务量占总业务量的20%。另外80%的业务量承包方许多是小天鹅多年的合作伙伴，对小天鹅的销售流程发挥着重要作用。决策目标使委托招标的比例逐步提高，保持企业物流运转平稳的同时，引入竞争机制，为传统合作伙伴提供按照新的标准自我调整的过渡期。物流整合的有效推进与企业良好的决策体系是密不可分的。

企业制度创新加灵活应用物流是企业经营体系的重要组成部分，委托第三方物流的一个大问题是必须有效防止企业在物流上受制于人，以及商业秘密的必然外露可能对企业造成的伤害。小天鹅通过组建多家投资的安泰达物流公司解决了这个问题。

组建安泰达物流公司得益于小天鹅现代企业制度的确立和成熟。如果不将企业物流从企业主体业务中完全剥离出去，物流整合就没有意义，即使企业保留再少的物流业务，还是要有一个完整的物流部门和业务系统。而物流职能全部退出就必须获得一种切实的安全保障机制。安泰达物流公司就是企业物流保障机制的有效载体。小天鹅通过与科龙集团共同出资，占有安泰达物流公司20%的股权，这不仅将小天鹅的物流体系纳入专业化管理的轨道，而且通过资本整合实现了小天鹅与安泰达物流公司的一体化运作。

小天鹅是上市公司，其比较成熟的现代企业制度，以及在资本运营上的经验，对成功组建安泰达物流公司，并将安泰达物流公司纳入本企业一体化经营发挥了重要的基础作用。安泰达物流公司在股权设置上还为新股东预设了窗口，从而构成了一个开放的家电物流平台。

专家指出，中国企业在过去20年中先后经历了两次革命性改造。第一次是管理改造，追求的目标是企业和产品的质量；第二次是企业制度改造，追求的目标是确立企业的市场主体地位和动力机制。物流改造是中国企业的第三次革命，它是融入信息技术和市场竞争国际化因素，对企业资源配置的全面整合。其追求的目标是速度。对于许多中国企业来说，管理改造和企业制度改造的任务还远远没有完成，而企业改革、改造在速度上的要求日益提高，许多优秀企业正在越来越感受到国际市场竞争压力中来自现代物流效能的巨大成分。

从国际化竞争的角度观察，小天鹅的企业物流整合仅仅是一个开端。小天鹅将2002—2006年看成是本企业以企业资源优化配置为核心的"第二次创业期"，顺应了国际市场竞争对企业发展"高质量、高速度、高效益"的客观要求。

知识拓展

通过课堂学习和课后查阅资料，完成下述问题：
1. 思考制订基于资源优化的物流质量策划。
2. 如何选择和评价物流服务供应商的决策模式？
3. 我国现有的物流增值服务形式有哪些？
4. 如何提高汽车制造业零部件供应物流质量？
5. 总结分析我国第三方物流服务商物流能力提升对策。

单元四　物流标准化

掌握物流标准化的内容，掌握物流尺寸标准的设定；国际标准化组织（ISO）规定的托盘化标准明确实施物流标准化所面临的困难；了解物流标准化在追求物流效益及物流合理化发展过程中的重要地位和作用。

一、物流标准化的一般含义及其内涵

物流标准化是指在运输、配送、包装、装卸、保管、流通加工、资源回收及信息管理等环节中，对重复性事物和概念通过制定、发布和实施各类标准，达到协调统一，以获得最佳秩序和社会效益。

物流标准化包括以下三个方面的含义：

（1）从物流系统的整体出发，制定其各个系统的设施、设备、专用工具等的技术标准，以及业务工作标准。

（2）研究各子系统技术标准和业务工作标准的配合性，按配合性要求，统一整个物流系统的标准。

（3）研究物流系统与相关其他系统的配合性，谋求物流大系统的标准统一。

以上三个方面是分别从不同的物流层次上考虑将物流实现标准化。要实现物流系统与其他相关系统的沟通和交流，在物流系统和其他系统之间建立通用的标准，首先要在物流系统内部建立物流系统自身的标准，而整个物流系统标准的建立又必然包括物流各个子系统的标准。因此，物流要实现最终的标准化必然要实现以上三个方面的标准化。

二、物流标准化的重要性

（1）物流标准化是实现物流管理现代化的重要手段和必要条件。
（2）物流标准化是产品质量的组成部分。
（3）物流标准化是降低物流成本、提高物流效益的有效措施。
（4）物流标准化是消除贸易壁垒、促进国际贸易发展的重要保障。

三、物流标准化的主要特点

物流标准化是指以物流为一个大系统，制定系统内部设施、机械装备，包括专用工具等的技术标准，包装、仓储、装卸、运输等各类作业标准，以及作为现代物流突出特征的物流信息标准,并形成全国以及和国际接轨的标准化体系。

物流标准化的主要特点有以下几方面。

(1) 和一般标准化系统不同,物流系统的标准化涉及面更为广泛,其对象也不像一般标准化系统那样单一,而是包括了机电、建筑、工具、工作方法等许多种类。虽然处于一个大系统中,但缺乏共性,从而造成标准种类繁多,标准内容复杂,也给标准的统一性及配合性带来很大困难。

(2) 物流标准化系统属于二次系统,这是由于物流及物流管理思想诞生较晚,组成物流大系统的各个分系统,过去在没有归入物流系统之前,早已分别实现了本系统的标准化。并且经多年的应用,不断发展和巩固,已很难改变。在推行物流标准化时,必须以此为依据,个别情况固然可将有关旧的标准化体系推翻,按物流系统所提出的要求重建新的标准化体系,但通常还是在各个分系统标准化基础上建立物流标准化系统。这就必然从适应及协调角度建立新的物流标准化系统,而不可能全部创新。

(3) 物流标准化更要求体现科学性、民主性和经济性。科学性、民主性和经济性,简称标准的"三性"。由于物流标准化的特殊性,必须非常突出地体现这"三性",才能搞好这一标准化。

科学性的要求,是要体现现代科技成果,以科学试验为基础,在物流中,则还要求与物流的现代化(包括现代技术及管理)相适应,要求能将现代科技成果联结成物流大系统。否则,尽管各种具体的硬技术标准化要求高,十分先进,但如果不能与系统协调,单项技术再高也是空的,甚至还起相反作用。所以,这种科学性不但反映本身的科学技术水平,还表现在协调与适应的能力方面,使综合的科技水平最优。

民主性指标准的制定采用协商一致的办法,广泛考虑各种现实条件,广泛听取意见,而不能过分偏重某一个国家,使标准更具权威、减少阻力,易于贯彻执行。物流标准化由于涉及面广,要想达到协调和适应,民主决定问题,不过分偏向某个方面意见,使各分系统都能采纳接受,就更具有重要性。

经济性是标准化主要目的之一,也是标准化生命力如何的决定因素,物流过程不像深加工那样引起产品的大幅度增值,即使通过流通加工等方式,增值也是有限的。所以,物流费用多开支一分,就要影响到一分效益,但是,物流过程又必须大量投入消耗,如果不注重标准的经济性,片面强调反映现代科学水平,片面顺从物流习惯及现状,引起物流成本的增加,自然会使标准失去生命力。

(4) 物流标准化有非常强的国际性。由于经济全球化的趋势所带来的国际交往大幅度增加,而所有的国际贸易又最终靠国际物流来完成。各个国家都很重视本国物流与国际物流的衔接,在本国物流管理发展初期就力求使本国物流标准与国际物流标准化体系一致,若不如此,不但会加大国际交往的技术难度,更重要的是在本来就很高的关税及运费基础上又增加了因标准化系统不统一所造成的效益损失,使外贸成本增加。因此,物流标准化的国际性也是其不同于一般产品标准的重要特点。

(5) 贯彻安全与保险的原则。物流安全问题也是近些年来非常突出的问题,有时一个安全事故会将一个公司损失殆尽,几十万吨的超级油轮、货轮遭受灭顶损失的事例也并不乏见。当然,除了经济方面的损失外,人身伤害也是物流中经常出现的,如交通事故的伤害,物品对人的碰撞伤害,危险品的爆炸、腐蚀、毒害的伤害等。所以,物流标准化的另一个特点是在物流标准中对物流安全性、可靠性进行规定和为安全性、可靠性统一技术标准、工作标准。

物流保险的规定也是与安全性、可靠性标准有关的标准化内容。在物流中,尤其在国际物流中,都有世界公认的保险险别与保险条款,虽然许多规定并不是以标准化形式出现的,而是以立法形式出现的,但是其共同约定、共同遵循的性质,是通用的,是具有标准化内含的,其中不少手续、申报、文件等都有具体的标准化规定,保险费用等的计算也受标准规定的约束,因而物流保险的相关标准化工作,也是物流标准化的重要内容。

四、物流标准种类

根据物流系统的构成要素及功能,物流标准大致可分为三大类。

(一) 大系统配合性、统一性标准

1. 基础编码标准

基础编码标准是对物流对象编码,并且按物流过程的要求,转化成条码,这是物流大系统能够实现衔接、配合的最基本标准,也是采用信息技术对物流进行管理、组织和控制的技术标准。在这个标准之上,才可能实现电子信息传递、远程数据交换、统计、核算等物流活动。

物流标准体系,如图2-32所示。

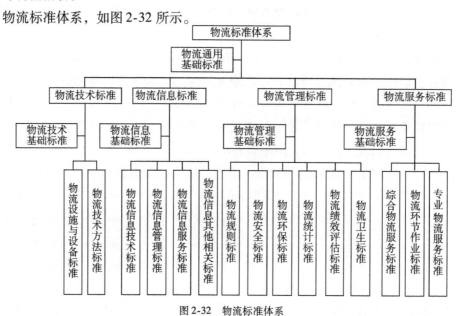

图2-32 物流标准体系

2. 物流尺寸标准

物流尺寸标准包括物流基础模数尺寸标准；物流建筑基础模数尺寸和集装模数尺寸标准。欧洲瓦楞纸箱常用尺寸如表2-3、表2-4所示，所有标注尺寸都以0201型纸箱为例。集装箱尺寸如表2-5所示。

欧洲瓦楞纸箱的常见尺寸 　　　　　　表2-3

尺寸（mm×mm×mm）	尺寸（英寸×英寸×英寸）
127×127×127	5×5×5
178×178×178	7×7×7
180×135×90	$7 \times 5\frac{1}{4} \times 3\frac{1}{2}$
203×203×203	8×8×8
222×200×110	$8\frac{3}{4} \times 8 \times 8\frac{1}{4}$
229×152×152	9×6×6
250×250×135	$10 \times 10 \times 5\frac{1}{4}$
305×230×80	12×9×3
305×230×102	12×9×4
305×230×125	12×9×5
305×230×152	12×9×6
305×299×299	12×9×9
305×305×152	12×12×6
330×279×125	13×11×5
330×248×305	$13 \times 9\frac{3}{4} \times 12$
375×248×140	$14\frac{3}{4} \times 9\frac{3}{4} \times 5\frac{1}{2}$
381×300×305	15×13×12
457×305×305	18×12×12
483×279×152	19×11×6
502×375×242	$19\frac{3}{4} \times 14\frac{2}{4} \times 9\frac{1}{2}$
525×350×350	$20\frac{1}{2} \times 13\frac{3}{4} \times 13\frac{3}{4}$
536×440×200	$21 \times 17\frac{1}{4} \times 8$

欧洲双瓦楞纸箱的常见尺寸　　　　　表 2-4

尺寸（mm×mm×mm）	尺寸（英寸×英寸×英寸）
108×108×343	$4\frac{1}{4} \times 4\frac{1}{4} \times 13$
235×235×343	$9\frac{1}{4} \times 9\frac{1}{2} \times 13\frac{1}{2}$
305×299×152	12×9×6
305×299×299	12×9×9
305×305×305	12×12×12
380×245×285	$15 \times 9\frac{1}{2} \times 11\frac{1}{4}$
388×288×376	$15\frac{1}{4} \times 11\frac{1}{4} \times 1\frac{3}{4}$
406×406×406	16×16×16
457×305×305	18×12×12
457×475×305	18×18×12
457×457×457	18×18×18
610×457×457	24×18×18
610×610×610	24×24×24
588×288×376	$23 \times 11\frac{1}{4} \times 14\frac{3}{4}$
762×457×457	30×18×18

集 装 箱 尺 寸　　　　　表 2-5

项目	干货集装箱								散货集装箱			冷藏集装箱			
	20英寸			40英寸					20英寸			20英寸			40英寸
	钢质	钢质高柜	铝质	钢质	钢质高柜	玻璃钢质	铝质	铝质高柜	钢质	钢质高柜	玻璃钢质	铝质	铝质高柜	玻璃钢质	铝质
外长（mm）	6058	6058	6058	12192	12192	12192	12192	12192	6058	6058	6058	6058	6058	6058	12192
宽（mm）	2438	2438	2438	2438	2438	2438	2438	2438	2438	2438	2438	2438	2438	2438	2438
高（mm）	2438	2591	2591	2591	2896	2591	2591	2896	2483	2591	2438	2438	2591	2591	2591
内长（mm）	5197	5902	5925	12050	12034	11977	12015	12060	5837	5824	5892	5477	5360	5085	11398
宽（mm）	2336	2338	2344	2343	2345	2273	2350	2342	2330	2335	2333	2251	2242	2236	2256

续上表

项目	干货集装箱								散货集装箱			冷藏集装箱			
	20英寸			40英寸					20英寸			20英寸			40英寸
	钢质	钢质高柜	铝质	钢质	钢质高柜	玻璃钢质	铝质	铝质高柜	钢质	钢质高柜	玻璃钢质	铝质	铝质高柜	玻璃钢质	铝质
高（mm）	2249	2376	2391	2386	2677	2300	2377	2690	2139	2375	2202	2000	2148	2220	2113
内容积（m³）	31	32.81	33.1	67.4	75.9	61.3	67.4	76	29.6	32.3	30.3	25.9	25.51	25.1	52.04
总重（kg）	24000	22396	21372	30180	30180	30480	30073	30180	20030	24386	20330	20320	21211	24381	30818
自重（kg）	1860	2275	1791	3100	4080	4763	2981	3000	2530	2351	2450	2520	3001	3372	4519
载重（kg）	22140	20121	19587	27380	26100	25717	27392	27480	17790	22035	17870	17800	18237	21012	26329

3. 物流专业名词标准

为了使大系统有效配合和统一，尤其在建立系统的情报信息网络之后，要求信息传递非常准确，这首先便要求专用语言及所代表的含义实现标准化，如果同一个指令，不同环节有不同的理解，这不仅会造成工作的混乱，而且容易出现大的损失。物流专业名词标准包括物流用语的统一化及定义的统一解释，还包括专业名词的统一编码。中华人民共和国国家标准《物流术语》（GB/T 18354—2006）确定了物流活动中的物流基础术语、物流作业服务术语、物流技术与设施设备术语、物流信息术语、物流管理术语、国际物流术语及定义。

4. 物流单据、票证的标准化

物流单据、票证的标准化，可以实现信息的录入和采集，将管理工作规范化和标准化，也是应用计算机和通信网络进行数据交换和传递的基础标准。物流核算、统计的规范化是建立系统情报网、对系统进行统一管理的重要前提条件，也是对系统进行宏观控制与微观监测的必备前提。以中华人民共和国海关进出口货物报关单为例，如图2-33所示。

5. 标志、图示和识别标准

物流中的物品、工具、机具都在不断运动中，因此对它们的识别和区分便十分重要。对于物流中的物流对象，需要有易于识别又易于区分的标识，有时需要自动识别，这就可以用复杂的条码来代替用肉眼识别的标识。

物流标识示例，如图2-34所示。

中华人民共和国海关进口货物报关单

预录入编号：		海关编号：	
进口口岸	备案号	进口日期	申报日期
经营单位	运输方式	运输工具名称	提运单号
收货单位	贸易方式	征免性质	征税比例
许可证号	起运国(地区)	装货港	境内目的地
批准文号	成交方式	运费	保费	杂费
合同协议号	件数	包装种类	毛重(公斤)	净重(公斤)
集装箱号	随附单据		用途
标记唛码及备注			

选择	项号	商品编号	商品名称、规格型号	数量及单位	最终目的国(地区)	单价	总价	币制	征免

税费征收情况	

录入员 录入单位	兹声明以上申报无讹并承担法律责任	海关审单批注及放行日期(签章)	
报关员		审单	审价
	申报单位(签章)	征税	统计
单位地址			
邮编　　　电话	填制日期	查验	放行

图 2-33　中华人民共和国海关进出口货物报关单

6. 专业计量单位标准

除国家公布的统一计量标准外，物流系统还有许多专业的计量问题，必须在国家及国际标准基础上，确定本身专门的标准。同时，由于物流的国际性很突出，专业计量标准需要考虑国际计量方式的不一致性，还要考虑国际习惯用法，不能完全以国家统一计量标准为唯一依据。

图 2-34　物流标识示例

计量单位代码，如表 2-6 所示。

计 量 单 位 代 码　　　　　　表 2-6

代码	名称	代码	名称	代码	名称	代码	名称
1	台	28	株	54	千个	86	码
2	座	29	井	55	亿支	88	英寸
3	辆	30	米	56	亿个	89	寸
4	艘	31	盘	57	万套	95	升
5	架	32	平方米	58	千张	96	毫升
6	套	33	立方米	59	万张	97	英加仑
7	个	34	桶	60	千伏安	98	美加仑
8	只	35	千克	61	千瓦	99	立方英尺
9	头	36	克	62	千瓦时	101	立方尺
10	张	37	盆	63	千升	110	平方码
11	件	38	万个	67	英尺	111	平方英尺
12	支	39	具	70	吨	112	平方尺
13	支	40	百副	71	长吨	115	英制马力
14	根	41	百支	72	短吨	116	公制马力
15	条	42	百把	73	司马担	118	令
16	把	43	百个	74	司马斤	120	箱
17	块	44	百片	75	斤	121	批
18	卷	45	刀	76	磅	122	罐
19	副	46	疋	77	担	123	桶
20	片	47	公担	78	英担	124	扎
21	组	48	扇	79	短担	125	包
22	份	49	百支	80	两	126	箩
23	幅	50	千只	81	市担	127	打
25	双	51	千块	83	盎司	128	筐
26	对	52	千盒	84	克拉	129	罗
27	棵	53	千支	85	市尺	130	匹

· 67 ·

续上表

代码	名称	代码	名称	代码	名称	代码	名称
131	册	136	袋	143	千支	148	千英尺
132	本	139	粒	144	万双	163	部
133	发	140	盒	145	万粒		
134	枚	141	合	146	千粒		
135	捆	142	瓶	147	千米		

（二）子系统标准

大的物流系统又分为许多子系统，子系统中也要制定一定的技术标准，主要有：运输车船标准；作业车辆（指叉车、台车、手车等）标准；传输机具（如起重机、传送机、提升机等）标准；仓库技术标准；站场技术标准；包装、托盘、集装箱标准；货架、储罐标准等。

（三）工作标准及作业规范

工作标准及作业规范，是指对各项工作制定的统一要求及规范化规定，其内容很多，如岗位责任及权限范围，岗位交接程序及作业流程，车船运行时刻表，物流设施、建筑等的检查验收规范，等等。

五、物流的尺寸标准

物流模数是指为了物流的合理化和标准化，而以数值表示的物流系统各种因素的尺寸标准尺度。它是由物流系统中的各种因素构成的，这些因素包括：货物的成组，成组货物的装卸机械、搬运机械和设备，货车、卡车、集装箱以及运输设施，用于货物保管的机械和设备等。

物流基础模数尺寸是指为使物流系统标准化而制定的标准规格尺寸。国际标准化组织中央秘书处和欧洲各国确定的物流基础模数尺寸为400mm×600mm。确定这样的基础模数尺寸，主要考虑了现有物流系统中影响最大而又最难改变的输送设备，采用"逆推法"，由现有输送设备的尺寸推算的。也考虑了已通行的包装模数以及使用的集装设备，并从行为科学角度研究人和社会的影响，使基础模数尺寸适合于人体操作。基础模数尺寸一经确定，物流系统的设施建设、设备制造，物流系统中各环节的配合协调，物流系统与其他系统的配合，都要以基础模数尺寸为依据，选择其倍数为规定的标准尺寸（如图2-35所示）。

物流建筑基础模数是指物流系统中各种建筑物所使用的基础模数尺寸。它是以物流基础模数尺寸为依据而确定的，也可以选择共同的模数尺寸。该尺寸是设计物流建筑物长、宽、高尺寸，门窗尺寸，建筑物立柱间距、跨度及进深等尺寸的依据。

集装模数尺寸也称物流模数尺寸，是指在物流基础模数尺寸基础上，推导出的各种集装设备的基础尺寸,以此尺寸作为设计集装设备三项(长、宽、高)尺寸的依据。在物流系统中,集装起贯穿作用,集装尺寸必须与各环节物流设施、设备、机具相匹配。因此,在整个物流系统设计时往往以集装模数尺寸为依据来决定各设计尺寸。集装模数尺寸是影响和决定物流系统标准化的关键。

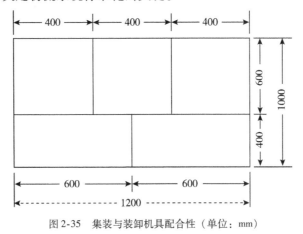

图2-35 集装与装卸机具配合性(单位:mm)

拓展案例

供应链环境下物流标准化的实施

作为美国供应链管理专业协会在中国的首席代表,王国文的主要工作就是通过引入先进的供应链体系,提升国内企业的竞争力。

美国生产和质量控制协会(APQC)的研究报告表明,好的企业的总供应链管理成本,要比一般的企业总体供应链成本低35%~50%。每收入1000美元,好的企业的总体物流成本仅为2.9美元,差的企业则达到27.2美元。对于库存周转问题,好的企业平均持有库存的天数是23天,差的企业是38天。

通过不断提升物流管理,1985—2001年,美国企业平均现金周转周期缩短了27天,其中17.5天是由于库存周期的缩短。

美国物流管理协会2005年更名为美国供应链管理协会,重要的原因是物流一词已经不能准确涵盖该协会在降低企业运营成本方面所关注的整个流程体系。

从关注物流环节到关注整个供应链体系,供应链管理已经被提到了企业战略的高度,需要物流企业具有高度的计划、执行和控制能力。

这里所说的计划能力,是指供应链计划、供给需求计划、库存计划等能力,实际上就是管理能力;执行能力,是指运输、仓储、配送等方面的能力;控制能力,就是流程的再造和提升。

以波音、惠普、戴尔和微软为代表的美国企业,已经在应用和实施这套体系,作为先行者,他们的成功实践也使这套体系得到了推广。

知识拓展

通过课堂学习和课后查阅资料，回答下述问题：

1. 企业实现物流标准化的好处有哪些？
2. 增加物流效益的方法有哪些？
3. 物流标准化与物流效益的关系。

单元测试

一、单项选择题

1. 物流系统的设计应以_____为中心。
    A. 库存战略　　　　B. 运输战略　　　　C. 设施分布　　　　D. 顾客服务水平
2. 生产延迟的基本原理是_____。
    A. 有效的风险预测　　　　　　　　B. 保证产品数量的准确性
    C. 准时化　　　　　　　　　　　　D. 地理延迟
3. 对物流服务和物流成本做决策时，_____属于面临竞争时所做出的战略反应。
    A. 保持物流服务水平不变，尽量降低物流成本
    B. 提高物流服务水平，不惜增加物流成本
    C. 保持成本不变，提高服务水平
    D. 用降低的物流成本，实现较高的物流服务
4. _____不属于基本物流服务的内容。
    A. 运输功能　　　　B. 库存功能　　　　C. 满足特殊顾客的订货功能
5. 物流标准化形式中的统一是指_____。
    A. 一定范围内缩减物流标准化对象的类型数目，使之在一定时间内满足一般需要
    B. 按照用途和结构把同类型产品归并在一起，使产品品种典型化
    C. 把同类事物的若干表现形式归并为一种或限定在一个范围内
    D. 在互相独立的系统中，选择与确定具有功能互换性或尺寸互换性的子系统或功能单元

二、判断题

1. 物流成本的计算条件是指所计算的物流活动范围的大小。（　　）
2. 由于客户的时间观念越来越强，所以交货时间越早越好。（　　）
3. 物流成本的增加与物流服务水平的提高成正比。（　　）
4. 一致性是指厂商面对众多的完成周期而能按时递送的能力。（　　）
5. 基础模数尺寸一经确定，物流系统的设施建设、设备制造，物流系统中各环节

的配合协调，物流系统与其他系统的配合，都要以基础模数尺寸为依据，选择其倍数为规定的标准尺寸。（　　）

三、问答题

1. 论述物流成本与物流服务水平之间的效益背反关系。
2. 实施物流标准化的重要性有哪些？

模块三 流通业物流管理

单元一 运 输 管 理

 学习目标

了解运输管理的职能及管理原则,通过项目操作培养学生独立思考、自主学习的能力。掌握利用各种资源与理论知识相结合解决实际问题的方法和技巧,明确运输管理决策的要点及方法。

一、运输的职能

运输是指人们利用各种设备和工具将物品从一个地点运送到另外一个地点的物流活动,包括集货、分配、搬运、中转、装入、卸下、分散等一系列操作。

一般而言,运输实现产品移动和短时产品库存两种职能。

(一) 产品移动

运输首先实现了产品在空间上移动的职能。无论产品处于哪种形式,是材料、零部件、配件、在制品或成品,或是在流通中的商品,运输都是必不可少的。运输的主要职能就是将产品从原产地转移到目的地。运输的主要目的就是要以最少的时间和费用完成物品的运输任务。

运输是一个增值的过程,通过创造空间效用与时间效用来创造价值。空间效用又称"场所效用",是指通过运输活动,实现物品远距离的位置移动。一般来说,商品生产与消费的位置是不一致的,即存在位置背离,只有消除这种背离,商品的使用价值才能实现,这就需要运输。另外,物品在不同的位置,其使用价值实现的程度是不同的,即效用价值是不同的。通过运输活动,将物品从效用价值低的地方转移到价值高的地方,从而使物品的使用价值得到更好的实现,即创造物品的最佳效用价值。

"时间效用"是指物品处在不同的时刻,其效用价值是不一样的,通过储存保管,将物品从效用价值低的时刻延迟到价值高的时刻再进入消费,使物品的使用价值得到更好的实现。

运输成本是构成商品价格的一个重要部分,运输成本的降低可以达到以较低的价格

提供优质顾客服务的效果，从而提高竞争力。

（二）短时产品库存

对产品进行短时储存也是运输的职能之一，即将运输工具作为暂时的储存场所。如果转移中的产品需要储存，而短时间内产品又将重新转移的话，卸货和装货的成本也许会超过储存在运输工具中的费用，这时便可考虑采用此法，只不过产品是移动的，而不是处于闲置状态。

二、运输的原则

运输管理有两条基本原则：规模经济和距离经济。

（一）规模经济

规模经济的特点是随着装运规模的增长，使单位货物的运输成本下降。例如，整车装运。铁路或水路这类运输能力较大的运输工具，其运输每单位重量的费用要低于诸如汽车或飞机这类运输能力较小的运输工具。运输规模经济之所以存在，是因为有关的固定费用（包括运输订单的行政管理费用、运输工具投资以及装卸费用、管理以及设备费用等）可以按整批的货物量分摊。另外，通过规模运输还可享受运价折扣，可使单位货物的运输成本下降。总之，规模经济使得货物的批量运输显得合理。

（二）距离经济

距离经济的特点是每单位距离的运输成本随运输距离的增加而减少。距离经济的合理性类似于规模经济，尤其体现在运输装卸费用上的分摊。距离越长，可使固定费用分摊后的值越小，从而使每单位距离支付的总费用很小。

三、运输方式的选择

（一）五种基本运输方式

1. 公路运输

公路运输是指主要使用汽车或其他车辆（如人、畜力车）在公路上进行货客运输的一种方式。公路运输主要承担近距离、小批量的货运和水运、铁路运输难以到达地区的长途、大批量货运及铁路、水运优势难以发挥的短途运输。由于公路运输具有灵活性，近年来，在有铁路、水运的地区，长途大批量运输也开始采用公路运输。

公路运输的主要优点是灵活性强，公路建设期短，投资较低，易于因地制宜，对收货站设施要求不高，可采取"门到门"运输形式，即从发货者门口直接到收货者门口，而不需转运或反复装卸搬运。公路运输也可作为其他运输方式的衔接手段，公路运输的经济半径一般在200km以内。

（1）敞车，即挂车顶部敞开，可装载高低不等的货物（如图3-1所示）。

图3-1 公路敞车

（2）厢式车，即标准的挂车或货车，货厢封闭（如图3-2所示）。结构简单、适应性强，应用前景广泛。

图3-2 公路厢式车

（3）栏板车，其车厢底架凹陷或车厢特别高以增大车厢容积，具有重心低、载重量适中的特点，在装卸过程中，可以将栏板打开（如图3-3所示）。

图3-3 公路栏板车

（4）挂车，即平板车，无顶也无侧厢板，主要用于运输钢材和集装箱等货物，分为半挂车和全挂车两种（如图3-4所示）。

图 3-4 公路挂车

（5）自卸车，带有液压卸车机构，在矿山和建筑工地较常见（如图 3-5 所示）。

图 3-5 公路自卸车

（6）散粮车，带有进粮口、卸粮口（如图 3-6 所示）。

图 3-6 公路散粮车

（7）集装箱牵引车，专门用于拖带集装箱挂车或半挂车（如图 3-7 所示）。

图 3-7 公路集装箱牵引车

(8) 特种车, 其车体设计独特, 用来运输像液化气那样的货物（如图3-8所示）。

图3-8 公路特种车

2. 铁路运输

铁路运输是使用铁路列车运送货物的一种运输方式。

铁路运输主要承担长距离、大数量的货运, 在没有水运条件地区, 几乎所有大批量货物都是依靠铁路, 它是在干线运输中起主力运输作用的运输形式。

铁路运输优点是速度快, 运输不易受自然条件限制, 载运量大, 运输成本较低。主要缺点是灵活性差, 只能在固定线路上实现运输, 需要与其他运输手段配合和衔接。铁路运输经济里程一般在200千米以上。

（1）棚车（P）, 装运怕湿及贵重货物（如图3-9所示）。

图3-9 铁路棚车

（2）敞车（C）, 装运不怕湿的散装货物及一般机械设备（如图3-10所示）。

图3-10 铁路敞车

（3）平车（N），装运长大货物与集装箱（如图 3-11 所示）。

图 3-11 铁路平车

（4）罐车（G），装运液体、半液体或粉状货物（如图 3-12 所示）。

图 3-12 铁路罐车

（5）保温车（B），又称冷藏车，装运新鲜易腐货物（如图 3-13 所示）。

图 3-13 铁路保温车

3. 水路运输

水运是使用船舶运送客货的一种运输方式。

水运主要承担大数量、长距离的运输，是在干线运输中起主力作用的运输形式。在内河及沿海，水运也常作为小型运输工具使用，担任补充及衔接大批量干线运输的任务。

水运的主要优点是成本低，可进行低成本、大批量、远距离的运输。但是水运也有显而易见的缺点，运输速度慢，受港口、水位、季节、气候影响较大，因而一年中中断运输的时间较长。水运有以下四种形式：

沿海运输，是使用船舶通过大陆附近沿海航道运送客货的一种方式，一般使用中、小型船舶。

近海运输，是使用船舶通过大陆邻近国家海上航道运送客货的一种运输形式，视航程可使用中型船舶，也可使用小型船舶。

远洋运输，是使用船舶跨大洋的长途运输形式，主要依靠运量大的大型船舶。

内河运输，是使用船舶在陆地内的江、河、湖泊等水道进行运输的一种方式，主要使用中、小型船舶。

（1）干散货船。干散货船又称散装货船，是用于装载无包装的大宗货物的船舶，目前其数量仅次于油船。按载运的货物不同，又可分为矿砂船、运煤船、散粮船、散装水泥船、木材船等（如图3-14所示）。

图3-14 干散货船

（2）杂货船。杂货船又称普通货船、通用干货船或统货船，主要用于装载一般包装、袋装、箱装和桶装的件杂货物。由于件杂货物的批量较小，杂货船的吨位也较散货船和油船为小（如图3-15所示）。

图3-15 杂货船

（3）冷藏船。冷藏船的货舱实际上就是一个大冷藏库，用于冷藏并运输鱼、肉、果、蔬菜等货物（如图3-16所示）。

（4）滚装船。滚装船是利用车辆上下装卸货物的多用途船舶，最初也称为滚上滚下船。滚装船以装有集装箱等大件货物的挂车和装有货物的带轮的托盘作为货运单位，由牵引车或叉车直接进出货舱进行装卸，因不需要船上或码头上传统的起货设备而具有很高的装卸效率（如图 3-17 所示）。

图 3-16　冷藏船

图 3-17　滚装船

（5）驳船。载驳船又称母子船，是"船载船"的运输工具。其运输过程是：先将货物装到小驳船（子船）上，再将小驳船装到载驳船（母船）上，载驳船到达目的港后，将小驳船卸至水面，再由拖船分送至各自的目的地（如图 3-18 所示）。载驳船的特点是不需码头和堆场，装卸效率高，便于海—河联运。但由于造价高，货驳的集散组织复杂，其发展也受到了限制。

图 3-18　驳船

（6）集装箱船。集装箱船又称箱装船、货柜船或货箱船，是一种专门载运集装箱的船舶。其全部或大部分船舱用来装载集装箱，往往在甲板或舱盖上也可堆放集装箱（如图 3-19 所示）。集装箱船装卸效率高，大大缩短了停港时间，航速一般也高于其他载货船舶。

图 3-19　集装箱船

（7）液货船。液货船是专门载运液体货物的船舶。液体货物主要有油、液化气、淡水和化学药液等。其中运量最大的是石油及其制品。按载运的货物不同，又可分为原油船、成品油船、液体化学品船、液化气船等（如图 3-20 所示）。

图 3-20　液货船

4. 航空运输

航空运输是使用飞机或其他航空器进行运输的一种形式（如图 3-21 所示）。航空运输的单位成本很高，因此，主要适合运载的货物有两类：一类是价值高、运费承担能力很强的货物，如贵重设备的零部件、高档产品等；另一类是紧急需要的物资，如救灾抢险物资等。

航空运输的主要优点是速度快，不受地形的限制。在火车、汽车都达不到的地区也可依靠航空运输。

图 3-21

图 3-21　航空运输

5. 管道运输

管道运输是利用管道输送气体、液体和粉状固体的一种运输方式。其运输形式是靠物体在管道内顺着压力方向顺序移动实现的，和其他运输方式的重要区别在于管道设备是静止不动的。

管道运输的主要优点是采用密封设备，在运输过程中可避免散失、灭失等损失，也不存在其他运输设备本身在运输过程中消耗动力所形成的无效运输问题。另外，由于运输量大，适合于大且连续不断运送的物资。

（1）原油管道。世界上的原油约有85%以上是用管道输送的（如图3-22所示）。原油管道运输的特点是：运输量大、运距长、收油点和交油点少。

图 3-22　原油管道

（2）成品油管道。成品油管道输送汽油、煤油、柴油、航空煤油和燃料油以及从油气中分离出来的液化石油气等成品油（如图3-23所示）。成品油管道的任务是将炼油

图 3-23　成品油管道

厂生产的大宗成品油输送到各大城镇附近的成品油库，然后用油罐汽车转运给城镇的加油站或用户。成品油管道运输的特点是：批量多、交油点多，因此管道的起点段管径大、输油量大；经多处交油分输以后，输油量减少，管径也随之变小，形成多级变径的特点。

（3）天然气管道。天然气管道是输送天然气和油田半生气的管道，包括集气管道、输气干线和供配气管道（如图3-24所示）。

图3-24　天然气管道

（4）固体料浆管道。固体料浆管道用于输送大量煤炭料浆的管道（如图3-25所示）。

图3-25　固体料浆管道

运输管道按用途不同又可分为集输管道、输油（气）管道和配油（气）管道三种。

（1）集输管道（集气管道），是指从油（气）田井口装置经集油（气）站到起点压力站的管道。主要用于收集从地层中开采出来的未经处理的原油（天然气）。

（2）输油（气）管道，以输气管道为例，是指从气源的气体处理厂或起点压气站到各大城市的配气中心、大型用户或储气库的管道以及气源之间相互连通的管道，输送经过处理符合管道输送质量标准的天然气，是整个输气系统的主体部分。

（3）配油（气）管道，对于油品管道来说，是指在炼油厂、油库和用户之间的管道；对于输气管道来说，是指从城市调压计量站到用户支线的管道，压力低、分支多、管网稠密、管径小。

（二）运输方式的选择

所有运输方式可用来运输对应的货物，每种方式可托运的货物种类相当多。托运人选择何种运输方式，由该运输方式的特性以及本企业和收货人需求共同决定。表3-1、表3-2总结了五种基本运输方式的经济特性和服务特性。有时，一种运输方式可以与其他运输方式同时使用。

五种基本运输方式的经济特性 表3-1

经济特性指标	公路运输	铁路运输	水路运输	航空运输	管道运输
成本	中	低	低	高	低
市场覆盖率	点到点	站点到站点	站点到站点	站点到站点	站点到站点
竞争程度（竞争对手数）	许多	中	很少	中	很少
主要货运	所有类型	低—中价值 中—高密度	低价值 高密度	高价值 低—中密度	低价值 高密度
平均运载距离	短—长	中—长	中—长	中—长	中—长
设备负载（以吨计）	10~25	50~12000	1000~60000	5~125	30000~2500000

五种基本运输方式的服务特性 表3-2

服务特性指标	公路运输	铁路运输	水路运输	航空运输	管道运输
速度（在途时间）	中	慢	慢	快	慢
利用率	高	中	低	中	低
一致性（运送时间变化率）	高	中	低—中	高	高
货损货差	低	中—高	低—中	低	低
灵活性（根据托运人需求的调整能力）	高	中	低	低—中	低

五种基本运输方式的特点和使用情况，如表3-3、表3-4所示。

五种基本运输方式的特点 表3-3

运输方式	优 点	缺 点
公路运输	1. 可以进行门到门的连续运输 2. 适合于近距离运输，较经济 3. 使用上灵活，可满足多种需求	1. 运输单位小，不适合大量运输 2. 长距离运输运费较高
铁路运输	1. 可以满足大量货物一次性高效率运输 2. 运输运费负担较小的货物的时候，单位运费低，比较经济 3. 由于采用轨道运输，事故较少，安全性高 4. 铁路运输网完善，可以将货物运往各地 5. 运输上受天气影响小	1. 近距离运输费用较高 2. 不适合紧急运输的要求 3. 长距离运输的情况下，由于需要进行货车配车，中途停留时间较长
水路运输	1. 适合于运费负担能力较小的大量货物的运输 2. 适合于宽大、重量大的货物运输	1. 运输速度较慢 2. 港口的装卸费用较高 3. 航行受天气影响较大 4. 运输正确性和安全性较差

· 83 ·

续上表

运输方式	优 点	缺 点
航空运输	1. 运输速度快 2. 适合于运费负担能力大的少量货物的长距离运输	1. 运费高，不适合低价值货物和大量货物的运输 2. 重量受限制 3. 机场所在地以外的城市在利用上受限制
管道运输	1. 运输效率高 2. 适合于气体、液体货物 3. 占用土地少 4. 运输效率高，适合于自动化管理	运输对象受限制

五种基本运输方式使用情况　　　　　　　　　　　　表3-4

使用情况	公路运输	铁路运输	水路运输	航空运输	管道运输
成本	中	中	低	高	很低
速度	快	快	慢	很快	很慢
频率	很高	高	有限	高	连续
可靠性	好	很好	有限	好	很好
可用性	有限	广泛	很有限	有限	专业化
距离	中，短	长	很长	很长	长
规模	小	大	大	小	大
能力	强	强	最强	弱	最弱

四、运输组织形式的发展

（一）多式联运

多式联运是指从装运地到目的地的运输过程中包含两种以上的运输方式——海、陆、空、内河等。《联合国国际货物多式联运公约》对国际多式联运所下的定义是：按照多式联运合同，以至少两种不同的运输方式，有多式联运经营人把货物从一国境内接运货物的地点运至另一国境内指定交付货物的地点。而中国《海商法》对于国内多式联运的规定是必须有一种方式是海运。

多式联运如图3-26所示。

多式联运是使用多种运输方式，利用各种运输方式各自的内在经济性，在最低的成本条件下提供综合性服务，如驮背式运输、卡车渡运、火车渡船和集装箱船、运货飞机等。

图3-26　多式联运

(二) 托盘运输

托盘运输是指货物按一定要求成组装在一个标准托盘上组合成为一个运输单位，使用叉车或托盘升降机进行装卸、搬运和堆放的一种运输方式。它是成组运输的一种形式。

1. 托盘运输优点

（1）提高运输效率。由于托盘运输是以托盘为运输单位，搬运和出入仓库都使用机械操作，有利于提高运输效率，缩短货运时间，降低运输成本，同时还可减小劳动强度（如图3-27所示）。

（2）便于理货，减少货损货差。以托盘为运输单位，货物件数变小，体积重量变大，而且每个托盘所装数量相等，既便于点数、理货交接，又可以减少货损、货差事故（如图3-28所示）。

图3-27 托盘货物装卸

图3-28 理货

（3）投资较小，收效较快。与集装箱制造相比较，托盘的投资相对较小，时间也较短，因而收效也较快。目前，世界上许多国家，特别是尚无条件开展集装箱运输的国家都在大力推广托盘运输，甚至有些国家，如伊朗、沙特阿拉伯、坦桑尼亚等港口当局规定，只允许货物托盘化和成组化的船舶装卸或优先给予泊位。有些船公司为鼓励货主采用托盘运输，除对托盘本身免收运费外，还给货主一定的托盘津贴。也有的船公司规定：对去伊朗、尼日利亚等地的货物，如没有托盘，则加收托盘费，许多外国进口商也愿意采用托盘运输并负担托盘费。正是由于托盘运输对保证货物质量、提高装卸效率、加速车船周转和降低运输成本等方面都有好处，因此采用托盘运输，不仅对港方和船方有利，而且对买卖双方也都有利。

2. 托盘运输缺点

（1）货物范围有限。装载托盘货物的范围有一定限制，不是所有货物都可以用托盘运输。适宜于托盘运输的货物以包装件杂货物为限，散装、裸装、超重、超长或冷藏货物均不能使用托盘运输。性能不同的两种危险货物，绝对不能装在同一托盘上进行托盘货运。

托盘货物堆码示意，如图3-29所示。

（2）费用增加。托盘运输虽然设备费用减少，但是会增加托盘费用。在进行托盘化运输时，发货人必须准备托盘。而且发货人在运输后如果回收空托盘的话，就会有新的运输行为，从而发生回收费用。此外，到将托盘回收为止的期间，由于需要将托盘堆放在收货人的厂内而导致托盘的质量劣化，或与其他货主的托盘混放在一起可能发生丢失的现象，其结果是使发货人必须负担很高的费用，使托盘化运输难以实行。

（3）载量减少。由于增加了托盘的重量和体积，相应地减少了运输工具的载量。

图3-29　托盘货物堆码示意

ISO标准托盘尺寸示意，如图3-30所示。

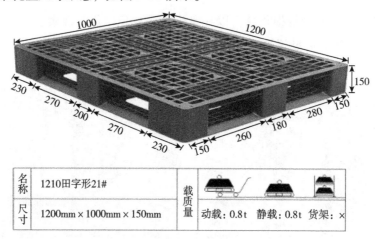

图3-30　ISO标准托盘尺寸示意（单位：mm）

（4）托盘回收困难。开展托盘一贯化运输，应将托盘连同货物一起送到最终用户手中，而不在中途反复倒盘，减少无效作业，降低物流成本，提高物流效率和竞争力。但托盘作业一贯化又导致所用托盘不能回收，其价值就成为制造商的物流成本问题。我国目前还没有国家级托盘共用系统，还不能解决托盘回收和循环使用问题，这使进一步降低物流成本困难重重，严重阻碍了物流托盘化的进展。托盘回收示例，如图3-31所示。

（三）集装箱运输

由于集装箱具有抵抗风雨、避光、抗震等作用，因此用集装箱运输货物能够最大限度地减少货损。集装箱货物，如图3-32所示。

图3-31　托盘回收示例

图3-32　集装箱货物

集装箱的整箱搬运，极大地方便了运输、装船和卸港。

集装箱堆码，如图3-33所示。

集装箱的铅封号码唯一，足以保证货物所有人的货物不会发生丢失、被窃的现象。

集装箱铅封，如图3-34所示。

图3-33　集装箱堆码

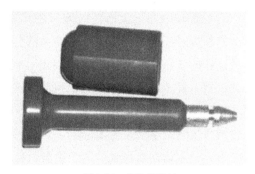
图3-34　集装箱铅封

集装箱中的保温冷藏箱能够对许多鲜活物品进行长时间的保鲜，这是其他运输方式无法实现的。

集装箱运输可以由一个承运人负责全程运输，因而简化了货运手续，方便了货主，提高了工作效率。

货物从内陆发货人的工厂或仓库装箱后，经由陆、海、空不同的运输方式，可以一直运到内陆收货人的工厂或仓库，实现"门到门"运输。

五、运输决策与管理

运输决策与管理是从物流系统的总体目标出发，运用系统工程的原理和方法，使物品在运输过程中，充分利用各种运输方式，力求运输距离短、运输能力省、运输费用低、中间转运环节少、到达速度快、运输质量高和劳动消耗少，并充分有效地发挥各种运输工具的作用和运输能力，以实现物流系统效益最大化的目标。

（一）合理运输"五要素"

运输是物流中最重要的功能要素之一，物流合理化在很大程度上依赖于运输合理化。

运输合理化的影响因素很多，起决定性作用的有五方面的因素，称作合理运输的"五要素"。

（1）运输距离。在运输时，运输时间、运输货损、运费、车辆或船舶周转等运输的若干技术经济指标，都与运输距离有一定比例关系，运输距离长短是运输是否合理的一个基本因素。缩短运输距离从宏观、微观上都会带来好处。

（2）运输环节。每增加一次运输，不但会增加起运的运费和总运费，而且会增加运输的附属活动，如装卸、包装等，各项技术经济指标也会因此下降。所以，减少运输环节，尤其是同类运输工具的运输环节，对合理运输有促进作用。

（3）运输工具。各种运输工具都有其使用的优势领域，对运输工具进行优化选择，按运输工具特点进行装卸运输作业，发挥所用运输工具的最大作用，是运输合理化的重要一环。

（4）运输时间。运输是物流过程中需要花费较多时间的环节，尤其是远程运输，在全部物流时间中，运输时间占绝大部分，所以运输时间的缩短对整个流通时间的缩短有决定性的作用。此外，运输时间短，有利于加速运输工具周转，充分发挥运力作用，有利于货主资金的周转，有利于运输线路通过能力的提高，对运输合理化有很大贡献。

（5）运输费用。运费在全部物流费中占很大比例，运费高低在很大程度上决定整个物流系统的竞争能力。实际上，运费的降低，无论对货主企业来讲还是对物流经营企业来讲，都是运输合理化的一个重要目标。运费的判断，也是判断各种合理化方法实施是否行之有效的最终依据之一。

（二）不合理运输

不合理运输是在现有条件下可以达到的运输水平而未达到，从而造成了运力浪费、运输时间增加、运费超支等问题的运输形式。目前，我国存在主要不合理运输形式如表3-5所示。

不合理运输形式　　　　　　　　　　　　　　　　　　　表3-5

不合理运输形式	不合理运输内容
返程或起程空驶	因调运不当、货源计划不周，不采用运输社会化而形成的空驶。不合理运输的最严重的形式之一
对流运输	也称"相向运输""交错运输"，指一种货物，在同一线路上或平行线路上做相对方向的运送；如果运输的方向与合理流向图指定的方向相反，也属对流运输。这是对运力的一种典型浪费
迂回运输	是舍近求远的一种运输。迂回运输有一定复杂性，只有当因计划不周、地理不熟、组织不当而发生的迂回，才属于不合理运输；如果最短距离有交通阻塞、道路情况不好或有对噪声、排气等特殊限制而不能使用时发生的迂回，不属于不合理运输
重复运输	可以直接运到目的地货物在未达目的地之处，或在目的地之外的其他场所将货卸下，之后又重新运送达目的地，以及同品种货物在同一地点一面运进，同时又向外运出。重复运输的最大缺点是增加了不必要的中间环节，这就延缓了流通速度，增加了费用，增大了货损
倒流运输	是指货物从销地或中转地向产地或起运地回流的一种运输现象。其不合理程度要甚于对流运输，其原因在于往返两程的运输都是不必要的，形成了双程的浪费。倒流运输也可以看成是隐蔽对流的一种特殊形式
过远运输	是指调运物资舍近求远，这就造成可采取近程运输而未采取，拉长了货物运距的浪费现象。过远运输占用运力时间长、运输工具周转慢、物资占压资金时间长，远距离自然条件相差大，又易出现货损，增加了费用支出。过远运输是一种明显的不合理运输形式

（三）合理化运输途径

1. 运输决策：委托运输还是自行运输

在分销商品时，企业往往面临着一个重要的运输决策：委托运输还是自行运输？企业内部的自行运输体现了组织的总体采购战略，便于控制，但是实施低成本、高效率的自行运输需要企业内部各部门之间的广泛合作和沟通。企业之所以会自行运输，最主要的原因是考虑到承运人不一定能达到自己所需要的服务水平。通常而言，企业有自己的车队的原因是：服务的可靠性；订货提前期较短；意外事件反应能力强；与客户的合作关系。

委托运输减轻了企业的压力，可以使企业集中精力于新产品的开发和产品的生产。但是，委托运输需要处理与企业外部的承运商之间的关系，增加了交易成本，也增加了对运输控制的难度。关于委托运输还是自行运输的决策不仅是运输决策，更是财务决策。

2. 服务的选择：质量和成本的最佳结合点

客户服务是物流管理的重要目标，物流管理的每一个活动对客户服务水平都有影响。服务水平主要包括以下几个服务特性：成本可靠性；运送时间；市场覆盖程度——提供到户服务的能力；柔性——处理多种产品及满足托运人的特殊需求；运输货物的损耗。

各种服务特性的重要程度是不尽相同的，其中成本、速度和可靠性是比较重要的因素。因此，服务成本、平均运送时间（速度）、运送时间的变化幅度（可靠性）是运输服务水平决策的基础，决策时必须在服务质量和服务成本之间进行权衡。

3. 运输方式及承运人选择决策

经济和资源的限制、竞争压力、客户需求都要求企业做出最有效的运输方式和承运人选择。因为运输影响到客户服务水平、送货时间、服务的连续性、库存、包装、能源消耗、环境污染及其他因素，运输部门必须开发最佳的运输方式及承运人选择策略。

运输方式及承运人选择可以分为以下四步：

（1）问题识别。问题识别要考虑的因素有：客户要求、现有模式的不足之处以及企业的分销模式的改变。通常比较重要的是与服务相关的一些因素。

（2）承运人分析。分析中要考虑的信息有：过去的经验、企业的运输记录、客户意见等。

（3）选择决策。选择过程中要做的工作是在可行的运输方式和承运人中做出选择。

（4）选择后评价。企业一旦做出选择之后，还必须制订评估机制来评价运输方式及承运人的表现。评估技术有成本研究、审计、适时运输和服务性能的记录等。

4. 承运人—托运人

有效的物流网络要求托运人和承运人在战略和操作方面都保持良好的关系。托运人一般喜欢与可靠的、高质量的承运人订立长期合作合同。合同对托运人和承运人都有益处，可以使得托运人对运输活动便于管理：增强了可预测性并可去除费率波动对托运人的影响。另外，合同还可保证达到托运人所要求的运输服务水平，从而使运输成为托运人的竞争优势领域。同时，合同这种合作方式也有利于承运人自觉改善运输服务，使得承运人的服务适合托运人的物流需求，并使运费和服务之间的关系更直接，而且改善了托运人和承运人之间的关系。此外，长期合同减少了承运人为满足特殊的托运人的服务要求而购买机器设备的投资风险，并保证托运人得到所需的特殊服务。一般情况下，既提供随叫随到服务又提供合同服务的承运人会给合同托运人以最高的优先级，因为合同的普遍特征使服务不善的惩罚费用很高。因此，托运人对承运人有较强的影响力，并能得到较好的服务。

5. 运输协议的协商

承运人的价格策略越来越灵活，托运人有比较大的余地通过与承运人的协商来降低成本。协商程序的目的是考虑到协议各方的利益，开发出一种对于承运人和托运人双方都有利的协议，并且促使双方密切合作。因为大多数协商都以服务成本定价为基础，所以承运人应该精确核算其成本，只有所有的成本都经全面考虑，承运人和托运人才能协作，以便共同降低承运人的服务成本。

6. 车辆路线计划

运输设备需要巨大的资金投入，运作中成本也很高，因此，在企业可接受的利润率和客户服务水平限制下开发最合理的车辆路线计划非常重要。

一般而言，承运人从合理的车辆路线计划中得到的好处有：更高的车辆利用率、更高的服务水平、更低的运输成本、减少设备资金投入、更好的决策管理。对托运人而言，路线计划可以降低他们的成本并提高所接受的服务水平。

尽管有各种各样的路线计划问题，我们可以把它们分为几种不同的类型：单一出发地和单一目的地，并且出发地和目的地不同；多出发地和多目的地；出发地和目的地是同一地点。

在实际运输中，一些具体的限制使得问题变得更为复杂，比如①每一地点既有货物要送又有货物要取；②有多辆运输工具可以使用，每一运输工具都有自己的容量和承载量限制；③部分或全部地点的开放时间都有限制；④因车辆容量的限制或其他因素，要求先送货再取货；⑤司机的就餐和休息时间也在考虑的范围内。有了这些限制，运输路线计划和进度计划就很难找到最佳方案。在实际操作中，通常是求助于简单易行的方法以得到解决问题的可行方案。

 拓展案例

海尔物流

海尔物流是海尔集团为了发展配送服务而建立的一套完备齐全、现代化的物流配送

体系，海尔物流服务的主要对象分为两类：海尔集团内部的事业部和集团外部的第三方客户。海尔物流拥有16000辆货车，通过分布在全国的服务网络，可视的、灵活的管理系统去帮助客户，并提高对客户的响应速度和实现及时配送。

1. 订单聚集

海尔采用SAPLES（物流执行系统），将运输管理、仓库管理以及订单管理系统高度一体化整合，使得海尔能够将顾客订单转换成为可装运的品项，从而有机会去优化运输系统。海尔可以集运和拆分订单去满足客户低成本运输的需要。这种订单的聚集和客户的订单观念直接联系在一起，使海尔能够更加准确、有效、简单、直观地管理客户的运输和相关物流活动。

2. 承运人管理和路径优化

海尔物流提供持续的、一致的程序去管理费用和承运团队的关系，依靠对运输的优化而持续地更新海尔的运输费用折扣。海尔的流程和软件系统可以使其能够不断去改进审计和付款、装运招标和运输追踪。海尔的运输管理系统可以允许海尔的运输工程师去设计和执行复杂的最佳运输路径，这有可能包括了多重停留、直拨与合并运输。所有这些都可以在路径设计、运输方法选择时被考虑。由于海尔的仓库管理系统和运输管理系统是高度集成的，在多地点停留的货车可以将装卸的信息直接与仓库的系统通信，确保货车在正确的路径上准点到达。

3. 多形态的费率和执行系统

海尔物流管理各种形式的运输模式，包括快递、整车、零担、空运、海运和铁路运输，并按照客户的需求，应用各种先进的费率计算系统向客户提出建议。海尔的运输管理系统还集成到海尔的财务收费系统，可以向客户提供综合性的财务报告。

4. 行程执行

海尔物流应用海尔总结出来的一整套建立在相互协商、不同服务功能的界定和其他商业标准的方法来计算运费。通过集中运输中心的设立，可以整合所有的承运者，选择合适的承运工具，大幅度地降低偏差和运输成本。

5. 可视化管理

海尔物流的动态客户出货追踪系统可以对多点和多承运人进行监控，相关的客户可以从系统上直观地查询到订单的执行状况甚至每个品种的信息。每次的出货，不论是在海尔集团系统内，还是在海尔的全国网络内，所有的承运活动都被电子监控。所有的运输信息都可以在Web（万维网）上查询。海尔的信息系统和以海尔文化为基础的管理确保所有承运人和整个网络都能及时、准确和完整地获得所有可视化的数据。

6. 运输线合并

海尔物流将不同来源的发货品项，在靠近交付地的中心进行合并，组合成完整的订单，最终作为一个单元来送交到收货人手中。

7. 持续移动

海尔物流可以根据客户的需要去提高承运的利用率，降低收费费率。例如：海尔的运输工程师可以将家电从贵州运到上海，而在昆山将一批计算机产品补货到货车运送到重庆。海尔物流管理的运输网络和先进的工具可以追踪这些补货的路径安排需要，发现降低成本的机会。

8. 车队、集装箱和场地管理

许多客户都拥有自己的专有货车、集装箱和设施场地供自己的车队使用。海尔物流可以管理这些资源从而将其纳入海尔物流整体运输解决方案中。海尔先进的运输系统可以提供完整的车辆可视化管理，不论周转箱或集装箱在现场还是在高速公路上，海尔物流都为这些独特的运输需求服务，这包括了散货、冷冻冷藏、周转箱的回转以及危险品等需要特殊处理和相关条例管理的运输。

9. 国际贸易管理

海尔凭借在对出口文件、保税设施、守法、金融贸易、货物运输等方面的经验，能对开展国际贸易业务进行适当的处理。

你认为这些运输服务会给客户和海尔物流带来什么利益？

通过课堂学习和课后查阅资料，回答下述问题：
1. 简述国外交通运输管理体制及其对我国的启示。
2. 总结我国道路危险品、零担货物运输管理的特点及分析。

单元二　仓　储　管　理

明确仓储管理要点；熟悉入库、在库、出库操作实务；在掌握如何进行仓储成本管理的基础上了解仓储管理发展趋势，培养学生树立零库存观念。

仓储式生产者与客户之间的一个主要联系纽带。仓储是每一个物流系统不可缺少的组成部分。它在以可能的最低总成本提供令人满意的客户服务方面具有举足轻重的作用（如图3-36所示）。仓储是生产者与客户之间的一个主要的联系纽带，在过去几年里，仓储从企业物流系统中一个相对较小的方面发展成为其重要的职能之一。我们可以这样定义仓储：仓储是企业物流系统的一部分，在原产地、消费地，或者在这两地之间存储物品（原材料、部件、在制品、产成品），并且向管理者提供有关仓储物品的状态、条件和处理情况等信息。我们也用过配送中心（DC）这个词，但这两个意思并不完全相同，仓库是更具有广泛意义的词汇。

营销目标：将资源分配给营销组合，使企业的长期收益最大化。

物流目标：在给定的客户服务水平下使总成本达到最小，其中：总成本＝运输成本＋仓储成本＋订单处理与信息成本＋批量成本＋库存持有成本。

仓库存储所有物品，而配送中心仅仅保持最低存货水平的高需求物品。仓库通过四个循环环节来处理大部分产品：接收、仓储、运输及分拣。配送中心则在两个环节内处理产品：接收及运输。仓库所履行的活动附加值很少，而配送中心则具有高附加值，包括有可能的最终装配。仓库成批地进行信息数据的收集，而配送中心则实时收集数据。仓库主要是在达到运输要求时实现运营成本最小化，而配送中心则主要是在达到客户交货要求时实现利润最大化。物流系统中所需的成本权衡如图3-35所示。

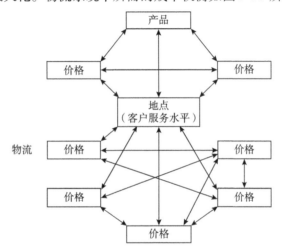

图3-35　物流系统中所需的成本权衡

一、仓储的本质及其重要性

（一）仓储的概念

仓储是用来在物流过程中的所有阶段存储物品的。简单地讲，存在两种基本存货类型：①原材料、部件、零件（实物供应）；②产成品（实物分销）。同样也存在在制品库存，尽管在许多企业里，在制品库存只占有公司库存投资很小的一部分。

1. 为什么要持有库存

概括地说，库存仓储之所以重要是因为以下几个原因。

（1）获得运输经济性。

（2）获得生产经济性。

（3）利用数量折扣以及提前购买的优势。

（4）维持供应源。

（5）支持公司客户服务政策。

（6）适应变化的市场条件（例如：季节性、需要波动、竞争）。

（7）克服生产者与消费者之间的时空差异。

（8）达到与满意的客户服务水平相匹配的物流成本最小化。

（9）支持供应商与客户的准时制计划。

2. 为什么使用仓储

图 3-36 表明了仓储在一个典型的物流系统中的作用。仓储可以用来配合组织生产；它可以集中由不同的生产设施提供的产品，运输给同一个客户；分拆大量货物或将大量发货分成小批量发货，以满足许多客户的需要；也可以将一些小量运输集合或合并为大量运输。

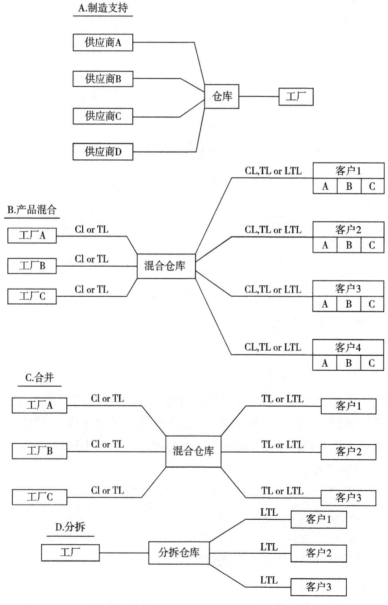

图 3-36　仓储在实物供应及实物分销中的作用

为了支持生产运营管理，仓库经常充当来自供应商的原材料的入厂统一接收点，如图3-36A中所示，企业从不同的供应商处订购原材料、零部件，供应商以整卡车（TL）或者整货车（CL）运到离工厂较近的仓库，这些物品再由仓库运到制造工厂。

（二）混合仓库

从出货的方面来说，仓库可用于产品混合、出库联合或分拆。产品混合（如图3-36B所示）常涉及从不同地点的工厂（例如工厂A、工厂B、工厂C）运输产品（例如产品A、B、C）到一个仓库中心，各工厂生产公司产品的一部分，产品通常是大批量地运往仓库中心，而客户对不同产品的订单可以集中一起运输。

当仓库用于出库联合（如图3-36C所示）时，它就是从几个制造地以整卡车运输（TL）或整货车运输（CL）运往一个仓库中心。仓库然后合并或集中来自不同工厂的产品，运给客户。

（三）拆装仓库

拆装仓库（如图3-36D所示）是从制造工厂中接受大量产品运输的设施。几个客户订单结合起来，一次性从工厂运输到拆装仓库。当仓库接到货物后，将它分解成小的零担运输，并将它们送到由该仓库服务的客户手中。

（四）合并仓库

对于实物供应系统和实物分销系统来说，都可能存在运输经济性。在实物供应系统中，若干供应商的小订单可以运到靠近供应源的合并仓库，用这种方法，生产商可以获得工厂的整车运输，这些工厂实际上离仓库较远。仓库靠近供应源，这样仅在短途中才需要使用零担费率，而从仓库到工厂的长途中则可以使用整车费率。

仓库在实物分销系统中也可以取得类似的运输经济性。在包装品行业，制造商经常有分布在不同地点的工厂，每个工厂只生产公司全部产品系列的一部分产品。这些公司通常还保留几个地区性仓库，在那些仓库中，所有产品系列的产品都可通过混合运输来提供给客户。每个工厂制造的产品通常会从工厂到地区性仓库使用满车装载的铁路运输。客户订单，包括产品系列的不同产品，则由卡车进行整车运输或者零担运输。使用地区性仓库比直接运给客户的运输成本低，这种成本的节约常常比由于仓储和相关的存货持有所导致的成本增加要多得多。

由于生产的产品数量与现有需求相接近，少量生产可以使得整个物流系统中存货持有水平最小化，但是与少量生产运作相关的准备成本和产品线变换成本将会增加。同样，如果工厂接近其生产能力的限度进行生产，那么经常性的产品线变换将使制造商不能满足产品需求。这样的话，销售机会的损失可能导致非常巨大的销售利润的损失。

相反，每条生产线上进行产品的大批量生产将导致较低的单位成本，并且在给定生产能力的情况下将会有更多的产出。然而，较长的生产运转将导致更多的库存和增加对仓库的需求。因此，为了实现最低的总成本，节约的生产成本必须与增加的物流成本相比较。

如果公司要获取原材料、零部件以及产成品购买的数量折扣优势，仓库同样显得很有必要。获得折扣，不仅每单位价格会降低，而且如果由公司负责运费，运输成本也会由于大量购买而下降。制造商、零售商或者批发商也都可以获得同样的折扣。然而，这些成本节约同样需要与更多存货所导致的成本的增加进行权衡。

在仓库中持有存货对于维持供应源来说是必要的。例如，购买时机和购买数量对于维持供应商来说非常重要，特别是在短缺时期。考虑到运送损失、供应商缺货或者公司某个供应商出现罢工等，持有一些可能会供应不足的物品同样非常必要。

客户服务政策，例如24小时送货标准，可能需要许多地区性仓库，从而使得达到服务标准的总成本最小。变化多端的市场条件可能也要求必须在该地区存储产品，主要原因在于公司不能准确预测客户需求以及零售商和批发商的订货时间。通过在地区性仓库内持有一些多余的存货，公司可做出快速反应，来满足预料之外的需求。不仅如此，持有多余存货，制造商也能够在仓库重新补货之前履行客户的订单。

大部分公司通过使用仓库来实现规定的客户服务水平下的最低物流成本。仓储的应用使得管理者能够选择运输模式和存货水平，当与通信和订单处理系统以及产品替换相结合时，企业能够在提供满意的客户服务水平的同时达到成本最小化。

影响公司仓储策略的因素包括：所在产业，公司理念，可用资金，诸如大小、易损性、产品系列、替代性、淘汰率等一些产品特征，经济条件，竞争，需求的季节性，JIT项目的实施，技术，电子商务的应用以及所用的生产流程。

二、影响仓储的因素

人们已经发现影响仓储性质和重要性的有四个主要因素。

（1）时间是有效仓储最重要的因素。因此，最好的仓储运营计划必须缩短订单周期每一环节的时间。

（2）质量与准时同样重要，如今，仓库服务的使用者期望近乎完美的绩效水平。

（3）仓储的重点是为了提高资产生产率。其三种关键职能是减少总成本、重复使用和再循环。

（4）进入21世纪后，仓库管理者必须开发一种新型的劳动力，对于管理者和劳动力的要求也都将发生显著变化。

其他一些影响仓储的因素包括：通过通信和增值服务更加关注客户的需求、运作和时间的压缩（如更频繁的运输、更快的存货周转率、更小的订货批量）、物流系统内连续的信息流和产品流、接驳式转运、电子追踪和产品控制、客户化的仓储服务（诸如根据需求包装、贴标签、用托盘装运）、自动化程度以及人力资本和管理者领导力的重要性的提高。

三、仓储的功能

仓储有三种基本功能：搬运、存储和信息传递。搬运功能如今成为关注的焦点，因为组织致力于提高存货流动性以及从制造地到最终用户的订单处理速度（如图 3-37 所示）。

（一）搬运

搬运功能可以划分为几种活动，包括：接收、转移或者存放、客户订单分拣/挑选、接驳式转运、运输。

自动化搬运设备，如图 3-38 所示。

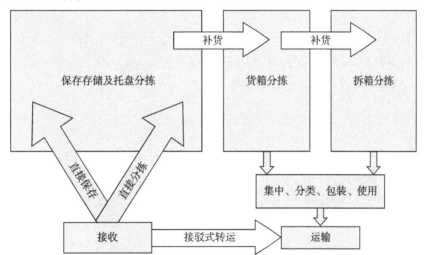

图 3-37 仓储的典型职能和流程

图 3-38 自动化搬运设备

接收活动包括：运输承运商的卸货，更新仓库中的存货记录，检查是否存在破损情况，以及根据订单和运输记录进行货品数量的确认。

转移或者存放包括：将产品移动到仓库进行存储的物理移动，将产品搬运到进行特殊服务（例如合并）的地方的移动，以及出厂运输的搬运。

客户订单分拣/挑选是主要的搬运活动，涉及按照客户的需要对产品重新分类。包装指令也在这里产生。

客户订单分拣的任务可分为四类：全面分拣、批处理分拣、分区分拣和分波分拣。

(1) 全面分拣（Discreet Picking）是挑选货物的一种方法。一个订单分拣员全面负责一个订单，并负责订单从开始到结束的履行过程。

(2) 批处理分拣（Batch Picking）时，订单分拣员负责一组订单，比如说一打订单。批处理清单包括整个订单组里每种存储单元的物品总数。订单分拣员接收这一批的订单，负责分拣物品并将物品送到站台，然后将它们在各个订单之间进行分配。

(3) 分区分拣（Zone Picking）将各个订单分拣员分派到仓库的指定区域。在分区订单处理计划中，订单分拣员挑选出订单中指定通道中的货物，并将其传给下一个分拣员，他挑选出下一个通道上的货物，然后依次传下去。在这个系统中，订单总是由不止一个人来处理。

(4) 分波分拣（Wave Picking）是按照一个指定特征划分运输，例如同一个承运商。比如说，可以将 UPS 所有的订单划分为一组进行分拣，第二组分拣所有由邮局运送的订单，其他组可以根据其他承运商来划分。

（二）存储

存储功能可以在临时或暂时基础上来执行。临时存储强调仓库的搬运功能，只存储基本的库存补充所需的货物。临时存货存储的范围取决于物流系统的设计以及组织在提前期和产品需求方面所面临的变动性。接驳式转运的目标之一就是只运用仓储的临时存储功能。

暂时存储是存储超过正常补货所需数量的存货，也指缓冲或者安全库存。导致暂时存储的最普遍的情况是：①季节性需求；②不稳定需求；③产品条件，例如水果和肉类；④投机或者提前购买；⑤特殊交易，例如数量折扣。

自动化仓储，如图 3-39 所示。

图 3-39　自动化仓储

（三）信息传递

信息传递功能，它与搬运和存储功能同时产生。管理者通常需要及时和准确的信息，因为他们力图控制仓储活动。有关存货水平、产量水平（即仓库流动的货物数量）、存货地点、进货和出货运输、客户数据、设施空间利用情况、人事等信息，对于仓储运营的成败来说至关重要。组织越来越依赖于运用电子数据交换（EDI）等计算机化的信息传递、互联网以及条码来提高信息传递的速度和准确性。

尽管公司做出很多努力来减少文书工作，文书的数量仍然非常庞大。由于这个原因以及其他一些原因，公司试图在尽可能的情况下实现事务性工作的自动化。电子化通信的发展（例如 E-mail）有助于减少仓储各方面的事务性活动。

成功地实施上述所有的仓储活动可以消除检验的需要。然而，在任何仓储运营中，误差和错误都在所难免，通常有必要周期性地对以前的工作进行检查。在某些情况下，当员工被授权在他们各自的范围内对仓储进行质量控制时，这种检查活动可以降低到最小限度。不仅是个人，团队也可以执行这项活动。

四、仓储的类型

（一）公共仓储与自营仓储

仓储最重要的决策之一是选择公共设施还是自营设施。为了从成本和服务角度两方面都做出合适的决定，物流管理人员必须了解每种选择的利弊，以及它们隐含的财务问题。

许多公司通常发现结合使用公共仓储和自营仓储是有利的。在仓库处理的货物量很大的情况下，采用自营仓库是合理的，此时自营仓库可以实现物流的最低成本。公共仓储——外包的形式之一，可以用于仓库的货物量不足以使自营仓库合理的情况或用于存储高峰时期的需求量。公共仓库一般根据存储或处理的箱数或重量来收取费用。因此，当仓库活动量足够大时，公共仓库的成本高于自营设施的成本，这使得自营仓库更加具有吸引力。

（二）公共仓储的优势和劣势

1. 优势

公司选用公共仓库将在以下几个方面取得比自营仓库更大的利益。

（1）节约资本。公共仓库的优势之一，是使用者不需要进行资本投入。使用者避免了在建筑物、土地和材料搬运设备方面的投资，以及与运营启动和雇用、培训员工相关的成本。

（2）满足高峰需求。如果某个组织的运营受季节性的影响，选择公共仓库将使企业可以通过签订协议获得满足高峰需求所需的存储空间。相反，自营仓库在可存储的最大产品数量上存在限制，并且有可能在一年中的一部分时间里不能到充分利用。因为很多公司都经历由于业务周期或需求或生产的季节性、促销以及其他原因所导致的库存水平的变动，公共仓库提供了根据存储量的变化而变动存储成本的优势。

（3）减少风险。公司通常都会计划建成寿命周期长达 20~40 年之久的配送设施。因此，投资自营仓库，管理者将承担这样的风险，那就是由于技术或者公司规模的改变而引起的设备过时。采用公共仓库，使用者可以在短期之内转而使用其他的仓库设施，通常只需 30 天。

（4）规模经济。公共仓库可以获得对一个小公司而言不可能得到的规模优势。公共仓库同时处理许多公司的存储需求，这些数量足以使得雇用全职的仓储人员成为可能。另外，仓库建设成本是非线性的，公司需要支付建成一个小设施的额外费用。规模经济还来自于更昂贵却更加有效的物料搬运设备的使用，来自于提供了管理专家和其他方面的一些专家。

公共仓库也能够比私营仓库提供一些更加经济的专业服务。这些专业服务包括：

①拆箱处理，指分解制造商货物的数量，以便于能够履行订购数量不到整箱货物的订单。

②制造商的产品运输包装。如 Exel 物流公司，一家公共仓库和物流服务公司，向 California Growers 联合公司提供了一系列的该项服务。产品在没有贴标签的状态下运到亚特兰大的分销中心，当从客户那里接到订单时，Exel 再给产品贴上标签。

③集中破损的产品，制造商可以采用整车运输收回产品。除了必要的文档记录和预先包装之外，公共仓库还经常执行破损产品的修补工作。

④设备维护和服务。

⑤为拥有一定程度或者高度的季节性产品系列的制造商，提供产品的存货分析。存货分析涉及刚好在最大季节销量到来之前集中整卡车存货运到公共仓库。

⑥拆装服务。制造商集中了市场上不同客户的订单，并且以整车运输的费率将它们运输到公共仓库，在公共仓库订单被分解，提供当地送货服务。

公共仓库非常灵活，适应性强。例如，一家加利福尼亚的食品仓库公司，强调增值服务，开展及时送货、工厂生产支持以及出口运输。

规模经济来源于公司的零星运输与其他使用同一个公共仓库的非竞争性公司运输之间的联合。公共仓库可以一次集中运输某个客户向不同制造商订购的产品。这降低了运输成本，并避免了客户接收站台上的拥挤状况。另外，如果制造商们使用同样的仓库设施，那么客户在公共仓库中挑拣订单产品时，可以在同一站获得不同制造商的产品。

（5）灵活性。公共仓库可以提供的另一大优势是灵活性。如果业务情况要求公司必须改变地点，那么拥有或者持有长期租赁合同的仓库将变成一项负担。公共仓库仅需要短期合同以及短期承诺。公共仓库使用的短期合同使得公司可以在市场变化（例如人口转移）、不同运输模式的相对成本、产品销售量或者公司财务状况变化的情况下，很容易更换仓库地点。

不仅如此，使用公共仓库的公司不必因为公司规模的改变而雇用或者解雇员工。因为公共仓库在必要的时候可以提供额外的服务人员，公司不必雇用额外的全职工作人员。

公共仓库使得制造商可以对仓库地点进行试验，以便确定它对整个物流系统的贡献程度，并可以在成本节约目标或者绩效目标没有实现的情况下，相对简单地中断仓库运营。

（6）税收。在美国对很多州来说，如果公司在该州不拥有资产时，公司肯定会具有优势，因为拥有资产意味着公司在该州做生意，因而必须缴纳州内各种税收。这些税收相当多。因此，如果公司目前在某个州不拥有实际的资产，使用公共仓库是有利的。除此之外，一些州并不收取在公共仓库中存货的资产税，这种税收保护可以应用于常规仓库库存和转移中的库存。有些州颁布的自由港条款允许存货在一年之内免税。最后，制造商不需缴纳房地产税。当然，公共仓库必须缴纳房地产税，并将此项成本纳入仓库费率中，但是由于有大量货物的流通，此成本分摊到每单位货物上就小得多了。

（7）储存和搬运成本。当制造商使用公共仓库时，制造商可以确切知道存储和搬运成本，因为每个月公司都会收到账单。制造商也可以预测不同活动水平下的成本，因为这些成本都是预先知道的。当公司自己运营仓储设施时，公司往往很难根据产量的变动确定固定成本和变动成本。

2. 劣势

（1）通信问题。有效通信常常是公共仓库面临的一个问题，因为并不是所有的计算机终端和系统都是相容的。仓库运营者可能不愿意为了一位客户而增加一个终端。此外，缺乏标准化的合同协议使合同中对业务的沟通变得很困难。然而，由于电子商务、电子数据交换、互联网和内部网的出现，许多问题已得到了解决。

（2）专业化服务的可得性。专业化服务在特定地点也许并不总是存在的。许多公共仓库的设施仅提供当地服务，这对在整个地区或者全国进行分销的公司来说用处很有限。因此，希望通过公共仓库进行全国性分销的公司发现必须与不同的仓库运营者打交道，必须监督不同的合同式契约。不仅如此，一些公共仓库不提供某些服务，除非有相当多的客户要求他们这样做。有时候，公共仓库和客户将合作开发一项新的服务，共同提供资金支持。

（3）空间的可得性。公共仓库的空间不是在公司随时随地想要的时候都有。空间的短缺在一定的市场将会季节性的出现，这对公司的物流战略和市场战略都存在负面影响。除非组织与短缺地区的一家公共仓库发展了良好的关系，否则公司将找不到仓库空间，或者仓库空间的价格将非常高。

（三）自营仓库的优势和劣势

1. 优势

（1）控制程度。在自营仓库中，拥有货物的公司可以对他们的存储、搬运和管理施加更高水平的控制。公司直接控制产品和对产品负责，直到通过交货，客户取得产品的所有权。高控制水平使公司可以更容易将仓库功能整合纳入公司整体的物流系统中。

（2）灵活性。有仓库控制，也就有了灵活性——不是更快减少或者增加存储空间的灵活性，而是根据客户的特定需求和产品特性设计与运营仓库的灵活性。有些公司的产品具有高度的专业性，要求特殊搬运和存储，这些组织会发现，由于设备或物料搬运的局限，公共仓库并不可行。在这些例子中，公司必须使用自营仓库或者直接运输给客户。仓库还可以通过扩张或修缮来进行调整，促进产品的变化，另外自营仓库也可以改造成制造工厂或者分公司。

（3）成本。自营仓库另一项突出的优势是，在长期看来自营仓库比公共仓库的成本低。如果公司流通量和利用率（也就是高的存货周转率）足够大，运营成本将会下降15%~25%。通常可接受的自营仓库利用率的行业标准是75%~80%。如果组织达不到至少75%的利用水平，则公司更适合使用公共仓库。

（4）人力资源。使用自营仓库，公司可以更好地利用其现有的人力资源。公司可以利用技术专家的专业知识。不仅如此，在仓库中工作的人员都是公司的员工。公司自己的员工管理仓库，通常会更加精心地进行存储和搬运。另外，一些公共仓库允许公司在存储和搬运自己产品的时候使用自己的员工。

（5）税收利益。一个组织在拥有自己仓库的时候也可以实现税收利益。建筑物和设备的折旧可以大大降低设施或器械在其生命期内的成本。

最后，自营仓库还可能具备一些无形的好处。当公司从自营仓库分拨产品时，可以给客户一种公司运营持续性和永恒性的印象。客户将成为公司稳定的、可信赖的、持久的产品供应商，这可以给组织带来潜在的市场优势。

2. 劣势

（1）灵活性。自营仓库主要的缺点也是它的优点——灵活性。自营仓库可能由于固定的规模和成本而代价高昂。不管公司的需求水平如何，自营仓库的能力在短期内是不变的。自有设施不可能扩张，也不能通过合同来满足根据可能发生的需求涨落变化。需求低的时候，公司同样要承担固定成本，以及与空闲仓库空间相联系的低生产率。然而，如果公司可以出租部分空间，这种劣势可以达到最小化，这实质上像是一个公共仓库。

如果公司仅仅使用自营仓库，同样在战略选址时会失去灵活性。市场规模、地点和偏好的改变非常迅速，不可捉摸。如果组织在仓库结构上不能够适应这种变化，就可能失去有价值的商业机会。如果自营仓库不能适应公司产品组合的变化，客户服务和销售也可能会下降。

（2）投资。由于涉及成本，许多组织都无法提供足够的资金用于建设或购买自己的仓库，投资于工厂所需的设备或者新产品。自营仓库是一项长期而且通常是风险性的投资，并且由于其客户化的设计也很难再卖出去。自营仓库的启动费用昂贵，还得花很多时间来雇佣和培训员工以及购买物料搬运设备。另外，取决于企业的性质，如果将资金投入到可以产生利润的其他机会中，投资回报可能会更高。

五、仓储基本业务流程

仓储作业包括商品从入库到出库之间的装卸、搬运、仓库布局、储存养护和流通加工等一切与商品实务操作、设备、人力资源相关的作业。仓储基本业务流程可以分为三个阶段：收货阶段、存储阶段和发货阶段。仓储基本业务流程如图3-40所示。

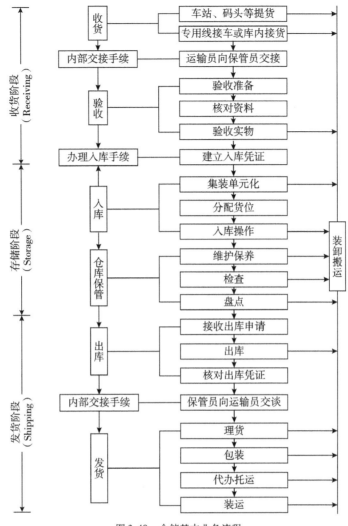

图 3-40 仓储基本业务流程

（一）入库作业

1. 收货

收货的主要任务是接货方向托运者或承运者办清业务交接手续，保质保量及时地将货物安全地接运回库。通常，货物接收的方式主要有以下几种。

（1）到车站、码头提货。这是由外地托运单位委托铁路、水运、民航等运输部门或邮局代运或邮递货物到达本埠车站、码头、民航站、邮局后，仓库依据到货通知单派车提运货物的作业活动。这种到货提运形式大多是零担托运、到货批量较小的货物。在汽车运输与其他运输方式联合运输的过程中会出现这种方式的作业活动。

（2）到货主单位提取货物。这是仓库受托运方的委托，直接到供货单位提货的一种形式。这种提货形式的作业内容和程序主要是，当货栈接到托运通知单后，做好提货准备，并将提货与货物的初步验收工作结合进行。因此，接运人员要按照验收注意事项提货，必要时可由验收人员参与提货。在供货人员在场的情况下，当场进行验收。

（3）托运单位送货到库提货。这种提货方式通常是托运单位与仓库在同一城市或附近地区，不需要长途运输时所采用的一种形式。这种提货方式的作业内容和程序是，当托运方送货到货栈后，根据托运单（需要现场办理托运手续）当场办理接货验收手续，检查外包装。清点数量，做好验收记录。如有质量和数量方面的问题，托运方应在验收记录上签证。

（4）铁路专用线到货接货。这是指仓库备有铁路专用线，大批整车或零担到货接运的形式。它是公（路）铁（路）联合运输的一种形式。在这种运输形式下，铁路承担主干线长距离的货物运输，汽车承担直线部分的直接面向收货方的短距离运输。

2. 货物验收

货物验收是保证入库货物数量和质量准确无误的关键作业环节，货物的验收不仅要做好验收本身的工作，而且要为下一步的保管和出库阶段服务。货物验收应遵循认真、准确、及时原则。

3. 货物入库

货物经过验收合格或发现问题处理完毕，即应办理货物入库手续。货物作为入库作业的主要内容是建立入库凭证、集装单元化、分配货位和入库操作。

4. 记账登录

如果物品的验收准确无误，应该在入库单上签字，确定收货，安排物品存放的库位和编号，并登记仓库保管账目；如果发现物品有问题，则应另行做好记录，交付有关部门处理。

（二）在库管理

1. 堆码

由于仓库一般实行按区分类的库位管理制度，因而仓库管理员应当按照物品的存储特性和入库单上指定的货区和库位进行综合的考虑和堆码，做到既能够充分利用仓库的库位空间，又能够满足物品保管的要求。物品堆码的原则主要是：尽量利用库位空间，较多采取立体储存的方式；仓库通道与堆垛之间保持适当的宽度和距离，提高物品装卸的效率；根据物品的不同收发批量、包装外形、性质和盘点方法的要求，利用不同的堆码工具，采取不同的堆码形式，其中危险品和非危险品的堆码或性质相互抵触的物品应该区分开来，不得混淆；不要轻易地改变物品存储的位置，大多应按照先进先出的原则；在库位不紧张的情况下，尽量避免物品堆码的覆盖和拥挤。

2. 养护

仓库管理员应当经常或定期对仓储物品进行检查和养护，对于易变质或存储环境比较特殊的物品，应当经常进行检查和养护，检查工作的主要目的是尽早发现潜在问题，养护工作上要是以预防为主。在仓库管理过程中，应采取适当的温度、湿度和防护措施，预防破损、腐烂或失窃等，达到存储物品的安全。

3. 盘点

对仓库中贵重的和易变质的物品，盘点的次数越多越好；其余的物品应当定期进行盘点（例如每年盘点一次或两次），盘点时应当做好记录，与仓库账目核对，如果出现问题，应当尽快查出原因，及时处理。

（三）出库作业

发货是仓储历经的最后一个阶段。它是指根据运输调度的指示，经过货物出库前准备、凭证核对、备货、点交、清理到发货为止的整个业务流程。出库方式主要有以下几种。

（1）自提方式：货主凭提货单经过一定手续，到仓库提货，仓库依据出库凭证发货。

（2）送货方式：根据运输合同的规定，在指定的时间内将仓库中的货物分别送达到货主手中。

（3）中转发送：小批量的货物再经过一定时间聚集成批量后，将进行干线运输。根据运输调度的指示，运输员凭调度单办理出库手续。

六、仓储管理合理化

（一）储存合理化的内容

所谓储存合理化就是在保证储存功能实现的前提下，用各种办法实现商品储存的经济性。储存合理化主要内容有以下几方面。

（1）商品储存量合理化。
（2）商品储存结构合理化。
（3）商品储存时间合理化。
（4）商品储存空间合理化。

（二）储存合理化的实施要点

（1）在自建仓库和租用公共仓库之间做出合理的选择，找到最优解决方案。
（2）注重应用合同仓储，也就是第三方仓储的应用。
（3）对储存物进行 ABC 分类分析。
（4）电子计算机定位系统。

"四号定位"：用一组四位数字来确定存取位置的固定货位方法，是我国手工管理中采用的科学方法。这四个号码是：序号、架号、层号、位号。这就使每一个货位都有一个组号，在货物入库时按规划要求，对物资编号，记录在账卡上，提货时按四位数字的指示，很容易将货物拣选出来。

"先进先出"：贯通式货架系统适于存储少品种大批量同类型货物，贯通式货架又称通廊式货架。这种货架适用存储大批量、少品种货物，仓库利用率高。通廊式货架是一种不以通道分割、连续性整体货架，货物存取从货架同一面进出，"先存后取，后取先存"，叉车可直接进入货区存取货物，无须占用多条通道。

"双仓法"储存：给每种被储物都准备两个仓位或货位，轮换进行存取，再配以必须在一个货位中取完才可补充的规定，则可以保证实现"先进先出"。

计算机存取系统：采用计算机管理，在存时向计算机输入时间记录，编入一个简单的按时间顺序输出的程序，取货时计算机就能按时间给予指示。

（5）提高储存密度，提高仓容利用率。

①采取高垛的方法，增加储存的高度。采用高层货架仓库、采用集装箱等都可比一般堆存方法大大增加储存高度

②缩小库内通道宽度以增加储存有效面积。具体有采用窄巷道式通道，配以轨道式装卸车辆，以减少车辆运行宽度要求，采用侧叉车、推拉式叉车，以减少叉车转弯所需的宽度。

③减少库内通道数量以增加储存有效面积。具体方法有采用密集型货架，采用可进车的可卸式货架，采用各种贯通式货架，采用不依靠通道的桥式吊车装卸技术等。

（6）采用有效的监测清点方式。

"五五化"堆码：储存物堆垛时，以"五"为基本计数单位，堆成总量为"五"的倍数的垛形，如梅花五、重叠五等垛形。

光电识别系统：在货位上设置光电识别装置，该装置对被存物扫描，并将准确数目自动显示出来。

电子计算机监控系统：被存物上采用条码认寻技术，每存、取一件物品时，识别装置自动将条码识别并将其输入计算机，计算机会自动做出存取记录。

拓展案例

"零库存"离企业是近还是远

据统计，我国企业的物流成本占产品全部成本的30%左右，其中库存费用大约要占35%，对于众多的制造业和分销商来说，不断增长的库存量已成为沉重的负担。企业管理者希望实现他们梦寐以求的"零库存"，保证物料供应和产品分配的顺畅，实现利润最大化。怎样才能做到"零库存"？专家告诉我们，要实现"零库存"，将以打造一个信息密集型企业为代价。信息增值、以信息替代存货是"零库存"的核心。

库存成本降低的潜力比任何市场营销环节都要大，成功的物流战略大多以尽可能低的金融资产维持存货，在对顾客承担义务的同时实现最大限度的流通量，以保证利润最大化。

海尔通过"信息增值"机制，实现零库存、零运营资本以及与用户的零距离。通过电子商务采购平台和定制平台与供应商和销售终端建立起紧密的、以互联网为基础结构的动态企业联盟，实现企业和供应商、消费者的互动沟通。在业务流程再造的基础上，形成"前台一张网，后台一条链"的闭环系统，包括企业内部供应链系统、ERP系统、物流配送系统、资金流管理结算系统、遍布全国的分销管理系统以及客户服务响应CallCenter系统，形成了以订单信息流为核心的各子系统之间无缝连接的集成。

戴尔推行"黄金三原则"——摒弃库存、与客户结盟、坚持直销，提出了"以信息代替存货"的核心理念，与供应商实现精准迅速的信息交互，并进一步缩短生产线与顾客家门口的时空距离，以谋求库存的不断减少。市场数据显示，戴尔在全球的平均库存天数可以降到8天之内，而康柏的同期存货天数则为26天。

三洋能源公司则采用了"以信息化流通代替传统运作模式"的做法，利用互联网技术全面监控下游客户每日的进、销、存情况，及时进行补货，上游的供应商则及时掌握企业原料的库存情况，并及时补充，实现企业对产品、原材料等的电子化、网络化采购，保持存货量在最低水平。

无论是海尔的"信息增值"还是戴尔的"以信息代替存货"，它们成功的业务实践都清楚地表明，信息在现代企业运营中扮演着基本而重要的角色，优秀信息机制的建立和利用是实现"零库存"的核心所在。

1. 完全意义上的"零库存"是否存在？有没有必要？为什么？
2. 相对"零库存"是如何实现的？

知识拓展

通过课堂学习和课后查阅资料，回答下述问题：
1. 了解汽车制造业的零库存管理。
2. 供应链管理环境下的仓储管理优化问题是什么？

单元三 包 装 管 理

掌握物流包装与商业包装在功能上的区别；了解包装合理化的要求及实现包装合理化的途径；掌握包装的特殊技法；掌握包装材料的具体使用。

一、包装的分类与功能

(一) 包装的概念

在《中华人民共和国标准包装通用术语》中,包装的定义为:为在流通过程中保护产品,方便储运、销售,按一定技术方法而采用的容器、材料及辅助物的总体名称。也指为了达到上述目的而采用容器、材料和辅助物的过程中,施加一定技术方法等的操作活动。

简言之,包装是包装物及包装操作的总称。

(二) 包装的种类

一类是商业包装,它是一种辅助市场营销的包装,因此也被称为消费包装(如图3-42所示);另一类是运输包装,它是一种辅助物流的包装,也被称为物流包装(如图3-41所示)。商业包装强调营销,是把商品分装成方便顾客购买和易于消费的商品单位,其目的是向消费者显示商品的内容,吸引消费者。但对于物流系统却并不适宜。运输包装强调物流,是作为把运输、装卸、保管等相关的物流过程有机、顺利地联系起来的一种手段,具有保护货物、便于运输和处置等作用。

图3-41 商业包装　　　　图3-42 物流包装

包装容器质地不同,包装可分为硬包装、半硬包装和软包装;按包装使用范围,包装可分为专用包装和通用包装;按包装使用的次数,包装可分为一次用包装、多次用包装和周转用包装。

(三) 包装的功能

包装在物流系统中具有十分重要的作用。包装是生产的终点,同时又是物流的起点,它在很大程度上制约物流系统的运行状况。对产品按一定数量、形状、重量、尺寸大小配套进行包装。并且按产品的性质采用适当的材料和容器,不仅制约着装卸搬运、堆码存放、计量清点是否方便高效,而且关系着运动工具和仓库的利用效率。具体来讲,包装具有以下功能。

1. 保护功能

这是维持产品质量的功能，是包装的基本功能。在物流过程中各种自然因素（温度、湿度、日照、有害物质、生物等），会对产品的质量产生影响，使产品损坏、变质。在装卸搬运、运输过程中，撞击、震动也会使产品受损。为了维持产品在物流过程中的完整性，必须对产品进行科学的包装，避免各种外界不良因素对产品产生影响。

2. 方便功能

经过包装的商品能为商品流转提供许多方便的条件。运输、装卸搬运通常是以包装的体积、重量为基本单位的，托盘、集装箱、货车等也是按一定包装单位来装运的。合适的包装形状、尺寸、重量和材料，能够方便运输、装卸搬运、保管的操作，提高其他物流环节的效率，降低流通费用。

3. 销售功能

包装是商品的组成部分，它是商品的形象。包装上的商标、图案、文字说明等，是商品的广告和"无声的推销员"，它是宣传推销商品的媒体，诱导和激发着消费者的购买欲望。

二、包装的合理化

（一）包装设计合理化

包装的合理化要从产品的设计阶段开始。传统的工业企业在产品设计时，往往主要考虑产品的质量、性能、款式、原材料选用、成本、大小等，不太重视包装的合理性、包装材料的节省性以及搬运、仓储的方便性。后果是往往造成产品不利于包装和运输销售。

运输包装设计需要运用专门的设计技术，将物流、加工制造、市场营销及产品设计等要求结合起来综合考虑。考虑的首要因素是货物的保护功能。同时包装设计不能忽视费用问题，因为过度的包装会增加包装费用，包装设计应正好符合保护货物的要求；包装的尺寸大小会影响运输工具和仓库容积的使用率，这也是一个重要的影响费用的因素。

为了便于操作，统一标准，各国都规定了国家标准。为货物设计包装时，必须了解货物本身的特性以及运输和存储环境条件，然后从以下几个方面综合考虑。

保护性：包装是否能满足货物的保护要求。

装卸性：货物在运输工具上装卸及仓库中存取是否方便、高效。

作业性：对货物的包装作业是否简单、容易操作。

便利性：货物开包是否方便，包装物处理是否容易。

标志性：包装物内物品的有关信息（如品名、数量、重量、装运方法、保管条件等）是否清楚。

经济性：包装费用是否恰当。

（二）包装的合理化与外围因素相协调

由于包装只是物流系统中的一个环节，要综合、全面地考虑包装的合理性，只有多种相关因素的协调一致，才能发挥整体物流效果。

影响包装的因素：

物理因素。在物流过程中货物非常可能发生物理损害。

外界环境因素。货物在整个物流过程中要受到外界各种气候条件、环境特点的考验。外界的不良因素包括温度、湿度、日光、尘土、海水、有害气体等。

生物因素。一些有害的生物，如虫鼠、微生物等能吞噬包装肌体，腐蚀包装的材料，直至直接威胁货物本身。

（三）包装要考虑"人格因素"和环境保护

包装本身除了考虑物流因素外，还要考虑"人格因素"和环境保护要求。包装的商品要适合携带、摆放，要美观大方、兼顾装饰性。有的包装设计要考虑到人的情感、宗教信仰、民族习惯、消费心理等。

包装物对人的健康不能造成影响，并要便于回收和再利用，应该强调"绿色包装"意识，提高包装的环保水平。

（四）绿色包装

绿色包装是指可以回收利用的、不会对环境造成污染的包装，其内涵为资源的再生利用和生态环境保护，也意味着包装工业一场新的技术革命——解决包装材料废弃物的处理和降解塑料的开发。

三、包装的材料与技术

（一）包装材料

各种包装材料，如图3-43～图3-48所示。

图3-43　纸质包装材料

图3-44　金属包装材料

图 3-45 塑料包装材料

图 3-46 木质包装材料

图 3-47 陶瓷、玻璃包装材料

图 3-48 复合材料包装材料

（二）包装技术

1. 防震保护技术

防震包装又称缓冲包装，在各种包装方法中占有重要的地位。产品从生产出来到开始使用要经过一系列的运输、保管、堆码和装卸过程，置于一定的环境之中。在任何环境中都会有力作用在产品上，并使产品发生器械性损坏。为了防止产品遭受损坏，就要设法减小外力的影响，所谓防震包装就是指为减缓内装物受到冲击和震动，保护其免受损坏所采取的一定防护措施的包装。

防震缓冲包装材料是由各种橡塑原材料经过发泡后，形成的低密度多孔的材料，具有减震缓冲、隔热保温、隔音、防潮、防静电、耐腐蚀等性能。广泛应用于五金工具、化妆品、文具和信息技术电子行业的包装中，并作为包装品的一部分，如内盒、内衬、填充物。常用的材料有：EVA橡塑发泡包装材料，EPE珍珠绵包装材料，PU海绵防震包装材料，PE发泡包装材料。（如图3-49所示）

图 3-49 防震保护技术

2. 防破损保护技术

缓冲包装有较强的防破损能力,因而是防破损包装技术中有效的一类。此外,还可以采取以下几种防破损保护技术。

(1) 捆扎及裹紧技术。捆扎及裹紧技术的作用,是使杂货、散货形成一个牢固整体,以增加整体性,便于处理及防止散堆来减少破损。

(2) 集装技术。利用集装减少与货体的接触,从而防止破损。

(3) 选择高强保护材料。

3. 防锈包装技术

通过外包装材料的高强度来防止内装物受外力作用而破损。

(1) 防锈油防锈蚀包装技术。大气锈蚀是空气中的氧、水蒸气及其他有害气体等作用于金属表面引起电化学作用的结果。如果使金属表面与引起大气锈蚀的各种因素隔绝(即将金属表面保护起来),就可以达到防止金属大气锈蚀的目的。防锈油包装技术就是根据这一原理将金属涂封防止锈蚀的。用防锈油封装金属制品,要求油层要有一定厚度,油层的连续性好,涂层完整。不同类型的防锈油要采用不同的方法进行涂封。

(2) 气相防锈包装技术。气相防锈包装技术就是用气相缓蚀剂(挥发性缓蚀剂),在密封包装容器中对金属制品进行防锈处理的技术。气相缓蚀剂是一种能减慢或完全停止金属在侵蚀性介质中的破坏过程的物质。它在常温下即具有挥发性,放在密封包装容器中后,在很短时间内挥发或升华出的缓蚀气体就能充满整个包装容器内的每个角落和缝隙,同时吸附在金属制品的表面上,从而起到抑制大气对金属锈蚀的作用。

4. 防霉腐包装技术

在运输包装内装运食品和其他有机碳水化合物货物时,货物表面可能生长霉菌,在流通过程中如果遇到潮湿,霉菌会极快生长繁殖,甚至伸延至货物内部,使其腐烂、发霉、变质,因此要采取特别防护措施。防霉烂变质的包装措施,通常是采用冷冻包装、真空包装或高温灭菌方法。冷冻包装的原理是减慢细菌活动和化学变化的过程,以延长储存期,但不能完全消除食品的变质;高温杀菌法可消灭引起食品腐烂的微生物,可在包装过程中用高温处理防霉。有些经干燥处理的食品包装,应防止水汽浸入以防霉腐,可选择防水汽和气密性好的包装材料,采取真空和充气包装。

真空包装法也称减压包装法或排气包装法。这种包装可阻挡外界的水汽进入包装容器内,也可防止在密闭着的防潮包装内部存有潮湿空气,在气温下降时结露。采用真空包装法,要注意避免过高的真空度,以防损伤包装材料。

防止运输包装内货物发霉,还可使用防霉剂,防霉剂的种类甚多,用于食品的必须选用无毒防霉剂。机电产品的大型封闭箱,可酌情开设通风孔或通风窗等相应的防霉措施。

5. 防虫包装技术

防虫包装技术,常用的是驱虫剂,即在包装中放入有一定毒性和臭味的药物,利用药物在包装中挥发的气体杀灭和驱除各种害虫。常用的驱虫剂有萘、对位二氯化苯、樟脑精等。也可采用真空包装、充气包装、脱氧包装等技术，使害虫无生存环境，从而防止虫害。

6. 危险品包装技术

危险品有上千种，按其危险性质和交通运输及公安消防部门的规定，可以分为十大类，即爆炸性物品、氧化剂、压缩气体和液化气体、自燃物品、遇水燃烧物品、易燃液体、易燃固体、毒害品、腐蚀性物品、放射性物品，有些物品同时具有两种以上的危险性。

对有毒商品的包装要明显地标明有毒标志。防毒的主要措施是包装严密不漏、不透气。例如重铬酸钾（红矾钾）和重铬酸钠（红矾钠），为红色透明结晶，有毒，应用坚固附桶包装，桶口要严密不漏，制桶的铁板厚度不能小于1.2毫米。对有机农药一类的商品，应装入沥青麻袋，缝口严密不漏。如果用塑料袋或沥青纸袋包装，外面应再用麻袋或布袋包装。用作杀鼠剂的磷化锌有剧毒，应用塑料袋严封后再装入木箱中，箱内用两层牛皮纸、防潮纸或塑料薄膜衬垫，使其与外界隔绝。

对有腐蚀性的商品，要注意商品和包装容器的材质发生化学变化。金属类的包装容器，要在容器壁涂上涂料，防止腐蚀性商品对容器的腐蚀。例如包装合成脂肪酸的铁桶内壁要涂有耐酸保护层，防止铁桶被商品腐蚀，避免商品也随之变质。再如氢氟酸是无机酸性腐蚀物品，有剧毒，能腐蚀玻璃，不能用玻璃瓶作包装容器，应装入金属桶或塑料桶，然而再装入木箱。甲酸易挥发，其气体有腐蚀性，应装入良好的耐酸坛、玻璃瓶或塑料桶中，严密封口，再装入坚固的木箱或金属桶中。

对黄磷等易自燃商品的包装，宜将其装入壁厚不少于1毫米的铁桶中，桶内壁须涂耐酸保护层，桶内盛水，并使水面浸没商品，桶口严密封闭，每桶净重不超过50千克。

再如通水引起燃烧的物品如碳化钙，遇水即分解并产生易燃乙炔气，对其应用坚固的铁桶包装，桶内充入氮气。如果桶内不充氮气，则应装置放气活塞。

对于易燃、易爆商品，例如有强烈氧化性的，遇有微量不纯物或受热即急剧分解引起爆炸的产品，防爆炸包装的有效方法是采用塑料桶包装，然后将塑料桶装入铁桶或木箱中，每件净重不超过50千克，并应有自动放气的安全阀，当桶内达到一定气体压力时，能自动放气。

7. 特种包装技术

（1）充气包装。充气包装是采用二氧化碳气体或氮气等不活泼气体置换包装容器中空气的一种包装技术方法，因此也称为气体置换包装。这种包装方法是根据好氧性微生物需氧代谢的特性，在密封的包装容器中改变气体的组成成分，降低氧气的浓度，抑制微生物的生理活动、酶的活性和鲜活商品的呼吸强度，达到防霉、防腐和保鲜的目的。

（2）真空包装。真空包装是将物品装入气密性容器后，在容器封口之前抽真空，使密封后的容器内基本没有空气的一种包装方法。一般的肉类商品、谷物加工商品以及某些容易氧化变质的商品都可以采用真空包装，真空包装不但可以避免或减少脂肪氧化,而且抑制了某些霉菌和细菌的生长。同时,在对其进行加热杀菌时,由于容器内部气体已排出,因此加速了热量的传导,提高了高温杀菌效率,也避免了加热杀菌时由于气体的膨胀而使包装容器破裂。

(3) 收缩包装。收缩包装就是用收缩薄膜裹包物品(或内包装件),然后对薄膜进行适当加热处理,使薄膜收缩而紧贴于物品(或内包装件)的包装技术方法。收缩薄膜是一种经过特殊拉伸和冷却处理的聚乙烯薄膜,由于薄膜在定向拉伸时产生残余收缩应力,这种应力受到一定热量后便会消除,从而使其横向和纵向均发生急剧收缩,同时使薄膜的厚度增加,收缩率通常为30%~70%,收缩力在冷却阶段达到最大值,并能长期保持。

(4) 拉伸包装。拉伸包装是20世纪70年代开始采用的一种新包装技术,是由收缩包装发展而来的。拉伸包装是依靠机械装置在常温下将弹性薄膜围绕被包装件拉伸、紧裹,并在其末端进行封合的一种包装方法。由于拉伸包装不需要进行加热,所以消耗的能源只有收缩包装的1/20。拉伸包装可以捆包单件物品,也可用于托盘包装之类的集合包装。

(5) 脱氧包装。脱氧包装是继真空包装和充气包装之后出现的一种新型除氧包装方法。脱氧包装是在密封的包装容器中,使用能与氧气起化学作用的脱氧剂与之反应,从而除去包装容器中的氧气,以达到保护内装物的目的。脱氧包装方法适用于某些对氧气特别敏感的物品,使用于那些即使有微量氧气也会促使品质变坏的食品包装中。

拓展案例

某食品生产企业的包装管理之道

某民营企业在1998年收购一家生产酱醋调味食品的乡镇集体企业后,组织了对经营性亏损原因的排查,其结果显示,包装管理列在市场营销管理之后,成为亏损的第二大原因。表现为:一是包装成本高。原企业酱醋年产量200万瓶,包装成本高达318万元,平均每瓶包装成本达1.59元,企业全年包装成本约占总销售的45%。二是包装价值低。由于包装装潢设计效果差,包装材质差,导致高质量产品只能低价销售且缺乏竞争力。三是缺乏包装管理。企业没有专人负责包装,把采购包装看成肥缺,轮流坐庄,导致包装采购成本高,在使用包装时也没有责任制度,包装损坏现象普遍。

经营者在深入分析后,认为:包装管理已成为制约企业发展的瓶颈,无论从市场促销角度,还是从企业内部管理角度,都非常明显地反映出包装管理存在一定的问题,同时这也是加强内部管理,提高企业经济效益的重要突破口。经营者下定决心抓企业包装管理,采取了3个主要措施。

(1) 建立专门组织体系,统一企业包装管理。该企业设立包装管理小组,由厂长亲任组长，小组成员包括财务、采购、生产和销售部门的人员，这些人员是企业生产经营各个环节的包装管理者。

（2）制定明确规范的包装管理制度。让每个包装管理者和使用者都有明确的目标和责任，并通过合理的奖励方法，调动企业员工做好包装管理的积极性。

（3）进行包装装潢的招标设计，提升产品包装价值。企业先后两次公开进行包装的招标设计。第一次包装设计主要是瓶贴和包装箱的设计，改变了产品销售中的包装形象，提高了产品销售价格，有力地促进了销售。第二次包装设计主要是瓶形和瓶盖、瓶胶套的设计，提高了包装使用的便利程度，强化了企业特色产品形象，进一步促进了产品销售。在包装设计之前，产品销售均价只能达到 3.50 元/瓶，并且销售不畅；而重新设计后，产品销售均价达到 4.00 元/瓶，高档品达到 8.00 元/瓶，并且销售顺畅。

 思考题

1. 该企业如何以包装为"突破口"来解决产品的市场销售和企业内部管理问题？
2. 现代物流中的合理包装应满足哪些要求？
3. 阅读本案例后，你是如何对包装进行再认识的？

知识拓展

通过课堂学习和课后查阅资料，回答下述问题：
1. 了解绿色包装技术。
2. 试论我国现代物流包装管理发展新趋势。

单元四　装卸搬运管理

 学习目标

掌握装卸搬运的含义与特点；熟悉装卸作业方式；合理选择装卸搬运设备，以及在现实工作如何做好装卸搬运工作。

一、装卸搬运的含义与特点

（一）装卸搬运的含义

装卸搬运是指在一定地域范围内进行的，以改变货物存放状态和空间位置为主要内

容和目的的物流活动。改变货物存放状态的活动称为"装卸"。改变空间位置的活动则称为"搬运"（如图3-50所示）。

图3-50 装卸搬运

通常情况下，货物存放状态和空间位置密不可分，所以习惯上常以"装卸"或"搬运"来代替"装卸搬运"的完整含义。

搬运是物流各环节（如运输、保管等）之间相互转换的桥梁。它不仅把物资运动的各个阶段连接成为连续的"流"，而且把各种运输方式连接起来，形成各种运输网络，极大地发挥其功能。因此，搬运分布在物流活动的各个环节、各个方面，它是物流的一个重要的功能要素，构成了物流系统的一个子系统。

（二）装卸搬运的特点

1. 装卸搬运是附属性、伴生性的活动

装卸搬运是物流每一项活动开始及结束时必然发生的活动，有时被人们忽视，有时被看作其他操作不可缺少的组成部分。例如，一般而言的"汽车运输"，实际包含了相随的装卸搬运，仓库中泛指的保管活动，也含有装卸搬运活动。

2. 装卸搬运是支持、保障性的活动

装卸搬运的附属性不能理解成被动的，实际上，装卸搬运对其他物流活动有一定决定性。装卸搬运会影响其他物流活动的质量和速度，例如装车不当，会引起运输过程中的损失；卸放不当，会引起货物转换成下一步活动的困难。许多物流活动在有效的装卸搬运支持下，才能实现高水平。

3. 装卸搬运是衔接性的活动

在任何其他物流活动互相过渡时，一般是以装卸搬运来衔接的，因而装卸搬运往往成为整个物流的瓶颈，是物流各功能之间能否形成有机联系和紧密衔接的关键。建立一个有效的物流系统，关键看这一衔接是否有效。比较先进的系统物流方式——联合运输方式，就是着力解决这种衔接而实现的。

4. 装卸搬运是增加物流成本的活动。

（三）装卸作业方式

单件装卸：指的是对非集装的、按件计的物品逐个进行装卸搬运操作的作业方法。单件作业对机械、装备、装卸条件要求不高，因而机动性较强，可在很广泛的地域内进行而不受固定设施、设备的地域局限。单件作业可采取人力装卸搬运、半机械化装卸及机械装卸搬运。由于逐件处理，装卸速度慢，且装卸要逐件接触货物，因而容易出现货损，反复作业次数较多，也容易出现货差。单件作业的装卸搬运对象主要是包装杂货、多种类、少批量物品及单件大型、笨重物品。

集装作业：是对集装货载进行装卸搬运的作业方法。每装卸一次是一个经组合之后的集装货载，在装卸时对集装体逐个进行装卸操作。它和单件装卸相比，都是按件处理，但集装作业"件"的单位大大高于单件作业每件的大小。

集装作业一次作业装卸量大，装卸速度快，且在装卸时并不逐个接触货体，而仅对集装体进行作业，因而货损较小，货差也小。集装作业由于集装单元较大，不能进行人力手工装卸，虽然在不得已时，可用简单机械偶尔解决一次装卸，但对大量集装货载而言，只能采用机械进行装卸。同时也必须在有条件的场所进行这种作业，不但受装卸机具的限制，也受集装货载存放条件的限制，因而其机动性较差。

根据装卸搬运机械及其作业方式的不同，装卸搬运可分成"吊上吊下""叉上叉下""滚上滚下""移上移下"及"散装散卸"等方式。

（1）"吊上吊下"方式。采用各种起重机械从货物上部起吊，依靠起吊装置的垂直移动实现装卸，并在吊车运行的范围内或回转的范围内实现搬运或依靠搬运车辆实现小搬运。由于吊起及放下属于垂直运动，这种装卸方式属垂直装卸。

（2）"叉上叉下"方式。采用叉车从货物底部托起货物，并依靠叉车的运动进行货物位移，搬运完全靠叉车本身，货物可不经中途落地直接放置目的处。这种方式垂直运动不大，主要是水平运动，属水平装卸方式。

（3）"滚上滚下"方式。主要指港口装卸的一种水平装卸方式，即利用叉车或半挂车、汽车承载货物，连同车辆一起开上船，到达目的地后再从船上开下的一种方式。利用叉车的"滚上滚下"方式，在船上卸货后，叉车必须离船，拖车将半挂车、平车拖拉至船上后，拖车开下离船而载货车辆连同货物一起运到目的地，再原车开下或拖车上船拖拉半挂车、平车开下。"滚上滚下"方式需要有专门的船舶，对码头也有不同要求，这种专门的船舶称"滚装船"。

（4）"移上移下"方式。是指在两车之间（如火车及汽车）进行靠接，然后利用各种方式，不使货物垂直运动，而靠水平移动从一个车辆上推移到另一车辆上的一种方式。"移上移下"方式需要使两种车辆水平靠接，因此对站台或车辆货台需要进行改变，并配合移动工具实现这种装卸。

（5）"散装散卸"方式。对散装物进行装卸。一般从装点直到卸点，中间不再落地，这是集装卸与搬运于一体的装卸方式。

散装作业：指对大批量粉状、粒状物品进行无包装的散装、散卸的装卸搬运方法。装卸搬运可连续进行，也可采取间断的装卸搬运方式。但是，都需要采用机械化设施、设备。在特定情况下，并且批量不大时，也可采用人力装卸搬运，但是会有很大的劳动强度。

（1）气力输送装卸，主要设备是管道及气力输送设备，以气流运动裹携粉状、粒状物沿管道运动。管道装卸密封性好，装卸能力高，容易实现机械化、自动化。

（2）重力装卸，利用散货本身重量进行装卸的方法，这种方法必须与其他方法配合，首先将散货提升到一定高度，具有一定势能之后，才能利用本身重力进行下一步装卸。

（3）机械装卸，利用能承载粉粒货物的各种机械进行装卸。主要有两种方式：用吊车、叉车改换不同机具或用专用装载机，进行抓、铲、舀形式的作业，完成装卸及一定的搬运作业；用皮带、刮板等各种输送设备，进行一定距离的托运卸货作业，并与其他设备配合实现装货。

二、搬运装卸的指导原则

为了对搬运进行有效地规划和控制，使搬运作业合理化，应遵循以下原则。

1. 消除无效搬运

所谓无效作业是指在装卸作业活动中超出必要的装卸、搬运量的作业。主要表现为：过多的装卸次数；过大的包装装卸；无效物资的装卸。

为了有效地防止和消除无效作业，可从以下几个方面入手：①尽量减少装卸次数；②提高被装卸货物的纯度；③包装要适宜。

2. 注意重力的影响和作用

应设法利用重力移动物品，尽量避免人力抬运或搬送物品，例如使物品在倾斜的辊道运输机上，在重力作用下移动。应减少人体的上下运动，避免反复从地面搬起重物。

3. 提高搬运活性

装卸搬运活性的含义是，从物的静止状态转变为装卸搬运运动状态的难易程度。活性指数，分为0~4共5个等级。在货场装卸搬运过程中，下一步工序比上一步的活性指数高，因而下一步比上一步工序更便于作业时，称为"活化"。装卸搬运的工序、工步应设计得使货物的活性指数逐步提高，则称"步步活化"（如图3-51和表3-6所示）。

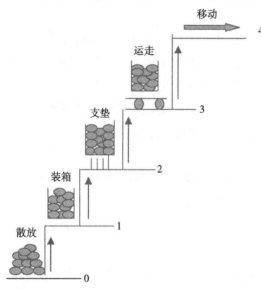

图3-51 装卸搬运活性指数的组成关系

物料搬运活性指数　　　　表3-6

活性指数	状态	是否需要下列活动				已完成的活动	未完成的活动
		聚集	拿起	抬高	运出		
0	散放在地上	要	要	要	要	0	4
1	放在容器里	否	要	要	要	1	3
2	放在托板上	否	否	要	要	2	2
3	放在车上	否	否	否	要	3	1
4	移动中	否	否	否	否	4	0

4. 利用搬运设备

利用搬运设备，可以将工人从繁重的体力劳动中解放出来，大大提高作业效率及安全性。在诸如超重物品，搬运量大、耗费人力，粉体或液体的物料搬运，速度太快或距离太长，装卸作业高度差太大的情况下，都要利用搬运设备。未来的趋势是，即使在人可以操作的场合下，为了提高生产率、安全性、服务性和作业的适应性等，也应将人力操作转由机械来实现，而人可以在更高级的工作中发挥作用。

5. 保持物流的均衡顺畅

应尽量将前后的相关作业进行有机地组合，各工序要紧密衔接，作业路径尽量为直线，从而提高搬运效率。要控制好节奏，必须综合各方面因素妥善安排，使物流量尽量均衡，避免忙闲不均的现象。

6. 集装化

将零放物体归整为统一格式的集装单元称为集装单元化。这对搬运作业的改善是至关重要的原则，可以达到以下目的：由于搬运单位变大，可以发挥机械的效能，提高作业效率，搬运方便，灵活性好；负载的大小均匀，有利于实行作业标准化；在作业执行过程中避免物品损伤；对保护被搬运的物品有利。

7. 系统化

物流过程中运输、保管、包装和装卸搬运各环节的改善，不能仅从单方面考虑，应将各环节作为一个系统来看待，必须考虑综合效益。

三、装卸搬运的设备系统

搬运设备可以提高作业效率，但是系统的设备配置不是越先进越好，必须根据物流管理的基本目标，即以最小成本、最好的服务质量来配置。

人工搬运系统：是劳动密集型的系统。典型的设备：手推车、货架、箱子、传输带等（如图 3-52 所示）。特点是商品移动以及仓容空间利用的低效率化。

图 3-52 人工搬运系统典型设备

半自动化系统：是最普遍的系统。主要设备：叉车（如图 3-53 所示）。其他的设备：托盘、储存货架、可移动的传输设备等。最大的优点就是自动化，而且能够充分利用仓容。

图 3-53 半自动化搬运系统主要设备

自动化系统：在理想的环境中，自动化系统是最佳选择。但有一些问题，如初期投资巨大，如果系统发生故障将发生重大问题等（如图 3-54 所示）。

图 3-54 自动化搬运系统

（一）自动化分拣系统

（1）自动分拣装置的控制方式。控制的目的是为了把货物按要求分拣出来，并送到指定地点。通常需要把分拣的指示信息记忆在货物或分拣机械上，当货物到达时，将其识别并挑出，再开动分支装置，让其分流。控制方式分为外部记忆和内部记忆两种。外部记忆是把分拣指示标记贴在分拣对象上，工作时用识别装置将其区分，然后做相应的操作。内部记忆是在自动分拣装置的搬送设备入口处设置控制盘，利用控制盘，操作者在货物上输入分拣指示信息，这个货物到达分拣位置时，分拣设备接收到信息，开启分支装置，控制方式的选择在决定全部分拣系统时是一个需要考虑的重要因素，对分拣系统的能力和成本有很大的影响。

（2）自动分拣装置的分支方式。分支装置是将挑选出的货物移出主输送带，转入分支输送带，是自动分拣系统的一个重要装置，主要有以下几种方式。

推出式。在输送机的侧面安装推出设备，分拣出的货物到达此位置后，设备将货物推离上输送带，并推入分支输送带。它不受货物包装形式的限制，瓦楞纸箱、袋装货物、木箱等均适宜这种方式。不过，太薄的货物、容易转动的货物、易碎的货物不宜采用这种方式,因为分拣能力越高,分支机械的冲击力也越大,此时必须注意对货物的损伤情况。

浮出式。它是一种在主输送机的下方安装浮出式机构,工作时把货物托起并送入分支输送机的装置。在分送时,对货物的冲击力较小,适合分拣底部平坦的纸箱和用托盘装的轻、重货物,不能分拣很大的货物和底部不平的货物。

倾斜式。是在主输送机上装有分送装置,货物到达规定的分拣位置,分送装置动作,如分送装置转动一个角度或开放通路对货物分拣。

自动分拣装置的分支方式很多,具体选择哪种形式,需要考虑以下几个因素才能决定:分拣对象的形状、体积、重量和数量;搬运的路线及变动性;单位时间内的处理能力;分拣的种类数;设备费用、占地面积、周围环境等条件。

(二) 自动化高架仓库

高架仓库又称立体仓库或机械化仓库,由于货架很高,可以高达十多米,所以在高架库中,从收货入库到出库装运全部实现自动化(如图3-55所示)。此类仓库有货架、存取设备、输入输出系统、控制系统四个基本部分组成。

图3-55 自动化高架仓库

货架为钢结构,成排地放置在货架区,排与排之间有一条通道隔开,通道是专供装卸机械通行之用(如图3-56所示)。主要的存取作业几乎都在通道中完成。

图3-56 货架

存取设备是高架仓库的专用装卸机械,它有两个功能。第一,它能在通道里做水平方向来回移动，它的作业臂也能做垂直方向的上下移动，所以能把货物搬运到立体空间的某一指定位置。第二，它能在货架上存取货物。存取机有很高的高度，既要做水平方向快速移动，又要在垂直方向快速升降货物，需要一定的稳定性，所以多数的存取机需要在地面上铺设引导装置。仓库一般配备多台存取机供使用。如果需要将货物在不同的通道之间运送，存取机是无法执行的，这时要靠转运车完成，专用的转运车总是配备在通道的一端。但并不是每个高架仓库都做通道之间的转运，这需视系统需要而定。

输入输出系统担当高架仓库与外部联系的职能，执行接收和发运货物的操作，所以与仓库的理货场地的设计有关。理货场地用于货物整理，如分拣、配货、货物的出入库作业等，它是介于高架存储区与系统外部的中间地带，与存储区域相接。货物接受后，卸在理货场上，需要以最快的速度处理完毕，存入库位。为了充分利用存取设备，要求卸货区和分拣操作能够为每个通道提供足够的货物。反之，由通道运出的货物要立即分散到理货场所。为此需要设计一个灵活高效的搬运系统，承担存储区和理货场地之间的运输任务。

自动化输入输出设备，如图3-57所示。

控制系统其实就是一个信息管理系统，由电脑实现控制。除了信息接收、处理、存储以外，还需要执行决策和产生作业指令，以控制设备的运行状态（如图3-58所示）。在仓库的输入输出工作进行的同时，所有的工作文件也正在完成。高架仓库是一个完全意义上的全自动物料处理系统。

图3-57 自动化输入输出设备

图3-58 自动化控制系统

云南双鹤医药的装卸搬运环节分析

云南双鹤医药有限公司（简称云南双鹤）是北京双鹤这艘医药航母部署在西南战区的一艘战舰，是一个以市场为核心、现代医药科技为先导、金融支持为框架的新型公司，是西南地区经营药品品种较多、较全的医药专业公司。

虽然云南双鹤已形成规模化的产品生产和网络化的市场销售，但其流通过程中物流管理严重滞后，造成物流成本居高不下，不能形成价格优势。这严重阻碍了物流服务的开拓与发展，成为公司业务发展的瓶颈。

装卸搬运活动是衔接物流各环节活动正常进行的关键，而云南双鹤恰好忽视了这一点，由于搬运设备的现代化程度低，只有几个小型货架和手推车，大多数作业仍处于人工作业为主的原始状态，工作效率低，且易损坏物品。另外，仓库设计不合理，造成长距离的搬运。并且库内作业流程混乱，形成重复搬运，大约有70%的无效搬运，这种过多的搬运次数，不仅损坏了商品，也浪费了时间。

 思考题

1. 分析装卸搬运环节对企业发展的作用。
2. 针对医药企业的特点，请对云南双鹤的搬运系统的改造提出建议和方法。

 分析

1. 物料搬运系统的合理与否，将直接影响生产率和企业的经济效益。因此，物料搬运是生产工艺过程中的自然组成部分，或者成为直接生产不可缺少的保障系统。物料搬运在生产领域里具有"闸门"和"咽喉"的作用，是企业的动脉，如果动脉停止流动，整个企业将处于瘫痪状态。

2. 改善装卸作业，既要设法提高装卸作业的机械化程度，还必须尽可能地实现作业的连续化，从而提高装卸效率，缩短装卸时间，降低物流成本。

🔍 知识拓展

了解装卸搬运在物流活动中的地位及提升策略。
大连港物流装卸搬运合理化的方法有哪些？

单元五　配　送　管　理

 学习目标

从实体流动形态的角度区别配送与运输的内涵；了解并掌握配送方式的选择以及如何做到配送合理；了解不同类型配送中的管理模式与运作模式。使学生掌握共同配送、定时配送以及社会化配送的优势。

一、配送的含义

《中华人民共和国国家标准物流术语》（GB/T 18354—2006）对"配送"的定义为：在经济合理区域范围内，根据用户要求，对物品进行拣选、加工、包装、分割、组配等作业，并按时送达指定地点的物流活动。

配送是物流中一种特殊的、综合的活动形式，是商流与物流的紧密结合，包含了商流活动和物流活动，也包含了物流中若干功能要素。一般的配送集装卸、包装、保管、运输于一身，通过这系列活动完成将货物送达的目的。特殊的配送还要以加工活动为支撑。以下从两个角度对配送在社会再生产过程中的位置和配送的本质行为来进行表述。

（一）从经济学资源配置的角度

配送是以现代送货方式实现资源最终配置的经济活动。这个概念的内涵，概括了以下四方面。

（1）配送是资源配置的一部分，根据经济学家的理论认识，它是经济体制的一种形式。

（2）配送的资源配置作用是"最终配置"，是接近顾客的配置。接近顾客是经营战略至关重要的内容。

（3）配送的主要经济活动是送货。这里强调现代送货，即现代生产力、劳动手段支撑的，依靠科技进步，实现"配"和"送"有机结合的一种方式。

（4）配送在社会再生产过程中的位置，是处于接近用户的流通领域，因而有其局限性。尽管配送是一种重要的方式，但是它并不能解决流通领域的所有问题。

（二）从配送的实施形态角度

按用户的订货要求，在配送中心或其他物流节点进行货物配备，并以最合理的方式送交用户，这个概念的内容概括了以下六点。

（1）整个概念描述了接近用户资源配置的全过程。

（2）配送实质是送货，但和一般送货有区别：一般送货可以是一种偶然的行为，而配送却是一种有确定组织、确定渠道，有一套装备管理力量、技术力量，有一套制度的体制形式。所以，配送是高水平送货形式。

（3）配送是一种"中转"形式，是从物流节点至用户的一种特殊送货形式。从送货功能看，其特殊性有：从事送货的是专职流通企业，而不是生产企业；配送是中转型送货，而一般送货尤其是从工厂至用户的送货往往是直达型的。

（4）配送是"配"和"送"有机结合的形式。配送与一般送货的重要区别在于，配送利用有效的分拣、配货等理货工作，使送货达到一定的规模，以利用规模优势取得较低的送货成本，如果不进行分拣、配货，有一件运一件，需要一点送一点，那就会大大增加成本。所以，追求整个配送的优势，分拣、配货等工作是必不可少的。

（5）配送以用户要求为出发点。配送是从用户利益出发、按用户要求进行的一种活动，因此在观念上必须明确"用户第一""质量第一"。配送企业的地位是服务地位而不是主导地位，因此不能从本企业利益出发而应从用户利益出发，在满足用户利益基础上取得本企业的利益，更不能利用配送作为部门分割、行业分割、市场分割的手段。

（6）概念中"以最合理方式"的提法是基于这样一种考虑：过分强调"按用户要求"是不妥的，用户要求受用户本身的局限，有时实际会损害自己或双方的利益。对于配送者来讲，必须以"要求"为据，但是不能盲目，应该追求合理性，进而指导用户，实现共同受益的商业原则。

二、配送与运输的区别（表3-7）

配送与运输的区别　　　　　　　　表3-7

内　容	运　输	配　送
运输性质	干线运输	支线运输、区域内运输、末端运输
货物性质	少品种、大批量	多品种、小批量
运输工具	大型货车或铁路运输、水路运输	小型货车
管理重点	效率优先	服务优先
主要业务	集货、运输方式和工具选择、路线和行程规划、车辆调度、商品组配、送达	分拣、拣选、运输方式和工具选择、路线和行程规划、车辆调度、商品组配、送达
附属功能	装卸、捆包	装卸、保管、包装、分拣、流通加工、订单处理

三、配送的种类

（一）按配送物品的种类和数量分类

单（少）品种大批量配送：适应于那些需要量大、品种单一或少品种的生产企业。常见于为生产企业配送和批发商配送。

多品种少批量配送：特点是用户所需的物品数量不大、品种多。常见于生产制造企业零配件的配送和商业连锁体系商品的配送。

配套成套配送：特点是用户所需的物品是成套性的。如装配性的生产企业，为生产某种整机产品，需要许多零部件，需要将所需的全部零部件配齐，按生产节奏定时送达生产企业，生产企业随即将此成套零部件送入生产线装配产品。

（二）按配送服务的对象分类

按实施配送组织者的不同进行分类：

配送中心配送：组织者是配送中心，规模大，有一套配套的实施配送的设施、设备和装备等。

仓库配送：它一般是以仓库为据点进行的配送，也可以是以原仓库在保持储存保管功能前提下，增加一部分配送职能，或经对原仓库的改造，使其成为专业的配送。

商店配送：组织者是商业或物资的门市网点。商店配送形式是除自身日常的零售业务外，按用户的要求将商店经营的品种配齐，或代用户外订、外购一部分本店平时不经营的商品，同本店经营的品种配齐后送达用户，因此在某种意义上讲，它是一种销售配送形式。

生产企业配送：组织者是生产企业。一般认为这类生产企业是具有生产地方性较强的产品的特点，如食品、饮料、百货等。

（三）按配送的时间和数量分类

定时配送：定时配送由于时间固定，企业易于根据自己的经营情况，按照最理想的时间进货并安排工作计划，也易于车辆运输计划安排，同时也便于用户合理地做好接货运力（如人员、设备等）准备工作。但是，配送货物的具体要求变化较快，难以掌握，导致配货、装货难度较大，在要求配送的数量变化较大时，会使配送运力安排出现困难。定时配送有以下几种具体形式：日配送、准时配送、快递配送。

定量配送：定量配送是指在一个指定的时间范围内，每次配送商品的品种数量一定的配送形式。这种配送方式由于配送数量固定，备货较为简单，可以通过与用户的协商，按托盘、集装箱及车辆的装载能力确定配送数量，这样可以提高配送效率。由于不严格限定配送时间，可以将不同用户所需物品凑整后进行集中配送，运力利用较好。

对于用户来说，所接货物数量固定，有利于人力、物力的统筹安排。定量配送适合在下述几种情况下采用：用户对于库存控制不十分严格，有一定的仓储能力；配送路线优化难度较大，用户对配送业务的准时性要求不高；难以对多个用户随时进行共同配送，只有达到一定配送规模后，才能使配送成本降低到供需双方都能接受的水平。

定时定量配送：定时定量配送是指按照规定的配送时间和配送数量进行配送的形式。它兼有定时配送和定量配送的两种特点，对配送企业的服务要求较高。这种方式计划难度大，适应的对象不多，对管理和作业的要求较高，仅适合于生产量大且稳定的用户，如汽车、家用电器、机电产品制造业等。

定时定路线配送：在规定的运行路线上制订到达时间表，按时间表进行配送，用户可按规定路线站和规定时间接货。这种配送方式的服务对象是商业区的繁华地段，人多、路窄、交通拥挤、商店集中。

即时配送：这是完全按用户突然提出的配送要求随即进行配送的一种配送方式。它是一种灵活性很高的应急配送方式。这种方式是对其他配送服务方式的完善和补充，它主要是应对用户由于事故、灾害、生产计划突然改变等因素所导致的突发性需求，以及普通消费者的突发性需求所采用的高度灵活的应急方式，它考验的是配送企业快速反应的能力。

通常只有配送设施完善，具有较高管理和服务水平及应变能力的专业化配送机构才能较广泛地开展此项业务。采用这种配送方式的物品，用户可以实现保险储备为零的零库存，即以完善而稳定的即时配送服务代替了保险储备，降低了库存数量。当然，这种服务方式成本较高，难以用作经常性的服务方式。

四、配送方式的选择

配送作业流程，如图3-59所示。

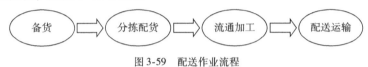

图3-59 配送作业流程

1. 备货

备货指卖方为保证按时，按质、按量完成约定的交货义务，根据合同规定的品质、数量、包装和装运时间进行货物的准备工作。备货的具体活动内容包括：筹集货源、订货或购货、集货、进货及有关的质量检查、结算、交接等。

筹集货源在物流专业化的情况下，基本上有两种模式：一是提供配送服务的第三方物流企业直接承担备货责任，主要通过向生产企业、经销企业订货或购货来完成；二是物流、商流两者相分离的模式，订货、购货等工作通常由货主自己去完成，配送中心只负责进货、理货等工作，货物所有权属于货主。

2. 分拣配货

分拣配货是配送区别于一般送货的重要标志。包括货物分拣、配货和包装等经济活动。单个用户配送数量不能达到车辆的有效载运负荷时，就存在

> 进货时间控制在谁的手中，是货主还是配送中心？

如何集中不同用户的配送货物，进行搭配装载以充分利用运能、运力的问题，这就需要配装。有两种基本形式：摘取方式和播种方式。

摘取方式（又叫拣选方式），是在配送中心分别为每个用户拣选其所需货物。此方法的特点是配送中心的每种货物的位置是固定的，对于货物类型多、数量少的情况，这种配货方式便于管理和实现现代化。

进行拣选式配货时，以出货单为准，每位拣货员按照品类顺序或储位顺序，到每种品类的储位下层的拣货区拣取该出货单内标明的一定数量的品类，码放在托盘上，再继续拣取下一个品类，一直到该出货单结束后，将拣好的货品与出货单置放于待运区指定的位置后，由出货验放人员接手。便利店的配送作业，是摘取式配货作业的典范。

优点：作业简单，导入和管理容易。以出货单为单位，一人负责一单，出错的机会较少，而且易于追查。有些配送中心以摘取式进行配货，甚至省略了出货验放的工作，而由拣货员兼任出货验放的工作。

缺点：作业重复太多，尤其是热销商品，几乎每张出货单都要走一趟仓库，容易在这个地区造成进出交通拥堵、补货不及时等现象；人力负荷重，由于出货单的品类多，每单项数量少的时候，人力作业的负担很重，每人（拣货员）拣取单数随工作时间成反比。

播种方式（又叫分货方式），是将需配送的同一种货物，从配送中心集中搬运到发货场地，然后再根据各用户对该种货物的需求量进行二次分配，就像播种一样。除了单一的出货单以外，还需要有出库商品品类的总数量。拣货员的工作，先是按照"拣货总表"的品类总量，到指定储位下层的拣货区一次取一类货物。取完一个品类后来到待验区，按照出货单的代码（位置编号）将该品类应出货的数量放下。

优点：可以大大缩短拣货行走的距离，消除重复行走。

缺点：等待订单汇总会延长订单停滞时间，需要相当大的空间作为待验区，这对于仓储空间有限的企业而言，有一定的困难。而且出货时间必须有一定的间隔（要等到这一批的出货单全部拣完、验完），不能像摘取式那样可以逐单进行，连续出货。

摘取方式和播种方式的比较，如表 3-8 所示。

摘取方式和播种方式的比较 表 3-8

商品种类	每种数量	摘取方式		播种方式	
		时间	误差率	时间	误差率
多	多	100	3.20%	65	1.10%
	少	100	1.50%	85	0.40%
少	多	100	2.30%	96	0.10%
	少	100	0.30%	112	0.10%

注：①时间：第一出货单自开始拣货到验放完成的平均处理时间。
②误差率以出货验收时的发现错单次数占出货单点数的比例。

如果出货单数量不多，摘取方式和播种方式的效率与效果都没有什么差别。

如果在同样是大量出货的情况下进行比较（比较的前提条件是拣货员与出货验放员数量不变，出货单数量相同），播种方式在误差度（以出货验放时发现错单次数占出货单总数的比例）上占了明显的优势，而且大多数情况中，处理时间也比摘取方式节省。如果转换成人力成本来计算，可以节省一定的工时。

3. 流通加工

见流通加工单元。

4. 配送运输

配送运输由于配送用户多，一般城市交通路线又比较复杂，因此如何组合成最佳路线、如何使配装和路线有效搭配等，是配送运输需要解决的问题，也是难度较大的工作。

（1）车辆配载。由于配送作业本身的特点，配送工作所需车辆一般为汽车。在装车时，既要考虑车辆的载重量，又要考虑车辆的容积，使车辆的载重和容积都能得到有效地利用。配送车辆配装技术要解决的主要问题就是在充分保证货物质量和数量完好的前提下，尽可能提高车辆在容积和载货两方面的装载量。

（2）车辆配载原则。①为了减少或避免差错，尽量把外观相近、容易混淆的货物分开装载；②"重不压轻，大不压小"，轻货应放在重货上面，包装强度差的应放在包装强度好的上面；③尽量做到"后送先装"，由于配送车辆大多是后开门的厢式货车，因此先卸车的货物应装在车厢后部，靠近车厢门，后卸车的货物装在车厢前部；④货与货之间、货与车辆之间应留有空隙并适当衬垫，防止货损；⑤不将散发臭味的货物与具有吸臭性的食品混装；⑥尽量不将散发粉尘的货物与清洁货物混装；⑦切勿将渗水货物与易受潮货物一同存放；⑧包装不同的货物应分开装载，如板条箱货物不要与纸箱、袋装货物堆放在一起；⑨具有尖角或其他突出物的货物应和其他货物分开装载或用木板隔离，以免损伤其他货物；⑩装载易滚动的卷状、桶状货物，要垂直摆放，装货完毕，应在门端处采取适当的稳固措施，以防开门卸货时，货物倾倒造成货损或人身伤亡。

五、配送合理化的途径

（一）共同配送

共同配送是为了提高物流效益，对许多用户的货物一起配送，以追求配送合理化为目的的一种配送形式。

共同配送可分为以下几种形式：由一个配送企业综合若干家用户的要求，对各个用户统筹安排，在配送时间、数量、次数、路线等方面做出系统的、最优的安排，在用户可以接受的前提下，全面规划，合理计划地进行配送；由若干家用户联合组织配送系统，对这些家用户进行配送；多家配送企业联合，共同划分配送区域，共同利用配送设施（如配送中心），进行一定程度的配送分工。

（二）加工配送

配送具有加工职能，可根据用户的需要或者市场竞争的需要，对配送的货物进行加工之后进行配送。在这种配送方式中，有分装、包装、初级加工、集中下料、组装产品等加工活动。比如在工业、建筑领域，生混凝土被搅拌后才进行配送。

（三）推行JIT准时化配送

JIT配送是属于定时配送的一种，它强调准时，即在客户规定的时间，将合适的产品按准确的数量送到客户指定的地点。JIT是"Just in Time"的缩写，意为准时。

JIT 配送多采用小批量、多频次的送货方式，目的是为了降低库存，减少浪费，满足客户多样化、个性化需求。日本的宅急便业务便是典型的 JIT 配送模式。宅急便的配送，讲究三个"S"，即速度（Speed）、安全（Safety）、服务（Service）。在这三者之中，最优先考虑的是速度。而在速度中，又特别重视发货的速度。除去夜间配送以外，基本是一天 2 次循环。凡时间距离在 15 小时以内的货物，保证在翌日送达。

六、配送中心

配送中心是从事货物配备（集货、分货、拣选、配货）并组织对用户的送货，以高水平实现销售和供应服务的现代流通设施（图3-60）。它很好地解决了用户多样化需求和厂商大批量专业化生产的矛盾，因此逐渐成为现代化物流的标志。

从不同的角度，配送中心有不同的分类。

（1）按配送中心的拥有者进行分类：制造商型配送中心；零售商型配送中心；批发商型配送中心；专业型配送中心；货运转运型配送中心。

（2）按配送中心的功能分类：储存型配送中心；流通型配送中心（包括通过型或转运型配送中心）；加工型配送中心。

图 3-60　配送中心

（3）按配送货物种类分类：食品配送中心；日用品配送中心；医药品配送中心；化妆品配送中心；家电产品配送中心；电子产品配送中心；汽车零件配送中心等。

七、共同配送（Common Delivery）

（一）共同配送的定义

共同配送也称共享第三方物流服务，指多个客户联合起来共同由一个第三方物流服务公司来提供配送服务。它是在配送中心统一计划、统一调度下展开的。虽然目前共同配送在发达国家已经成为一种潮流，但它并不是一个全新的概念。早在 1961 年，美国哈灵顿仓储服务公司就将 Quaker 公司、General Mills 公司、Pillsbury 公司以及其他公司的日用食品杂货订单整合成一个整车运输发往同一个销售商，这样就大大降低了运输成本。在当时，这种做法只是被简单地称为"库存整合"。虽然那时没有"共同配送"这样的名词，但是两者其实是一回事。

（二）共同配送的方式

共同配送有两种运作形式：

（1）由一个配送企业对多家用户进行配送。即由一个配送企业综合某一地区内多个用户的要求，统筹安排配送时间、次数、路线和货物数量，全面进行配送。

（2）仅在送货环节上将多家用户待运送的货物混载于同一辆车上，然后按照用户的要求分别将货物运送到各个接货点，或者运到多家用户联合设立的配送货物接收点上。这种配送有利于节省运力和提高运输车辆的货物满载率。

（三）共同配送的原因

（1）从货主的角度来看，共同配送可以降低配送成本。由于共同配送是多个货主企业共享一个第三方物流服务公司的设施和设备，即由多个货主共同分担配送成本，从而降低了成本。另外，通过整合多个不同货主的零散运输，可以变成成本更低的整车运输，从而使得运输费用大幅度降低。共同配送还可以降低每个货主的日常费用支出，降低新产品上市时的初始投资风险。

（2）从第三方物流服务公司的角度来看，共同配送同样可以降低他们的成本，从而间接地为其客户带来费用的节省。美国著名的第三方物流公司 Exel 的副总裁托马斯认为："我们之所以能够降低我们的成本，是因为我们的人工、设备和设施费用分摊到了很多共享的客户身上。这些零散客户共享所带来的生意就像大客户所带来的生意量一样大，使得我们可以发挥物流的规模效益，从而节约成本，这些成本的节约又反过来可以使我们公司实施更加优惠的低价政策。"

（四）共同配送的功能

历经多年共同配送再度盛行，主要是因为共同配送可以实现以下两方面的功能。

（1）从多点到一点。现在很多第三方物流服务公司都提供共同配送服务，而且通过与ECR（有效消费者响应）和连续补货方式相联系，更显现出其独特之处。尤其在零售业共同配送非常流行，因为零售业的一个重要特点就是产品种类多，一个零售商要由很多的供货商向其供货。

共同配送虽然具有很多优点，但是运作起来也很复杂，它不仅仅是将几家货物装到一个车上那样简单，还需要做很多技术上的工作。它需要第三方物流公司提供更多的技术和管理系统来对由多个供应商所提供商品组成的订单进行优化，从而形成整车运输。此外，实现共同配送的另一个前提条件就是，第三方物流服务公司同样要有同一行业的大量客户。

（2）可以做到最小风险，最大柔性。共同配送已经形成了一个潮流，而且它的广度与深度已经超越了整合运输的这种简单形式。随着经济的发展，很多公司都想扩展自己的业务、开拓新的市场或进入其他的产品市场，但是在进行投资之前，这些公司都非常谨慎并希望投资风险尽量减小，基于此方面的原因，很多公司采取了共同配送的运作形式。

共同配送可以帮助厂商对市场需求做出快速反应。例如，药品与保健品公司是共享配送网络的最大客户之一，这是因为为了快速履行订单，他们必须要在主要的销售点附近保存少量的存货，但这些销售点相对来说空间很小，为保证在有限的空间内陈列更多的商品，就不能保有太多的库存，因此采用共同配送进行及时补货是非常适合的。其他的行业如电子产品和汽车生产商，当产品短暂的生命周期和狭小的库存空间使得公司必须强调物流网络的完善和节省资金占用时，共同配送同样也是降低风险的好选择。由于共同配送避免了厂商在仓库等建筑物、物料搬运系统设备、人工以及支持性的信息系统这些方面的投资，又能及时满足客户的需求，因而受到厂商等客户的欢迎。因为对于厂商来说，采用共同配送所需的成本只是实际货运量带来的变动成本，节省了固定成本，他们可以用节省下来的资金投资于自己的核心业务活动，如产品开发、市场营销以及其他创收活动。

共同配送本身所具有的柔性同样是其深受广大公司青睐的一个重要原因。大客户一般都倾向于与第三方物流服务公司签订长期合同，与之相比，共享服务对象所签订的合约往往是短期的，通常一月一签约。例如，客户上个月与第三方物流公司签订的是1000平方米的库房租约，下个月可能就变成800平方米，因此这种服务方式非常柔性。如果客户更倾向于按单位产品的费率来收费，那么相应的，第三方物流公司就可以按照他们所处理的实际货运量的大小来收费。

（五）共同配送的作用与实施难点

从微观角度而言，共同配送理念的实现，企业可以得到以下几方面的好处：达到配送作业的经济规模，提高物流作业的效率，降低企业营运成本；不需投入大量资金、设备、土地、人力等，可以节省企业的资源；企业可以集中精力经营核心业务，促进企业的成长与扩散；扩大市场范围，消除原有封闭性的销售网络，共建共存共荣的环境。

从整个社会的角度来讲，实现共同配送主要有以下好处：减少社会车流总量，减少闹市卸货妨碍交通的现象，改善交通运输状况；通过集中化处理，有效提高车辆的装载率，节省物流处理空间和人力资源，提升商业物流环境进而改善整体社会生活品质。

总而言之，共同配送可以最大限度地提高人员、物资、金钱、时间等物流资源的使用效率（降低成本），取得最大效益（提高服务），还可以去除多余的交错运输，并取得缓解交通、保护环境等社会效益。

共同配送是物流配送发展的总体趋势，当然也涉及很多细节问题，在实施过程中难免会出现一些困难点。首先，各企业经营的商品不同，有日用百货、食品、酒类饮料、药品、服装乃至厨房用品、卫生洁具等，不同的商品特点不同，对配送的要求也不一样，使得共同配送存在一定的难度。其次，各企业的规模、商圈、客户、经营意识等方面也存在差距，往往很难协调一致，还有费用的分摊、泄露商业机密的担忧，等等。

政府在推动配送共同化进程中应采取的措施。近年来，流通业者纷纷朝水平、垂直、同业、异业等方向整合，有的是渠道共配整合，有的是产品共配整合。在整合过程中，如何让企业之间建立共识，辅导其建立高效的共同配送体系，以落实商业自动化的整体效应，是现阶段推行共同配送的首要任务。在商业自动化即将进入整合阶段的关键时期，探讨现行法律法规，拟订具体奖励办法，推动相关企业向建立共同配送体系的方向努力，有着重要的意义。具体来说，政府在推动配送共同化进程中应采取的措施有以下几方面。①加强观念宣传及技术辅导。成立共同配送技术辅导专门机构，选取几个典型企业，建立共同配送示范体系，以点带面，发挥示范作用。②加强相关法令的修改与制定。重新审视并修改现行的有关土地取得的法律法规，在审批、税收等方面给予一定的优惠措施，以降低各企业的土地取得成本；加快物流行业标准的制定工作，建立一个统一、科学、规范的标准体系；为企业提供公平公正的竞争环境，促进共同配送体系的发展；落实交通法规的执行，以改善交通及停车状况，并改进道路、人行道的相关规范，加速道路工程的建设。

 拓展案例

上海联华生鲜食品加工配送中心的加工型物流运作

上海联华生鲜食品加工配送中心是我国国内设备先进、规模较大的生鲜食品加工配送中心，总投资 6000 万元，建筑面积 35000 平方米，年生产能力 20000 吨，其中肉制品 15000 吨，生鲜盆菜、调理半成品 3000 吨，西式熟食制品 2000 吨，产品结构分为 15 大类约 1200 种生鲜食品；在生产加工的同时配送中心还从事水果、冷冻品以及南北货的配送任务。该中心的生鲜加工按原料和成品的对应关系可分为两种类型：组合和分割。两种类型在 BOM（Bill Of Material）设置和原料计算以及成本核算方面都存在很大的差异。在 BOM 中每个产品设定一个加工车间，在产品上区分最终产品、半成品和配送产品，商品的包装分为定量和不定量的加工，对于秤称的产品/半成品需要设定加工产品的换算率（单位产品的标准重量），原料的类型区分为最终原料和中间原料，设定各原料相对于单位成品的耗用量。生产计划/任务中需要对多级产品链计算嵌套的生产计划/任务，并生成各种包装生产设备的加工指令。对于生产管理，在计划完成后，系统按计划内容出标准领料清单，指导生产人员从仓库领取原料以及生产时的投料。在生产计划中考虑产品链中前道与后道的衔接，各种加工指令、商品资料、门店资料、成分资料等下发到各生产自动化设备。加工车间人员根据加工批次、加工调度，协调不同量商品间的加工关系，满足配送要求。

思考题

1. 现代物流中的流通加工合理化应满足哪些要求？
2. 阅读本案例后，你是如何对流通加工进行再认识的？

🔍 **知识拓展**

通过课堂学习和课后查阅资料，回答下述问题：
1. 试述零售企业物流配送管理的发展。
2. 简述条码技术在仓储配送管理中的应用。

单元六　流 通 加 工

✎ **学习目标**

从加工对象、加工程度、加工目的等5方面对生产加工进行区别比较；了解并掌握流通加工选择以及如何做到流通加工合理化；了解不同类型流通加工形式的作用；明确流通加工是物流活动最大的增值空间环节。

一、流通加工的概念

流通加工是在物品从生产领域向消费领域流动的过程中，为促进销售、维护产品质量和提高物流效率，对物品进行一定程度的加工。流通加工通过改变或完善流通物品的原有形态来实现"桥梁和纽带"的作用，因此流通加工是流通中的一种特殊形式。

流通加工和一般的生产型加工在加工方法、加工组织、生产管理方面没有显著区别，但在加工对象、加工程度方面差别较大（表3-9）。其差别的要点有：

（1）流通加工的对象是进入流通过程的商品，具有商品的属性，以此来区别多环节生产加工中的一环。流通加工的对象是商品，而生产加工的对象不是最终产品，而是原材料、零配件、半成品。

（2）流通加工大多是简单加工，而不是复杂加工，一般来讲，如果必须进行复杂加工才能形成人们所需的商品，那么这种复杂加工应专设生产加工过程，生产过程理应完成大部分加工活动，流通加工对生产加工则是一种辅助及补充，特别需要指出的是，流通加工绝不是对生产加工的取消或代替。

（3）从价值观点看，生产加工的目的在于创造价值及使用价值，而流通加工的目的则在于完善其使用价值，并在不做大的改变情况下提高价值。

（4）流通加工的组织者是从事流通工作的人员，能密切结合流通的需要进行加工活动，从加工单位来看，流通加工由商业或物资流通企业完成，而生产加工则由生产企业完成。

（5）商品生产是为交换、为消费而进行的生产，流通加工的一个重要目的，是为了消费（或再生产）所进行的加工，这一点与商品生产有共同之处。但是流通加工有时候也是以自身流通为目的，纯粹是为流通创造条件，这种为流通所进行的加工与直接为消费进行的加工从目的来讲是有所区别的，这又是流通加工不同于一般生产的特殊之处。

生产加工与流通加工的区别　　　　　　表 3-9

对比角度	生产加工的特点	流通加工的特点
加工对象	原材料、零配件、半成品	进入流通过程的商品
加工程度	大多是复杂加工	大多是简单加工
价值观点	既改变商品使用价值又提高价值	使商品完善其使用价值，并在不做大改变情况下提高价值
组织者及加工单位	生产企业的领导，生产企业	从事流通工作的人，商业流通企业
目的	为了消费所进行的加工	一个是为了消费所进行的加工；另一个是纯粹是为流通创造条件

二、流通加工的作用

（1）以保存产品为主要目的。目的是使产品的使用价值得到妥善的保存，延长产品在生产和使用期间的寿命。

（2）为适应多样化的需要。为了满足用户对产品多样化的需要，同时又要保证高效率的大生产，将生产出来的单一化产品进行多样化的改制加工。

（3）为了消费方便省力。根据下游生产的需要将商品加工成生产直接可用的状态，如将水泥拌成混凝土混合料。

（4）为提高产品的利用率，减少浪费。利用加工者为不同的使用者进行加工，可以提高物资的利用率，集中加工可以减少原料消耗，提高加工质量。

（5）为提高物流效率，降低物流损失。由于商品在装卸和运输过程中极易受损，因此需要进行适当的流通加工加以弥补，如自行车需要在使用地装配等。

（6）为了实施配送。配送中心为了满足客户的需要以实现配送活动，而对物资进行的加工。

三、流通加工合理化途径

（一）加工和配送相结合

将流通加工设置在配送点中，一方面按配送的需要进行加工，另一方面加工又是配送业务流程中分货、拣货、配货中的一环，加工后的产品直接投入配货作业，这就无须单独设置一个加工的中间环节，使流通加工有别于独立的生产，而使流通加工与中转流通巧妙结合在一起。同时，由于配送之前有加工，可使配送服务水平大大提高。这是当前对流通加工做合理选择的重要形式，在煤炭、水泥等产品的流通中已表现出较大的优势。

（二）加工和配套相结合

在对配套要求较高的流通中，配套的主体来自各个生产单位，但是完全配套有时无法全部依靠现有的生产单位，进行适当流通加工，可以有效促成配套，大大提高流通的"桥梁与纽带"的作用。

（三）加工和合理运输相结合

流通加工能有效衔接干线运输与支线运输，促进两种运输形式的合理化。利用流通加工，在支线运输转干线运输（支转干）或干线运输转支线运输（干转支）这本来就必须停顿的环节，不进行一般的支转干或干转支，而是按干线或支线运输合理的要求进行适当加工，从而大大提高运输及运输转载水平。

（四）加工和合理商流相结合

通过加工有效促进销售，使商流合理化，也是流通加工合理化的考虑方向之一。加工和配送的结合，提高了配送水平，强化了销售，是加工与合理商流相结合的一个成功的例证。

此外，通过简单地改变包装加工，形成方便的购买量；通过组装加工解除用户使用前进行组装、调试的难处，都是有效促进商流的例子。

（五）加工和节约相结合

节约能源、节约设备、节约人力、节约耗费是流通加工合理化重要的考虑因素，也是目前我国设置流通加工，考虑其合理化的较普遍形式。

钢铁物流的流通加工

促进我国钢铁物流的现代化，提高钢铁物流的效率，压缩钢铁企业成本，缩减流通费用，并以最小的投入获得最大的产出，做好钢铁流通加工有着重大的现实意义。首先，钢铁流通加工可以增加钢材产成品附加值：通过流通加工实现产品增值，从而提高产品赢利能力，是发展流通加工的最基本目的。只是这种附加值并不必然体现在流通加工环节，而是或隐或显地体现在整个供应链上。理论上看，纵向产业链的利润总额是由各产业环节共同创造的，利润的分配形式（平均分配或向某个产业积聚）随市场供需形势以及产业竞争生态的改变而改变，"此消彼长"。近几年钢铁产业链利润向上游的积聚就是利润转移的明证。所以，附加值应理解为产业链整体价值的附加。其次，优化供应链。供应链管理是近几年众多管理专家们共同研究探讨的问题，供应链产品生产和流通过程所涉及的原材料供应商、生产商、批发商、零售商以及最终消费者组成的供需网络。即由物料获取、物料加工,并将成品送到用户手中这一过程所涉及的企业和企业部门组成的一个网络。供应链管理就是在商品供给的链条中,企业间就商品在流通过程中发生的各种管理活动,加强相互间的合作,形成战略联盟,通过信息的共有化、需求预测的共有化等,来实现物流机能的分担,实现商品流通全过程的效率最大化。流通加工作为分销增值手段,能有效满足下游用户的个性化需求,弥补钢铁产品大规模生产的不足。可通过合理的布局,降低综合物流成本,部分突破与客户及竞争对手博弈中的不利局面,从而平抑产业链利润转移波动,增强产业链的竞争力,使自身产业链的盈利能力最大化。

再次,发展新市场。流通加工作为钢铁的基本市场,其本身就有市场发现的功能。钢铁业以自身材料性能及加工成形的核心能力,开发新产品、寻找新用途、拓展新领域,从而提高钢铁产品竞争力。

最后,创新高技术。钢铁与钢材流通加工的互动,更有利于发现并完善高新技术,包括材料研发技术及产品应用技术。由于流通加工范围庞杂,不同类型的深加工对钢铁企业的意义也必然不同。我们从钢铁业供应链角度依次将钢铁深加工分为三类:材料型加工、营销型加工、产业型加工。

(1) 材料型加工

材料型深加工一般是指以提高性能、增加功能、方便用户为目的的在线加工业务,是钢铁产品的自然延伸。因其仍具有原材料性质,适合大规模生产,一般纳入钢铁生产平台。如涂镀、焊管、线材制品等,是推动技术升级,开发新产品,提高产品附加值,增强产品竞争力的基础手段。

(2) 营销型加工

营销型加工首先是指服务最终用户、控制分销渠道的中间品加工业务,属于服务营销型深加工;其次是指配合宝钢高附加值新产品的研发与促销而介入的产成品加工业务,属于技术营销型深加工。如剪切加工配送(包括激光拼焊)、减振板等市场示范类产品等,是针对竞争对手的营销增值手段,并且不与战略用户产生竞争。

(3) 产业型加工

产业型加工是指以发展产业为目的的最终产品的深加工业务。如金属包装(二片罐、捆带)、钢结构。与钢铁业在市场、技术上的互动最为深入,对宝钢整体提升技术创新,控制并创造市场有着不可替代的作用。当然,由于产业型加工拥有自身的核心价值链,且多与钢铁业的最终用户产生直接竞争,所以,并不是所有的产业型加工对钢铁企业都存在同样的必要性。

当前营销型加工尤其是剪切加工配送成为流通加工中最为热门的一种形式。钢材的剪切加工配送作为一种新型的物流服务方式,它的机能就是拥有库存钢材,在中心切断、加工、检查,在最佳时间内配送给各个用户。著名的现代钢材物流企业美国瑞森公司,其属下的30家左右加工配送中心,统一使用瑞森品牌,几乎能为北美、南美所有的钢材用户提供服务,满足客户的加工、配送、信息指导、仓储、运输等需求。

现代物流方式对我国传统的从生产到流通全由钢厂一手操办的流通模式,构成了极大的冲击和挑战。随着国外钢材贸易集团进入中国市场，由各种形式的物流中心、配送中心、网上钢材交易等新型的营销方式及流通业态，来取代包括钢材在内的生产资料批发市场和生产厂家的供销公司，是必然的趋势。

目前，国内已经建成的钢材加工配送中心有200家左右，很多由外商独资或合资投建。仅韩国浦项在中国华北、华东和华南地区就建有三个板卷加工中心，年生产能力达到37万吨。日本商社更是在10年间在中国建设了29家钢材加工中心。这些钢材加工配送中心的主要服务对象集中在外资、合资企业和一些上规模的民营企业，还没有普遍得到国内制造厂家的认同。另外，有些地方组建的钢板开平厂，由于档次低，无法提供保证商品质量的钢板和钢卷。

钢材配送制作为一种先进的社会化流通体制和一种最合理高效的现代物流方式，对社会生产总成本的大量节约所产生的巨大效益正日益显现。当钢材用户对钢材的品种、规格、数量要求越来越分散时，钢材加工配送模式就越来越体现出优势。

这种现代物流方式，一是顺应了钢铁企业的需求。尽管中国大多数钢铁企业都自备横、纵剪线，具有较强的剪切加工能力，但其生产周期长，钢材利用率低，加工成本高，影响到企业产品的竞争力。而钢材加工配送中心能据用户所需钢材的品种、规格、数量进行资源的组合备库，集中下料和合理套裁，从而压缩流通时间，降低流通费用。这种社会专业化分工，也有益于提高钢铁企业的生产集约化程度。二是顺应了钢材用户的需求。钢材用户自行加工钢材，尤其是在使用量不多的情况下，加工费用远高于对外委托费用。当委托剪切加工时，钢材用户既可节省加工设备的投资和劳务安排，又可得到相应的产品质量。

知识拓展

通过课堂学习和课后查阅资料，回答下述问题：
1. 如何加强流通加工效能管理提高第三方物流效益？
2. 目前我国流通加工的主要形式有哪些？

单元测试

一、单项选择题

1. 运输管理的基本原则是_____。
   A. 规模经济　　B. 距离经济　　C. 效率经济　　D. 规模经济和距离经济
2. 使用公共仓库的最大优点是_____。
   A. 节省资金投入　　　　　　B. 缓解存储压力
   C. 减少投资风险　　　　　　D. 具有较高的柔性化水平
3. _____不是物流包装的作用。

  A. 保护货物　　B. 便于处理　　C. 促进销售　　D. 美观大方

4. 关于流通加工的理解，_____是正确的。

  A. 流通加工的对象是不进入流通过程的商品，不具有商品的属性，因此流通加工的对象不是最终产品，而是原材料、零部件、半成品

  B. 一般来讲，如果必须进行复杂加工才能形成人们所需的商品，那么，这种复杂加工应专设生产加工过程，而流通加工大多是简单加工，而不是复杂加工，因此流通加工可以是对生产加工的取消或代替

  C. 从价值观点看，生产加工的目的在于创造价值及使用价值，而流通加工则在于完善其使用价值并不在做大改变情况下提高价值

  D. 流通加工的组织者是从事流通工作的人，能密切结合流通的需要进行这种加工活动，从加工单位来看，流通加工与生产加工则都由生产企业完成

二、判断题

1. 当转移中的产品需要储存，而短时间内产品又将重新转移，若卸货和装货的成本超过储存在运输工具中的费用，这时可将运输工具作为暂时的储存场所，因此产品是处于闲置状态的。（　　）

2. 仓库一个最明显的功能就是保管产品，但随着人们对仓库概念的深入理解，仓库也担负着处理破损、集成管理和信息服务的功能，其含义已经远远超出了单一的存储功能。一般来讲，仓库具有三个基本功能：保管、移动以及信息传递。（　　）

3. 包装通常分为两大类：一类是为促进市场销售而包装，称为工业包装；另一类是为了物流运输而包装，称为商业包装。（　　）

4. 装卸搬运是指在一定地域范围内进行的，以改变货物存放状态和空间位置为主要内容和目的的物流活动。通常情况，货物存放状态和空间位置密不可分。（　　）

5. 配送是物流中一种特殊的、综合的活动形式，它将商流与物流紧密结合，包含了商流活动和物流活动，也包含了物流中若干功能要素的一种形式。（　　）

三、问答题

1. 论述流通加工与生产加工的区别。
2. 论述运输与配送的区别。

模块四　制造业物流管理

单元一　采购物流与销售物流管理

 学习目标

了解采购物流的一般工作流程；掌握采购物流中供应商的选择与供应商关系的管理；掌握 MRP、JIT 采购方法的运用，使学生摒弃传统采购单纯买卖交易的思想，树立科学的现代采购思想。

了解销售物流的主要工作环节；掌握销售物流怎么样满足客户时间、方便性、可靠性等服务要求，以及销售物流合理化的表现形式。

制造业物流主要包括采购物流、生产物流、销售物流、回收物流和废弃物流等。

一、采购物流的概述

（一）采购物流

采购物流管理是企业经营的一个重要组成部分。企业经营管理可以从不同的角度去研究，但在市场经济日渐发达和市场竞争激烈的经营环境中，专业的物流管理水平成为企业竞争力的重要指标。采购物流管理是企业物流管理的一个主要组成部分，它包括三方面重要内容：库存控制、供应商管理和采购管理技术。通俗地讲，库存控制就是买多少的问题；供应商管理是向谁买的问题；采购管理技术是怎么做的问题。三者之间是相互联系、相互支持的。为了实现买多少的工作目标，向谁买很重要，不同品质、实力的供应商，合作的效果是不一样的；而确定买多少的工作目标，指导向谁买的工作方向。当然，出色的业务实操是实现各项采购管理措施和政策的保证。

（二）现代采购观念与传统采购观念

1. 传统采购观念

传统采购观念中，采购是单一层面上的商务活动。仅仅是一种购买活动。而采购管理仅仅是对采购价格、交易条件等商务细节和确定过程的监督控制。在实际工作中，对

数量的审核控制也是传统采购管理的内容之一，但毕竟在管理观念中是次要考虑因素，人们往往只侧重于考虑购买价格是否合理、购买预算是否超支等因素。

另外，在传统的计划经济体制下，企业的需用物品（特别是重要的生产资料）都是由主管部门层层分配，所以企业供应管理的主要任务是根据生产任务确定物资需要量，然后提报申请，最后将国家统配的物资如数拿回，保证生产的正常进行。

2. 现代采购观念

现代采购管理的理念主要体现在以下四个方面。

（1）市场观念。企业作为市场的主体，不仅体现在其产品适应生产的需要，而且还要利用市场组织各种资源和生产要素。社会主义市场经济体制的建立，取消了物资计划分配指标，迫使采购部门必须面向市场找资源。物品选择范围的扩大给采购管理工作带来了更多的机会；但与此同时，由于采购工作置身于复杂多变的外部环境中，压力与风险也与日俱增。市场竞争的日趋激烈，使市场供求状况瞬息万变。只有在供应商及时、保质保量地为企业供应所需物品，运输公司及时提供运力，保险公司为企业提供风险补偿，银行为企业提供资金支持的情况下，采购管理工作才能顺利进行。

（2）时间观念。市场经济条件下，时间就是金钱。对于采购管理者而言，耗费时间长不仅代表着成本（储存时间长，存储费用增加），而且也意味着企业竞争力的下滑。如今，顾客的需求变化越来越快，要求越来越多，不仅对产品本身的质量提出了更高的要求，而且对时间上的要求也越来越高。这种时间上的压力除来自于顾客外，还来自于竞争对手。供货提前期的缩短对企业竞争力的贡献越来越大。为此，采购部门要对供应计划实施动态管理，以变应变，做出快速反应，在供应环节上保证企业实现"以销定产"，达到及时满足顾客需要的目的。

（3）效益观念。搞活企业、提高效益是企业改革的最终目的。作为企业重要资源的资金如果周转失灵，甚至严重短缺，企业的活力就无从谈起；产品的成本降不下来，势必影响产品在市场上的竞争力，效益又何以提高？因此，加速资金周转、降低成本已成为当前企业经营管理工作的重中之重。采购部门是使用资金最多的部门，无须额外的支出或投资，只要加强供需管理，充分利用市场机制，以较低的价格采购到确保质量的物品，最大限度地节约采购费用，减少库存资金的占用，即可获得较好的经济效益。

（4）合作观念。如今，企业要在竞争的市场中立于不败之地，仅仅依靠个人、一个部门甚至整个企业全部的才智与能力，几乎是不可能的；散兵游勇、单打独斗已很难奏效。合作的观念或意识不仅要体现在采购部门内部人员与人员之间，还要体现在采购部门与设计部门、生产部门、财务部门及销售部门之间，更要体现在与供应商建立合作伙伴关系上。合作意味着信任，双方都要实现他们说过的话；意味着一种受另一方影响的愿望，坚信另一方不会在施加影响时获得不公平利益；意味着一种相互需要的敏感性，一种积极的奉献；意味着一种高度清晰和公正的交流，任何一方都不会怀疑另一方，并在这种关系中相互理解。

二、采购的一般流程

采购管理要实现科学化,首先需要规范采购作业的行为模式。如果按照采购员个人的工作习惯随意操作,则采购的质量难以保证。所以任何企业部需要规定采购的一般流程,消除采购中的"三不"现象(即不管是否为企业所需,不做市场调查和咨询,不问价格高低、质量好坏),以保证工作质量,堵住资金流失的漏洞。

采购流程通常由以下七个步骤组成:

(1)采购申请。采购申请必须严格根据生产部门的需要以及现有库存量,对品种、数量、保险库存量等因素做科学的计算后才能提出,并且要有审核制度,采购的数量、种类、价格等必须经过主管部门的批准才有效。通过采购申请环节的控制,可以防止随意和盲目采购。

(2)选择供应商。在买方中场中,由于供大于求,市场上往往有众多供应商可供选择,此时买方处于有利地位,可以货比多家。选择供应商是企业采购过程中的重要环节,应该尽可能地列出所有的供应商清单,采用科学的方法挑选合适的供应商。

(3)价格谈判。价格一直是采购中的敏感问题,买方希望压低价格,而卖方又总是想方设法提高价格,所以价格谈判就成为采购过程的一项重要工作。由于价格问题对谈判双方来说是一种零和对策,一方所失就是另一方所得,但从长远来看,任何一方的暂时所得未必是好事。市场经济是"竞合"的经济,企业间不仅需要竞争,也需要合作,双方的良好合作才能对双方更加有利。所以,此处我们不讨论讨价还价的技能。需要指出的是:第一,价格由市场供需矛盾决定,任何一方都不可能随意要价;第二,采购不仅仅是单一的价格问题,还有质量问题、交货时间与批量问题、包装与运输方式问题、售后服务问题等,因此需要综合权衡利弊,绝不能在价格上占点小便宜,而在其他方面造成不必要的损失。

(4)签发采购订单。采购订单相当于合同文本,具有法律效力。签发采购订单必须十分仔细。每项条款认真填写,关键处的用词须反复推敲,表达要简洁,含义要明确。对于采购的每项物品的规格、数量、价格、质量标准、交货时间与地点、包装标准、运输方式、检验形式、索赔条件与标准等都应该认真进行审定。

(5)跟踪订单。采购订单签发后并不是采购工作的结束,必须对订单的执行情况进行跟踪,防止对方违约;应保证订单顺利执行,货物按时进库,对订单实施跟踪还可以使企业随时掌握货物的动向,万一发生意外事件,可及时采取措施,避免不必要的损失或将损失降低到最低。

(6)接受货物。货物运到自己的仓库必须马上组织人员对货物进行验收。验收是按订单上的条款进行的,应该逐条进行,仔细查对。除此以外,还要查对货损情况,如货损是否超标。对发现的问题,要查明原因,分清责任,为提出索赔提供证据。货物验收完毕才能签字认可。

（7）确认供应商的支付发票。最后一个步骤是支付货款，支付以前必须查对支付发票与验收的货物清单是否一致，确认没有差错以后才能签字付款。

一般说来，企业按照上述的步骤采购不会发生大的失误。当然，要提高采购水平与质量，使企业在采购环节发掘更大的利润源泉，还有许多事情要做，其中供应商管理就是一项非常重要的工作。

三、供应商管理

（一）供应商管理的内涵

供应商，是指可以为企业生产提供原材料、零部件或为销售企业提供流通商品的企业。供应商，可以是生产企业，也可以是流通企业。生产企业要维持正常生产，必须要有一批可靠的供应商为企业提供生产企业所需的物料供应；销售企业要维持稳定的销售业绩，也必须要有一批可靠的供应商为企业提供销售企业不断销售出去的商品供应。所以说，供应商对企业的物资供应起着相当重要的作用。这是向谁买的问题，意味着跟谁合作，也是怎样合作的问题。

所谓供应商管理，就是对供应商的了解、选择、开发、使用和控制等综合性管理工作的总称。供应商管理最主要的两个研究领域及成果是供应商的选择和供应商的关系管理。

选择供应商是采购工作当中一项非常重要的工作：供应商供应物料的顺畅，使生产不会因为待料而停工。进料品质的稳定：保障生产成品品质的稳定。交货数量的符合：使公司生产数量准确。交货期的准确：保障公司出货期的准确。各项工作的协调：良好的配合使双方的工作进展顺利。

所以选择供应商，直接影响企业的生产与销售，对企业影响非常大，因此，选择优秀的供应商是非常重要的。

（二）供应商管理的基本内容

供应商管理包括以下几方面基本内容。

（1）供应商调查。供应商调查的目的，就是要了解企业有哪些可能的供应商，各个供应商的基本情况如何，为了解资源市场以及选择企业的正式供应商做准备。

（2）资源市场调查。资源市场调查的目的，就是在供应商调查的基础上，进一步了解掌握整个资源市场的基本情况和基本性质，比如是买方市场还是卖方市场，是竞争市场还是垄断市场等。

（3）供应商开发。在供应商调查和资源市场调查的基础上，还可能发现比较好的供应商，但是不一定能马上得到一个完全合乎企业要求的供应商。将一个现有的原型供应商转化成一各基本符合企业要求的供应商的过程，是一个开发过程。具体包括供应商深入调查、供应商辅导、供应商改进、考核等活动。

(4)供应商考核。供应商考核是一个很重要的工作。它分布在供应商管理的各个阶段：在供应商开发过程中需要考核；在供应商选择阶段需要考核；在供应商使用阶段需要考核。不过每个阶段考核形式和内容并不完全相同。

(5)供应商选择。在供应商考核的基础上，经过科学评估，选定合适的供应商。

(6)供应商使用。与选定的供应商开展正常的业务活动，并对其进行激励和控制。

四、采购管理技术

(一) MRP 采购

MRP（物料需求计划）是生产企业用来制订物料需求计划、进行生产管理的一种应用软件。它不但可以制订出企业的物料投产计划，还可以用来制订外购件的采购计划，非常适合于在加工、制造、装配企业中使用。配合使用计算机，可以迅速制订出比较详细复杂的生产计划和采购计划。因此，许多大型的企业，都把使用 MRP 作为自己坚定不移的目标。这些使用 MRP 的企业，一般都能够获得比较好的效果。切实按照其制订的计划去执行，既可以保证产品在装配时不发生缺货、保障企业生产的正常进行，而且保证采购的产品库存量不高也不低、刚好可以满足生产计划规定的需要，不会造成库存积压，也不会造成缺货。并且使得库存管理井井有条，节省保管费用，节省计划人员等。

1. MRP 的原理

MRP 应用的目的之一是进行库存的控制和管理。MRP 基本的原理是，由主生产进度计划（Master Production Schedule，MPS）和主产品的层次结构逐层逐个地求出主产品所有零部件的出产时间、出产数量。把这个计划叫作物料需求计划。其中，如果零部件是靠企业内部生产的，需要根据各自的生产时间长短来提前安排投产时间，形成零部件投产计划；如果零部件需要从企业外部采购的，则要根据各自的订货提前期来确定提前发出各自订货的时间、采购的数量，形成采购计划。确实按照这些投产计划进行生产和按照采购计划进行采购，就可以实现所有零部件的出产计划，从而不仅能够保证产品的交货期，而且还能够降低原材料的库存，减少流动资金的占用。

MRP 是根据主生产进度计划（MPS）、主产品的结构文件和库存文件而形成的。

主产品就是企业用以供应市场需求的产成品。例如，汽车制造厂生产的汽车，电视机厂生产的电视机，都是各自企业的主产品。

主产品的结构文件主要反映主产品的层次结构、所有零部件的结构关系和数量组成。根据这个文件，可以确定主产品及其各个零部件的需要数量、需要时间和它们相互间的装配关系。

主生产进度计划（MPS），主要描述主产品及由有其结构文件 BOM 决定的零部件的出产进度，表现为各时间段内的生产量，有出产时间、出产数量或装配时间、装配数量等。

产品库存文件,包括了主产品和其所有的零部件的库存量、已订未到量和已分配但还没有提走的数量。制订物料需求计划有一个指导思想,就是要尽可能减少库存。产品优先从库存物资中供应,仓库中有的,就不再安排生产和采购。仓库中有但数量不够的,只安排不够的那一部分数量投产或采购。

由物料需求计划再产生产品投产计划和产品采购计划,根据产品投产计划和采购计划组织物资的生产和采购,生成制造任务单和采购订货单,交制造部门生产或交采购部门去采购。

2. 物料清单(BOM)及库存文件

(1) BOM 的含义。BOM(Bill of Material)叫作物料清单(也叫零件结构表、物料表等),将产品的原材料、零配件、组合件予以拆解,并将各单项材料依材料编号、名称、规格、基本单位、供应厂商、单机用量、产品损耗率等依制造流程的顺序记录下来,排列为一个清单,这就是物料清单,也就是 BOM。

BOM 是最原始的材料依据,也是 MRP II 系统中最重要的数据模块。

(2) BOM 结构和使用。BOM 的结构呈树状,有时也称 BOM 为产品树形结构图。相邻的两个层次之间,上一层相对于下一层为父项,下一层为子项。要明确理解父项和子项之间的数量关系和时间关系。数量表示一个父项需要多少个子项;时间表示子项组合或生产出一个父项需要的工作时间,也就是单位生产提前期。

BOM 展开是指根据某一部件或成品的数量和需求日期,按 BOM 的树形结构和各组父项与子项之间的数量和时间关系,从上到下或从下到上把所有相关的原材料、零部件、半成品、成品的需求数量和时间推算出来的过程。BOM 展开分为顺展方式和逆展方式,一般我们用得最多的是顺展方式。

(3) 库存文件也叫库存状态文件。它包含有各个品种在系统运行前期初库存量的静态资料,但主要提供并记录 MRP 运行过程中实际库存量的动态变化过程。因为库存量的变化,是与系统的需求量、到货量、订货量等各种资料变化相联系的。库存文件是计算和编制采购计划的重要参考数据。它不仅包括在库的库数量,还包括已订货但未到货的数量,即下面所讲的计划到货量。所以,库存文件实际上提供和记录的是各种物料的各种参数随时间变化的情况。这些参数有:

①总需要量:是指主产品及其零部件在每一周的需要量。其中主产品的总需要量与主生产进度计划一致,而主产品的零部件总需要量根据主产品出产进度计划和主产品的结构文件推算而得出的。总需要量中,除了以上生产装配需要用品以外,还可以包括一些维护用品,如润滑油、油漆等,既可以是相关需求,也可以是独立需求,合起来记录在总需要量中。

②计划到货量:是指已经确定要在指定时间到达的货物数量。它们可以用来满足生产和装配的需求,并且会在给定时间到货入库。它们一般是以临时订货、计划外到货或者物资调剂等得到的货物,但不包括根据这次 MRP 运行结果产生的生产任务单生产出来的产品或根据采购订货单采购回来的外购品。

③库存量：是指每周库存物资的数量。由于在一周中，随着到货和物资供应的进行，库存量是变化的，所以周初库存量和周末库存量是不同的。因此，规定这里记录的库存量都是周末库存量。它在数值上等于：

$$库存量—本周用初库存量+本周到货量=本周需求量$$
$$上周周末库存量+本周计划到货量=本周需求量$$

另外在开始运行 MRP 以前，仓库中可能还有库存量，叫期初库存量，即 MRP 运行是在期初库存量的基础上进行的，所以各个品种的期初库存量作为系统运行的重要参数必须输入到系统之中。

库存量是满足各周需求量的物资资源。在有些情况下，为了防止意外情况造成的延误，还对某些关键物资设立了安全库存量，以减少因紧急情况而造成的缺货。在考虑安全库存的情况下，库存量中还应包含安全库存量。

3. MRP 采购的特点

MRP 采购有以下几个特点。

（1）需求的相关性。同订货点方法不同，MRP 采购是针对具有相关性需求物资的采购方法，不但需求本身之间相关，需求和资源、需求的品种数量以及需求时间都相关。

（2）需求的确定性。MRP 采购计划是根据主生产进度计划、主产品的结构文件、库存文件和各种零部件的生产时间或订货进货时间精确计算出来的，其需要的时间、数量都是确切规定好的，而且不能够改变。

（3）计划的精细性。MRP 采购计划有充分的根据，从主产品到零部件，从需求数量到需求时间，从出产先后到装配关系都做了明确的规定，无一遗漏或偏差。不折不扣地按照这个计划进行，能够保证主产品出产计划的如期实现。

（4）计算的复杂性。MRP 采购计划要根据主产品出产计划、主产品结构文件、库存文件、生产时间和采购时间把主产品的所有零部件的需要数量、需要时间、先后关系等准确计算出来，其计算量是非常庞大的。特别是当主产品复杂、零部件数量特别多时，借助计算机，使得这个工作有了可以进行的可能性，如果用人工计算，简直望尘莫及。

MRP 采购的优越性是很明显的，由于进行了精确的计划和计算，使得所有需要采购的物资能够按时、按量到达需要它的地方，一般不会产生超量的原材料库存。事实上对于采购品，从经济订货批量考虑，没有必要一定要追求零库存，这样可以大大节约订货费用和各种手续费用，从而降低生产成本。通过对使用 MRP 的企业调查显示，这些企业库存水平平均降低 20%～40%，与此同时减少零部件缺货 80%；改进了对用户的服务，服务水平可以达到 95%。这就很好地解决了库存量与服务水平这两者之间的矛盾，改变了以往那种两者不可兼得的局面。

MRP 采购除了能经济有效地采购企业所需的物料外，还有利于促进企业提高管理水平。因为实行 MRP 采购，必然是企业采用了 MRP 技术支持的信息管理系统，而 MRP

系统输入的信息多、操作规范、时间观念强,这些都要求企业加强系统化、信息化、规范化管理,提高企业素质和管理水平。也正因为如此,加大了MRP采购管理工作的复杂程度,不但加大了工作量,更重要的是工作要求也更为精细。

4. MRP采购的实施

一般的采购活动都有以下几个步骤:资源调查、供应商选择;询价及洽商;生成请购单;下达采购单;采购单跟踪;验收入库;结算。

实施MRP采购除了具有上述这些步骤外,还必须有一定的基础条件,最为重要的基础条件有两点:一是企业实施了采用MRP技术的信息管理系统,二是企业有良好的供应商管理。

如果企业没有实施MRP技术的信息管理系统,就谈不上进行MRP采购,不运行MRP系统,物料的需求计划就不可能由相关性需求转换成独立性需求,没有MRP系统生成的计划订货量,MRP采购就失去了依据,如果手工计算,其计算量可想而知,对于复杂产品的物料相关性需求靠手工计算根本就是不可能的。若采用订货点方法进行采购,必然造成零部件配不齐或者原材料的大量库存,占用大量的流动资金。因此,可以说MRP技术支持的信息管理系统与MRP采购是相辅相成的。如果企业采用了MRP技术支持的信息管理系统,则它对需要购买的物料必然实行MRP采购管理才能使它的MRP技术支持的信息管理系统得到良好地运行;而企业若实行MRP采购管理,则必然是实行了MRP技术支持的信息管理,否则MRP采购如同空中楼阁,失去了基础。

当然,MRP,技术支持的信息管理系统有高级与初级之分;有结构复杂、功能强大的,也有结构简单、运算功能单一的;有操作系统安全性能高、运算速度快的,也有在简便的视窗(Windows)操作系统的自编软件中运行的。超大规模的企业使用一套ERP系统的费用高达几千万美元,而小规模企业甚至只使用一些简单编写的软件,也能达到MRP采购管理的效果。在MRP技术支持的信息管理系统的选择上,每个企业都会根据自己的实际需要和规模去选择,简单初级的操作系统并不意味着就不是MRP技术支持的信息管理系统,重要的是有无体现和贯彻MRP技术和思想。当然,级别越高的MRP技术支持的信息管理系统,对MRP采购管理的技术支持力度越大。

实施MRP采购管理必须要有良好的供应商管理作为基础。在MRP采购中,购货的时间性要求比较严格,如果没有严格的时间要求,MRP采购就失去了意义。如果没有良好的供应商管理,不能与供应商建立起稳定的客户关系,则供货的时间性要求很难保证。

除了上面的这些基础条件外,MRP采购同一般采购管理还有一点不同,就是物料采购确定或者物料到达后,需要及时更新数据库,这里不仅包括库存记录,而且还有在途的物料和已发订货单数量和计划到货量。这些数据都会添加到MRP系统中,作为下次运MRP系统的基础数据。

(二)JIT采购

JIT采购是一种准时化采购模式,它有最大限度地消除浪费、降低库存、实现零库存的优点，是一种很理想的采购模式。这种采购模式思路属于拉式采购方式。JIT采购不仅可以应用于相关需求类型的生产企业，同样也适用于独立需求类型的商业企业中。准时化采购和准时化生产一样，不但能很好地满足用户的需要，而且可以最大限度地消除库存、消除浪费。它把JIT生产的管理思想运用到采购物流管理中来，形成一套成功的采购模式。JIT采购的基本思想是：把合适的数量、合适质量的物品、在合适的时间，以合适的成本、合适的服务质量，供应到合适的地点，更好地满足用户的需要。

要进行准时化生产必须有准时化的采购。因此，准时化采购是准时化生产管理模式的必然要求。它和传统的采购方法相比在许多方面都具有不同的特点。

1. JIT采购的原理及作用

丰田公司的大野耐一提出了JIT生产方式，这是他在美国参观超市时受超市的市场供货方式的启发而萌发的想法。美国超市除了商店货架上的货物之外，是不另设仓库和库存的。商场每天晚上都根据当天的销售量来预计明天的销售量而向供应商发出订货。第二天清早供应商按指定的品种、数量送货到商场。有的供应商一天还两次送货，基本上按照用户需要的品种、需要的数量，在需要的时候，送到需要的地点。所以基本上每天送货刚好能满足商场销售的需要，没有多余，也没有库存，没有浪费。大野耐一就想到要把这种模式运用到生产中去，因而产生了准时化生产。

实际上，超市模式本来就是一种采购供应的模式。一个供应商，一个用户，双方便形成了一个供需"节"，在这个供需"节"中，需求方是采购方，供应方是供应商。采购方向供应商发出订货，供应商应当根据需求方订货，送货到需求方。在超市的模式下，超市是需求方，供应商给超市进行准时化供货，它们之间的采购供应关系，就是一种准时化的采购模式。

2. JIT采购的特点

JIT采购和传统的采购方式有许多不同之处，其主要表现在以下几个方面，如表4-1所示。

JIT采购与传统采购对比　　　　　　　表4-1

项　目	JIT采购	传统采购
采购批量	小批量，送货频率高	大批量，送货频率低
供应商选择	长期合作，单源供应	短期合作，多源供应
供应商评价	质量、交货期、价格	质量、价格、交货期
检查工作	逐渐减少，最后消除	收货、点货、质量验收
协商内容	长期合作关系、质量和合理价格	获得最低价格
运输	准时送货、买方负责安排	较低成本、卖方安排
文书工作	文书工作少，需要的是有能力改变交货时间和质量	文书量大，改变交货期和质量的采购单多
产品说明	供应商革新，强调性能宽松要求	买方关心设计，供应商没有创新
包装	小、标准化容器包装	普通包装、无特别说明
信息流	快速、可靠	一般要求

采用较少的供应商，甚至单源供应。单源供应指的是对某一种原材料或外购件只从一个供应商那里采购；或者说，对某一种原材料或外购件的需求，仅由一个供应商供货。JIT 采购认为，最理想的供应商的数目是：对每一种原材料或外购件，只有一个供应商。因此，单源供应是 JIT 采购的基本特征之一。

传统的采购模式一般是多头采购，供应商的数目相对较多。从理论上讲，采取单源供应比多头供应好，一方面，对供应商的管理比较方便，而且可以使供应商获得内部规模效益和长期订货，从而可使购买的原材料和外购件的价格降低，有利于降低采购成本；另一方面，单源供应可以使制造商成为供应商的一个非常重要的客户，因而加强了制造商与供应商之间的相互依赖关系，有利于供需双方建立长期稳定的合作关系，质量上比较容易保证。但是，采用单源供应也有风险，比如供应商有可能因意外原因中断交货。另外，采取单源供应，使企业不能得到竞争性的采购价格、会对供应商的依赖性过大等。因此，必须与供应商建立长期互利合作的新型伙伴关系。在日本，98% 的 JIT 企业采取单源供应。但实际上，一些企业常采用同一原材料或外购件由两个供应商供货的方法，其中一个供应商为主，另一个供应商为辅。

从实际工作中看，许多企业也不是很愿意成为单一供应商。原因很简单，一方面供应商是具有独立性较强的商业竞争者，不愿意把自己的成本数据披露给用户；另一方面是供应商不愿意成为用户的一个产品库存点。实施 JIT 采购，需要减少库存，但库存成本原先是在用户一边，现在转移到供应商。因此，用户应该意识到供应商的这种忧虑。

（1）采取小批量采购的策略。小批量采购是 JIT 采购的一个基本特征。JIT 采购和传统的采购模式的一个重要不同之处在于，准时生产需要减少生产批量，直至实现"一个流生产"，因此采购的物资也应采用小批量办法。从另外一个角度看，由于企业生产对原材料和外购件的需求是不确定的，而 JIT 采购又旨在消除原材料和外购件库存，为了保证准时、按质按量供应所需的原材料和外购件，采购必然是小批量的。但是，小批量采购必然增加运输次数和运输成本，对供应商来说，这是很为难的事情，特别是在供应商在国外等远距离的情况下，实施 JIT 采购的难度就很大。解决这一问题的方法有四种：一是使供应商在地理位置上靠近制造商，如日本汽车制造商扩展到哪里，其供应商就跟到哪里；二是供应商在制造商附近建立临时仓库，实质上这只是将负担转嫁给了供应商，而未从根本上解决问题；三是由一个专门的承包运输商或第三方物流企业负责送货，按照事先达成的协议，收集分布在不同地方的供应商的小批量物料，准时按量送到制造商的生产线上；四是让一个供应商负责供应多种原材料和外购件。

（2）对供应商选择的标准发生变化。由于 JIT 采购采取单源供应，因而对供应商的合理选择就显得尤其重要。能否选择到合格的供应商是 JIT 采购能否成功实施的关键。合格的供应商具有较好的技术、设备条件和较高的管理水平，可以保障采购的原材料和外购件的质量，保证准时按量供货。在传统的采购模式中，选择供应商是通过价格竞争的方式进行的，供应商与用户的关系是短期的合作关系，当发现供应商不合适时，可以通过市场竞标的方式重新选择供应商。但在 JIT 采购模式中，由于供应商和用户是长期的合作关系,供应商的合作能力将影响企业的长期经济利益,因此,对供应商的要求就比较高。在选择供应商时,需要对供应商进行综合评价,而对供应商的评价必须依据一定的标准。这些标准应包括产品质量、交货期、价格、技术能力、应变能力、批量柔性、交货期与价格的均衡、价格与批量的均衡、地理位置等,而不像传统采购那样主要依靠价格标准。在大多数情况下,其他标准较好的供应商,其价格可能也是较低的,即使不是这样,双方建立起互利合作关系后,企业可以帮助供应商找出减少成本的方法,从而使价格降低。更进一步,当双方建立了良好的合作关系后,很多工作可以简化以至消除,如订货、修改订货、点数统计、品质检验等,从而减少浪费。

(3) 对交货准时性的要求更加严格。JIT 采购的一个重要特点是要求交货准时,这是实施准时生产的前提条件。交货准时取决于供应商的生产与运输条件。作为供应商来说,要使交货准时,可从以下两个方面着手。一是不断改进企业的生产条件,提高生产的可靠性和稳定性,减少由于生产过程的不稳定导致延迟交货或误点现象。作为准时化供应链管理的一部分,供应商同样应该采用准时化的生产管理模式,以提高生产过程的准时性。二是为了提高交货准时性,运输问题不可忽视。在物流管理中,运输问题是一个很重要的问题,它决定准时交货的可能性。特别是全球的供应链系统,运输过程长,而且可能要使用不同的运输工具,需要中转运输等,因此,就有必要进行有效的运输计划与管理,使运输过程准确无误。

(4) 从根源上保障采购质量。实施 JIT 采购后,企业的原材料和外购件的库存很少以至为零。因此,为了保障企业生产经营的顺利进行,采购物资的质量必须从根源上抓起。也就是说,购买的原材料和外购件的质量保证,应由供应商负责,而不是企业的物资采购部门。JIT 采购就是要把质量责任返回给供应商,从根源上保障采购质量。为此,供应商必须参与制造商的产品设计过程,制造商也应帮助供应商提高技术能力和管理水平。在现阶段,我国主要是由制造商来负责监督购买物资的质量;验收部门负责购买物资的接收、确认、点数统计,并将不合格的物资退回给供应商,因而增加了采购成本。实施 JIT 采购后,从根源上保证了采购质量,购买的原材料和外购件就能够实行免检,直接由供应商送货到生产线,从而大大减少了购货环节,降低了采购成本。

(5) 对信息交流的需求加强。JIT 采购要求供应与需求双方信息高度共享,保证供应与需求信息的准确性和实时性。由于双方的战略合作关系,企业在生产计划、库存、质量等各方面的信息都可以及时进行交换,以便出现问题时能够及时处理。只有供需双方进行可靠而快速的双向信息交换,才能保证所需的原材料和外购件的准时按量供应。同时,充分的信息交换可以增强供应商的应变能力。所以,实施 JIT 采购,就要求供应商和制造商之间进行有效的信息交换。信息交换的内容包括生产作业计划、产品设计、工程数据、质量、成本、交货期等。信息交换的手段包括电报、电传、电话、信函、卫星通信等。现代信息技术的发展,如 EDI、E-mail 等,为有效的信息交换提供了强有力的支持。

（6）可靠的送货和特定的包装要求。由于 JIT 采购消除了原材料和外购件的缓冲库存，供应商交货的失误和送货的延迟必将导致企业生产线的停工待料。因此，可靠的送货是实施 JIT 采购的前提条件。而送货的可靠性，常取决于供应商的生产能力和运输条件，一些不可预料的因素，如恶劣的气候条件、交通拥堵、运输工具的故障等，都可能引起送货迟延。当然，最理想的送货是直接将货送到生产线上。

JIT 采购对原材料和外购件的包装也提出了特定的要求。良好的包装不仅可以减少装货、卸货对人力的需求，而且使原材料和外购件的运输和接收更为便利。最理想的情况是，对每一种原材料和外购件，采用标准规格且可重复使用的容器包装，既可提高运输效率，又能保证交货的准确性。

3. JIT 采购的作用

企业实施 JIT 采购具有重要的意义。JIT 采购在以下几个方面已经取得了令人满意的成果。

大幅度减少原材料和外购件的库存。

国外的一些实施 JIT 采购策略企业测算，JIT 采购可以使原材料和外购件库存减少 40%～85%。原材料和外购件库存的降低，有利于减少流动资金的占用，加快资金的周转，同时也有利于节省原材料和外购件库存占用的空间，从而降低库存作业成本。

一般来说，实施 JIT 采购，可以使购买的原材料和外购件的质量提高 2～3 倍。而且，原材料和外购件质量的提高，又会引致质量成本的降低。根据估计，推行 JIT 采购可以使质量成本减少 26%～63%。降低原材料和外购件的采购价格由于供应商和制造商的密切合作以及内部规模效益与长期订货，再加上消除了采购过程中的一些浪费（如订货手续费、装卸环节、检验手续等），就使得购买原材料外购件的价格得以降低。

JIT 采购，不仅缩短了交货时间，节约了采购过程所需资源（包括人力、资金、设备等），而且提高了企业的劳动生产率，增加了企业的适应能力。

五、销售物流

（一）销售物流的概念

企业的产品只有经过销售才能实现其价值，从而创造利润，实现企业价值。销售物流是企业在销售过程中，将产品的所有权转给用户的物流活动，是产品从生产地到用户的时间和空间的转移，是以实现企业销售利润为目的的。销售物流是包装、运输、储存等各环节的统一。销售物流是企业物流的一部分，占据了企业销售总成本的 20%。因此，销售物流的好坏直接关系到企业利润的高低。销售物流是企业物流活动的一个重要环节，它以产品离开生产线进入流通领域为起点，以送达用户并经售后服务为终点。

销售物流是生产企业赖以生存和发展的条件，又是企业本身必须从事的重要活动，它是连接生产企业和消费者的桥梁。对于生产企业来讲，物流是企业的第三利润源，降低销售物流是企业降低成本的重要手段。企业一方面依靠销售物流将产品不断运至消费者和用户，另一方面通过降低销售过程中的物流成本，间接或直接增加企业利润。销售物流也是企业在出售商品时物品在供方与需方之间的实体流动。

（二）销售物流的主要环节

企业在产品制造完成后，需要及时组织销售物流，使产品能够及时、准确、完好地送达客户指定的地点。为了保证销售物流的顺利完成，实现企业以最少的物流成本满足客户需要的目的，企业需要在产成品包装、储存、发送运输、订单及信息处理、装卸搬运等方面做好工作。

1. 产成品包装

包装是企业生产物流系统的终点，也是销售物流系统的起点。产品包装，尤其是产成品的运输包装在销售物流过程中将要起到便于保护、仓储、运输、装卸搬运的作用。因此，在包装材料、包装形式上，既要考虑储存、运输等环节的方便，又要考虑材料及工艺的成本费用。

2. 产成品储存

保持合理库存水平，及时满足客户需求，是产成品储存最重要的内容。客户对企业产成品的可得性非常敏感，缺货不仅使客户需求得不到满足，而且还会提高企业进行销售服务的物流成本。当企业推出一种新产品或举办特殊促销活动期间，如果客户急需的配件不能立即供货，这种情况更是如此。产成品的可得性是衡量企业销售物流系统服务水平的一个重要参数。

为了避免缺货，企业一方面可以提高自己的存货水平，另一方面可以帮助客户进行库存管理。当一个客户的生产线上需要成百甚至上千种不同的零部件时，其供应阶段的库存控制任务是非常复杂的，在这种情况下，企业帮助客户管理库存不仅十分必要，而且还能够稳定客源、便于与客户的长期合作。

随着计算机及通信设备能力的提高，许多供货商为客户进行库存控制自动化方面的规划，其中包括计算机化的订单处理和库存监控。另外，客户希望供应商在客户附近保持一定数量的库存以降低自己的存储空间需求。有时客户希望完全取消库存，他们从客户那里得到订单，然后由供货商直接把货物送达他们的客户。

3. 订单处理

为使库存保持最低水平，客户会在考虑批量折扣、订货费用和存货成本的基础上，合理地频繁订货。企业为客户提供的订货方式越方便、越经济，越能影响客户，如免费电话服务、预先打印好订货表，甚至为客户提供远程通信设备。客户非常关心交货日期，希望供货方能够将订单处理与货物装运的进程及时通知客户，特别是当与预期的服务水平已经或将要发生偏差时，更是这样。随着计算机和现代化通信设备的广泛应用，电脑订货方式被广泛采纳，企业跟踪订货状态的能力也大大提高，使得客户与供应商的联系更加密切。对于购买生产线产品的工业客户来说，了解订货与装运状态虽然重要，但他们最关心的还是保持生产原料可靠的、连续的供应，因此他们更关心交货日期的可靠性。

4. 发送运输

不论销售渠道如何，不论是消费者直接取货还是生产者或供应者直接发货给客户（消费者），企业的产成品都要通过运输才能到达客户（消费者）指定的地点。而运输方式的确定需要参考产成品的批量、运送距离、地理等条件。

对于由生产者或供应者送货的情况，应考虑发货批量问题，它将直接影响到物流成本费用，基于此，配送是一种较先进的形式，在保证客户（消费者）需要的前提下，不仅可以提高运输设备的利用率，降低运输成本，还可以缓解交通拥堵，减少车辆废气对环境的污染。

运输方面的服务包括：运输速度快，及时满足客户需要；运输手段先进，减少运输途中的商品损坏率；运输途径合理组织，尽可能缩短商品运输里程；运输线路选择合理，减少重复装卸和中间环节；运输工具使用适当，根据商品的特性选择最佳的运输工具；运输时间合理，保证按时将商品送到指定地点或客户手中；运输安全系数高，避免丢失、损坏等情况发生。

5. 装卸搬运

客户希望在物料搬运设备方面的投资最小化，例如客户要求供应商以其使用尺寸的托盘交货，也有可能要求将特殊货物集中在一起装车，这样他们就可以直接再装运，而不需要重新分类。

（三）销售物流服务的要素

销售物流服务有四个要素，即时间、可靠性、通信和方便性。这些要素无论对卖方成本还是对买方成本都有影响。

1. 时间

时间要素通常是订货周期。订货周期是指从客户确定对某种产品有需求到需求被满足之间的时间间隔，也称提前期。时间要素主要受以下几个变量影响：订单传送、订单处理、订货准备及订货装运。企业只有有效地管理与控制这些活动，才能保证订货周期的合理性和可靠性的一致，才能提高企业的客户服务水平。

（1）订单传送时间。订单传送时间是指从客户发出订单到卖方收到订单的时间间隔。订单传送时间可以从电话的几分钟到邮寄的数天。随着卖方订单传送速度的提高，提前期缩短了，但是订单传送成本提高了。

客户可以通过供应商的销售代表、直接邮寄、打电话或通过电子设备，如计算机到计算机（一般指的是 EDI）向供货方订货。向供货方的销售人员订货和直接邮寄订货，速度较慢且可靠性差；电话订货速度较快，但可靠性较差，其错误往往造成一系列错误；许多企业利用传真进行订货，这种方式速度较快且可靠性较高。

计算机与通信技术的迅速发展使得订单传送方式发生了变革,供求双方的联系非常紧密,买方可以直接登录到卖方计算机,根据卖方所提供的产品及其他如装运日期等信息有针对性地订货,或者通过互联网络直接订货,这种方式大大提高了订货效率,逐渐被更多的企业所采纳。

(2) 订单处理时间。订单处理时间是指处理客户订单并准备装运的时间,这一功能涉及客户资信调查、销售记录的处理、订单移交到仓库以及装运文件的准备。订单处理可以通过有效地利用电子数据处理设备来同时进行其中各项工作。一般来说,运行成本的节约总量要超过利用现代技术设备的资本投资。

(3) 订货准备时间。订货准备时间涉及挑选订货并包装以备装运。从简单的人工系统到高度自动化系统,不同的物料搬运系统对于订货的准备有不同的影响,准备时间会有很大变化,企业的物流管理者需要考虑各项成本与效益。挑选与包装时间主要受下列因素影响:系统的自动化程度;客户订货的复杂性;分拣设备的大小及复杂性;是否托盘化或者托盘尺寸是否匹配。

(4) 订货装运时间。订货装运时间是指从将订货装上运输工具到买方在目的地收到订货的时间间隔。运输时间与下列因素有关:装运规模;运输方式;运输距离。货物的全部运输时间对距离的依赖性要比对运输方式的依赖性小。

由于以上四个方面的每一项改进都要付出很高的代价,因此管理者可以先改进一个领域,其他领域以现有水平运行。

客户订货周期的缩短标志着企业销售物流管理水平的提高,但是,如果没有销售物流的可靠性作保证则是毫无意义的。

2. 可靠性

可靠性是指根据客户订单的要求,按照预定的提前期,安全地将订货送达客户指定地方。对客户来说,在许多情况下可靠性比提前期更重要。如果提前期是固定的,客户可将其库存调整到最低水平,不需要保险存货来避免由于波动的提前期造成的缺货。

(1) 提前期的可靠性。提前期的可靠性对于客户的库存水平和缺货损失有直接影响,可靠的提前期可以减少客户面临的供应不确定性。如果生产企业能向客户保证预定的提前期,加上少许偏差,那么该企业就使他的产品与竞争者的产品明显区别开,企业提供可靠的提前期能使客户的库存、缺货、订单处理和生产计划的总成本最小化。

(2) 安全交货的可靠性。安全交货是销售物流系统的最终目的,如果货物破损或丢失,客户不仅不能如期使用这些产品,还会增加库存、生产和销售成本。收到破损货物意味着客户不能将破损的货物用于生产或销售,这就增加了缺货损失。为了避免这种情况,客户就必须提高库存水平。这样,不安全交货使得买方提高了库存成本,这种情况对于采用及时生产方法的企业来说是绝对不允许的。另外,不安全交货还会使客户承担向承运人提出索赔或向卖方退回破损商品的费用。

（3）正确供货的可靠性。可靠性还包括正确供货。当客户收到的订货与所订货物不符时，将给客户造成失销或停工待料的损失。销售物流领域中订货信息的传送和订货挑选会影响企业的正确供货。在订货信息传递阶段，使用EDI可以大大降低出错率，产品标识及条码的标准化，可以减少订货挑选过程中的差错。另外，EDI与条码结合起来还能够提高存货周转率、降低成本、提高销售物流系统的服务水平。

管理者必须连续监控以上三个方面的可靠性，这包括认真做好信息反馈工作、了解客户的反应及要求以及提高客户服务系统的可靠性。

3. 通信

与客户通信是监控客户服务可靠性的关键手段。设计客户服务水平必须包括客户通信。通信渠道应对所有客户开放并准入，因为这是销售物流外部约束的信息来源。没有与客户的联系，管理者就不能提供有效及经济的服务。然而，通信必须是双向的。卖方必须能把关键的服务信息传递给客户。例如，供应方应该把降低服务水平的信息及时通知客户，使买方能够做必要的调整。另外，许多客户需要了解装运状态的信息，询问有关装运时间、运输路线等情况，因为这些信息对客户的运行计划是非常必要的。

4. 方便性

市场学的一个研究领域是市场细分（也叫市场细分化），就是根据消费者之间需求的差异性，把一个整体市场划分为两个或更多的消费者群体，从而确定企业目标市场的活动过程。由于消费者的需求千差万别，一个企业无论规模多么大，都不能满足全部消费者的所有需求的变化，而只能满足市场上一部分消费者的需求，企业可以有针对性地提供不同的产品。细分的标准包括地理环境、客户状况、需求特点、购买行为等因素。

进行企业销售物流管理也需要将客户细分。方便性就是指服务水平必须灵活。从销售物流服务的观点来看，所有客户对系统有相同要求，有一个或几个标准的服务水平适用于所有客户是最理想的，但却是不现实的。

（四）销售物流合理化的形式

销售物流合理化应该做到在适当的交货期，准确地向顾客发送商品；对于顾客的订单，尽量减少商品缺货或者脱销；合理设置仓库和配送中心，保持合理的商品库存；使运输、装卸、保管和包装等操作省力化；维持合理的物流费用；使订单到发货的情报流动畅通无阻；将销售额等订货信息，迅速提供给采购部门、生产部门和销售部门。

构筑厂商到零售业者的直接物流体系中一个最为明显的措施是实行厂商物流中心的集约化，即将原来分散在各分店或中小型物流中心的库存集中到大型物流中心，通过信息系统等现代化技术实现进货、保管、库存管理、发货管理等物流活动。原来的中小批发商或销售部门则可以成为品牌授权销售机构。物流中心的集约化虽然从配送的角度看造成了成本上升，但是，因为它削减了与物流关联的人力费、保管费、在库成本等费用,在整体上起到了提高物流效率、削减物流成本的目的。

销售物流活动受企业的销售政策制约,单从物流效率的角度是不能找出评价尺度的。例如,食品厂为了把自己新开发的商品打入市场,在向大型超级市场配送货物时,可能要改变原来经由批发部门供货的做法,哪怕是一箱货物也采取从工厂直接送货这种效率极低的物流方式。因为保证商品供应,使本厂制品在销售市场上不断货,是新品打入市场策略的一个重要步骤。这说明销售物流活动作为市场销售战略手段,有时即使不考虑效率问题也是必需的。所以,在考虑销售物流的合理化问题时,经常考虑销售政策的关系是重要的。这是因为在很多情况下,要合理组织销售物流活动,至少必须改变买卖交易条件。

销售物流合理化的形式有大量化、计划化、商物分离化、差别化、标准化等多种形式。

(1) 大量化。这是通过增加运输量使物流合理化的一种做法,一般通过延长备货时间得以实现,如家用电器企业规定三天之内送货等。这样做能够掌握配送货物量,大幅度提高配送的装载效率。现在,以延长备货时间来增加货运量的做法,已被很多行业广泛采用。

(2) 计划化。通过巧妙地控制客户的订货,使发货大量化。稳定(尽量控制发货的波动),这是实行计划运输和计划配送的前提。为此,必须对客户的订货按照某种规律制订发货计划,并对其实施管理,例如按路线配送、按时间表配送、混装发货、返程配载等各种措施,被用于运输活动之中。

(3) 商物分离化。商物分离的具体做法之一,是订单活动与配送活动相互分离。这样,就把自备载货汽车运输与委托运输乃至共同运输联系在一起了。利用委托运输可以压缩固定费用开支,提高了运输效率从而大幅度节省了运输费用。商物分离把批发和零售从大量的物流活动中解放出来,可以把这部分力量集中到销售活动上,企业的整个流通渠道得以更加通畅,物流效率得以提高,成本得到降低。

(4) 差别化。根据商品周转的快慢和销售对象规模的大小,把仓储地点和配送方式区别开来,这就是利用差别化方法实现物流合理化的策略。如实行周转较快的商品群分散保管;周转较慢的商品群尽量集中保管的原则以做到压缩流通阶段的库存,有效利用保管面积,库存管理简单化等。此外,也可以据销售对象决定物流方法。例如,供货量大的销售对象从工厂直接送货;供货量分散的销售对象通过流通中心供货,使运输和配送方式区别开来。对于供货量大的销售对象,每天送货;对于供货量小的销售对象集中一周配送一次等,把配送的次数灵活掌握起来。无论哪一种形式,在采取上述方针时,都把注意力集中在解决节约物流费与提高服务水平之间的矛盾关系上。

(5) 标准化。销售批量规定订单的最低数量比如成套或者成包装数量出售,会明显提高配送效率和库存管理效率。比如某一级烟草批发商进货就必须至少以一箱(50条)为一个进货单位。

 拓展案例

飞利浦的全球采购策略

在过去的10~15年当中，飞利浦公司将其生产基地从欧洲转移到了亚洲，开始是到韩国，后来又到了中国。对于飞利浦公司来讲，在未来10~12年当中，中国可能是飞利浦业务增长最快的一个市场，在中国市场上不仅能采购到非常低廉的产品，而且市场容量是很大的，他们希望在技术发展以及技术产品的开发方面，成为中国市场的先驱。同时，在业务发展过程中需要采取灵活的战术，这也是为什么要进行全球化采购的原因。

飞利浦公司在亚洲的很多国家都建立了国际采购中心，主要就是为了应对不同的文化、语言差距，以及和当地政府积极的合作，还有时间上、技术上的差异，特别是互联网技术的差异。进行全球采购还要注意的一件事是库存，不应库存过多，这就需要对供应过程进行管理，当然还有一些政治方面的问题，可能这个地区会采取一些贸易保护等。这样就使得那些全球化的公司经常会遇到一些阻力。全球采购主要考虑的一个点是成本；另一点是供应风险，从这个市场上采购到这种货物的风险是怎么样的。

一般公司从日常用品到瓶颈式采购品，一直到战略方面的物品，都要采取不同的采购战略，日常用品通常情况下价值很低，在市场上会有很多的供应商，那么只需要进行日常的购买就行了。战略性的产品就是另外一种情况了，因为它对整个企业是至关重要的。所以，通常购买这些产品时，成本是最重要的一个因素，对于任何一个公司购买这种战略性的产品时，都要了解它的供应商所能提供物品的能力。

对于战略性的物品，许多国际化的公司都有这种全球化采购的活动，因为它们是太大的一个集体，在本国内可能并不能做好这种产品，因此就需要外包。那么，什么产品可以外包呢？

显然不是公司的核心能力，一个公司看待什么产品能够外包出去，什么产品应当在内部寻求是很重要的。也就是说，外包如果对公司产生更多效益的话，它们就会把这部分产品和服务外包出去。比如说飞利浦公司在很长一段时间内都自己生产某种印刷产品，而且在印刷电路板方面每年都投入大量的资金，其实在其他公司生产这个产品的成本会比飞利浦低得多。最终飞利浦发现，如果用其他的公司生产电路板，会比自己生产成本更低，于是就把这部分的生产活动外包给其他公司了。外包后要了解供应商的业绩、供应商的发展情况。对于每个公司来讲，选择合适的供应商是很重要的一件事。为了达到这一点，就要获取尽量多的信息来了解你的供应商。当然，这包括供应商的资金能力和生产能力，还有就是供应商的目标应该和公司的目标保持一致。

知识拓展

通过课堂学习和课后查阅资料，回答下述问题：
1. 试述采购物流管理与企业成本控制。
2. 分析总结一体化企业销售物流管理模式。
3. 了解基于绿色物流的采购管理研究。
4. 了解服装企业销售物流及供应链管理模式研究。

单元二　生产物流管理

学习目标

在了解工业生产基本流程的基础上，掌握生产物流的运作要点和企业不同生产模式下的物流管理；重点掌握以 MPR、MRP Ⅱ、ERP 原理为指导的生产物流运营方式。

了解逆向物流的内涵；进行逆向物流成因分析；找出逆向物流的特点；掌握逆向物流的工作流程和实施逆向物流的措施。

一、生产物流的定义

生产物流是指企业在生产工艺中的物流活动（即物料不断地离开上一工序，进入下一工序，不断发生搬上搬下、向前运动、暂时停滞等活动）。这种物流活动是与整个生产工艺过程伴生的，实际上已构成了生产工艺过程的一部分。企业生产物流管理的目标主要在于协调企业内部各职能部门之间的关系，从整个企业的角度控制生产活动中的物流，做到供应好、周转快、消耗低、费用省，取得好的经济效益，以保证企业生产顺利地进行。

二、生产物流的基本特征

制造企业的生产过程实质上是每一个生产加工过程"串"起来时出现的物流活动，因此一个合理的生产物流过程应该具有以下基本特征，才能保证生产过程始终处于最佳状态。

1. 连续性、流畅性

它是指物料总是处于不停的流动之中，包括空间上的连续性和时间上的流畅性。空间上的连续性要求生产过程各个环节在空间布置上合理紧凑，使物料的流程尽可能短，没有迂回往返现象。时间上的流畅性要求物料在生产过程的各个环节的运动，自始至终处于连续流畅状态，没有或很少有不必要的停顿与等待现象。

2. 平行性

它是指物料在生产过程中应实行平行交叉流动。平行指相同的在制品同时在数道相同的工作地（机床）上加工流动；交叉指一批在制品在上道工序还未加工完时，将已完成的部分在制品转到下道工序加工。平行与交叉流动可以大大减小产品的生产周期。

3. 比例性、协调性

它是指生产过程的各个工艺阶段之间、各工序之间在生产能力上要保一定的比例以适应产品制造的要求。比例关系表现在各生产环节的工人、设备数、生产面积、生产速率和开动班次等因素之间相互协调和适应，所以，比例是相对的、动态的。

4. 均衡性、节奏性

它是指产品从投料到最后完工都能按预定的计划（一定的节拍、批）均衡地进行，能够在相等的时间间隔内（如月、旬、周）完成相等的工作量或稳定递增的生产工作量。很少有时松时紧、突击加班现象。

5. 准时性

它是指生产的各阶段、各工序都按后续阶段和工序的需要生产，即在需要时候，按需要的数量，生产所需要的零部件。只要保证准时性，才有可能推动上述连续性、平行性、比例性、均衡性。

三、企业不同生产模式下的物流管理

生产模式是一种制造哲理的体现，它支持制造企业的发展战略，并具体表现为生产过程中管理方式的集成（包括与一定的社会生产力发展水平相适应的企业体制、经营、管理、生产组织和技术系统的形态和运作方式的总和）。生产模式不同，对生产物流管理的侧重点也不同。事实上，如果从物流角度看，正是生产物流的类型决定了生产模式的变迁。回顾制造业的发展过程，企业生产模式才仅经历三个阶段，即作坊式手工生产（单件生产）、大批量生产和多品种小批量生产（精益生产）。

（一）作坊式手工生产（Craft Production，CP，也叫单件生产）模式

1. 背景

这种模式产生于 16 世纪的欧洲，随技术发展大致可分为三个阶段。

阶段一的特征是按每个用户的要求进行单件生产，即按照每个用户的要求，每件产品单独制作，产品的零部件完全没有互换性，制作产品依靠的是操作者自己高度娴熟的技艺。

阶段二是第二次社会的大分工，即手工业与农业相分离，形成了专职工匠，手工业者完全依靠制造谋生，制造工具的目的不是为了自己使用而是为了同他人交换。

阶段三是以瓦特蒸汽机的发明为标志，形成近代制造体系，但使用的是手动操作的机床。从业者在产品设计、机械加工和装配方面都有较高的技艺，大多数从学徒开始，

最后成为制作整台机器的技师或作坊业主。单件生产模式的典型是以制造汽车为主的法国巴黎 Panhard – Levassor（P&L）机床公司。

2. 管理要点

单件生产模式下的生产物流管理一般是凭借个人的劳动经验和师傅定的行规进行管理，因此个人的经验智慧和技术水平起了决定性的作用。

（二）大批量生产（Mass Production，MP）模式

1. 背景

这种模式产生于19世纪末。第一次世界大战结束后，市场对产品数量的需求剧增，以美国企业为代表的大批量生产方式逐步取代了以欧洲企业为代表的手工单件生产方式。美国人泰勒、甘特、福特在推动手工单件生产模式向大批量生产模式转化中起了重要作用。

1903年，费雷德里克·泰勒首先研究了刀具寿命和切削速度的关系，在工厂进行时间研究，制定工序标准，于1911年提出了以劳动分工和计件工资制为基础的科学管理方法——《科学管理原理》，从而成为制造工程学科的奠基人。

亨利·甘特用一张事先准备好的图表（甘特图）对生产过程进行计划和控制，使得管理部门可以看到计划执行的进展情况，并可以采取一切必要行动使计划能按时或在预期的许可范围内完成。

1913年，亨利·福特认为大量的专用设备、专业化的大批量生产是降低成本、提高竞争力的主要方式。他在泰勒的单工序动作研究基础之上，提出作业单纯化原理和产品标准化原理（产品系列化，零件规格化，工厂专业化，机器、工具专业化，作业专门化等），并进一步对如何提高整个生产过程的效率进行了研究，规定了各个工序的标准时间定额，使整个生产过程在时间上协调起来（移动装配法），最终创造性地建立起大量生产廉价的T型汽车的第一条专用流水线—福特汽车流水生产线（又称为"底特律式自动化"），标志着"大批量生产模式"的诞生。与此同时，全面质量管理在美国等先进的工业化国家开始尝试推广，并开始在实践中体现一定的效益。

由于这种生产模式以流水线形式生产大批量、少品种的产品，以规模效应带动劳动生产率提高和成本降低，并由此带来价格上的竞争力。因此，在当时，它代表了先进的管理思想与方法并成为各国企业效仿的目标。这一过程的完成，标志着人类实现了制造业生产模式的第一次大转换，即由单件生产模式发展成为以标准化、通用化、集中化为主要特征的大批量生产模式。这种模式推动了工业化的进程和世界经济的高速发展，为社会提供了大量的物质产品，促进了市场经济的形成。

2. 管理要点

大批量生产模式下的生产物流管理是建立在科学管理的基础上的，即事先必须制定科学标准——物料消耗定额，然后编制各级生产进度计划对生产物流进行控制，并利用库存制度（库存管理模型）对物料的采购及分配过程进行相应的调节。生产中对库存

控制的管理与优化是基于外界风险因素而建立的，所以强调一种风险管理，即面对生产中不确定因素（主要包括设备与供应的不确定因素），应保持适当的库存，用以缓冲各个生产环节之间的矛盾，避免风险从而保证生产连续进行。物流管理的目标在于追求物流子系统（供应物流、生产物流、销售物流）的最优化。

（三）多品种小批量生产（Lean Production，LP，也叫精益生产）模式

1. 背景

这种模式产生于20世纪70年代。第二次世界大战结束后，虽然以大批量生产方式获利颇丰的美国汽车工业已处于发展的顶点，但是以日本丰田公司为代表的汽车业却开始酝酿一场制造史上的革命。

相对于第二次世界大战前的市场，当时还发生了巨大变化：一方面，交通、通信技术的发展，各国对贸易限制的减少使得市场沿地域合并，生产竞争全球化；另一方面，制造业面临一个被消费者偏好分化、变化迅速且无法预测的买方市场。表现为消费者的价值观念发生了根本的变化，需求日趋主体化、个性化和多样化。市场出现了以下几个特征：产品品种日益增多，产品成本结构发生变化（直接劳动成本降低，间接劳动成本和原材料、外购件成本增加），产品生命周期明显缩短，产品交货期缩短。企业为了赢得竞争必须按客户的不同要求进行新产品开发和生产。而传统的大量生产方式由于产品的单一化，以及因过分要求提高生产率而形成的配置企业内部资源和社会资源的刚性系统，很难适应变化迅速的市场环境而不能实现制造资源的动态优化整合等方面的原因，显示出衰落的迹象。

丰田汽车公司在考察、分析美国汽车制造业的生产模式后认为，应结合自己的国情，考虑一种更能适应市场需求的生产组织策略。公司副总裁大野耐一先生指出，第一，虽然此时的先进制造技术和系统（数控、机器人、可编程序控制器、自动物料搬运装置、工厂局域网、基于成组技术的柔性制造系统等）迅速发展，但它们只是着眼于提高制造的效率，减少生产准备时间，却忽略了可能增加的库存而带来的成本的增加。第二，造成生产率低下和增加成本的根结在于制造过程中的一切浪费。他从美国的超级市场受到启迪，形成了看板系统的构想，提出了准时生产制（Just in Time，JIT），并最终形成了多品种小批量、高质量和低消耗的生产模式。而1973年的石油危机，给日本的汽车工业带来了前所未有的机遇，并由此拉开了丰田汽车公司与世界其他汽车制造企业的距离。与此同时，单品种、大批量的流水生产模式的弱点日渐明显，最终走向了衰落。至此，多品种小批量生产逐渐取代大批量生产。

20世纪80年代，美国人研究丰田汽车公司生产模式后得出结论：丰田汽车公司的指导思想是通过生产过程整体优化，改进技术，理顺物流，杜绝超量生产，消除无效劳动与浪费，有效利用资源，降低成本，改善质量，达到用最少的投入实现最大产出的目的，是一种真正成为制造业提高企业竞争力的精益生产模式。

2. 管理要点

精益生产下的生产物流管理有两种模式：推进式（Push）和拉动式（Pull）。

1）推进式模式

（1）原理。该模式是基于美国计算机信息技术的强大发展和美国制造业大批量生产基础上提出的 MRP Ⅱ（制造资源计划）技术为核心的生产物流管理模式，但它的长处却在多品种、小批量生产类型的加工装配企业得到了最有效的发挥。该模式基本思想是：生产的目标是围绕着物料转化组织制造资源，即在计算机、通信技术控制下制定和调节产品需求预测、主生产计划、物料需求计划、能力需求计划、物料采购计划、生产成本核算等环节。信息流往返于每道工序、车间，而生产物流要严格按照反工艺顺序确定的物料需要数量、需要时间（物料清单所表示的提前期），从前道工序"推进"到后道工序或下游车间，而不管后道工序或下游车间当时是否需要。信息流与生产物流完全分离。信息流控制的目的是要保证按生产作业计划要求按时完成物料加工任务。

（2）推进式模式物流管理的特色。在管理标准化和制度方面，重点处理突发事件；在管理手段上，大量运用计算机管理；在生产物流方式上，以零件为中心，强调严格执行计划，维持一定量的在制品库存；在生产物流计划编制和控制上，以零件需求为依据，计算机编制主生产计划、物料需求计划、生产作业计划。执行中以计划为中心，工作重点在管理部门；在对待在制品库存的态度上，认为"风险"是外界的必然，因此必要的库存是合理的。即为了防止计划与实际的差异所带来的库存短缺现象，编制物料需求计划时，往往采用较大的安全库存和留有余地的固定提前期，而实际生产时间又往往低于提前期，于是不可避免地会产生在制品库存。一方面，这些安全储存量可以用于调节生产和需求之间、不同工序之间的平衡；另一方面，过高的存储也会降低物料在制造系统中的流动速度，使生产周期加长。

2）拉动式模式

（1）原理。拉动式模式是以日本制造业提出的 JIT（准时制）技术为核心的生产物流管理模式（也称"现场一个流"生产方式，表现为物流始终处于不停滞、不堆积、不超越、按节拍地贯穿于从原材料、毛坯的投入到成品的全过程）。其基本思想是：强调物流同步管理。第一，必要的时间将必要数量的物料送到必要的地点。理想状态是整个企业按同一节拍有比例性、节奏性、连续性和协调性，根据后道工序的需要投入和产出，不制造工序不需要的过量制品（零件、部件、组件、产品），工序件在制品向"零"挑战。第二，必要的生产工具、工位器具要按位置摆放挂牌明示，以保持现场无杂物。第三，从最终市场需求出发，每道工序、每个车间都按照当时的需要由看板向前道工序、上游车间下达生产指令，前道工序、上游车间只生产后道工序、下游车间需要的数量。信息流与物流完全结合在一起，但信息流（生产指令）与（生产）物流方向相反。信息流控制的目的是要保证按后道工序要求准时完成物料加工任务。

（2）拉动式模式物流管理特色。在管理标准化和制度方面，重点采用标准化作业；在管理手段上，把计算机管理与看板管理相结合；在生产物流方式上，以零件为中心，要求前一道工序加工完的零件立即进入后一道工序，强调物流平衡而没有在制品库存，从而保证物流与市场需求同步；在生产物流计划编制和控制上，以零件为中心，计算机编制物料生产计划、并运用看板系统执行和控制，以实施为中心，工作的重点在制造现场；在对待库存的态度上（与传统的大批量生产方式相比较），认为基于整个生产系统而言，"风险"不仅来自于外界的必然，更重要的是来自于内部的在制品库存。正是库存掩盖了生产系统中的各种缺陷，所以应将生产中的一切库存视为"浪费"，要"消灭一切浪费"。库存管理思想表现为：一方面强调供应对生产的保证，但另一方面强调对零库存的要求，以不断暴露生产中基本环节的矛盾并加以改进，不断降低库存以消灭库存产生的"浪费"为终极目标。

四、以 MRP、MRP Ⅱ、ERP 原理为指导的生产物流运营方式

任何一种物料都是由于某种需要而存在。一种物料的消耗量受另一种物料的需求量的制约，购进原材料是为了加工成零件，而生产零件又是为了装配成产品。从大范围来讲，一个企业的产品，可能是另一个企业的原料，这种相关需求不但有品种、规格、性能、质量和数量的要求，而且有时间的要求。在不需要某种物料时，要避免或减少过早地保留库存；相反，在真正需要时，又必须有足够的库存满足需求。这就是以物料为中心的 MRP 系统计划与控制生产物流的基本出发点，体现了为顾客服务、按需定产的宗旨（而以设备为中心的组织生产物流的模式则是体现以产定销的思想）。

1. MRP 的产生

早在 20 世纪 50 年代末，国外的企业就已经开始应用计算机辅助生产管理。早期的计算机辅助生产管理主要侧重物料库存计划管理，且多采用订货点法（根据历史的生产和库存记录来推测未来生产需求）。显然，由于它没有按照各种物料真正需要的时间来确定订货与生产日期，往往造成库存积压，难以适应物料需求随时间变化的情况。对于一个制造企业，一种产品往往是由多种部件组装而成，每种部件又是由多种零部件和材料制造而成。这样产品和零部件及材料用品之间就构成相互依赖的联动需求关系，因此必须把企业产品中的各种物料分为独立物料和相关物料，将这种需求关系纳入计算机系统并按时间段确定不同时期的物料需求，从而解决库存物料订货与组织生产问题。围绕所要生产的产品，如何在正确的时间、正确的地点、按照规定的数量得到真正需要的物料？解决这一问题就是物料需求计划 MRP 产生的动力。20 世纪 60 年代中期，美国 IBM 公司率先提出了 MRP 的生产管理模式，并在 20 世纪 70 年代得到不断完善。

2. MRP 的目的

基本的 MRP 系统的主要目的是为了控制库存水平，为物料项目设定操作优先级以

及为生产系统提供能力计划。

（1）库存：订购正确的零件；订购正确的数量；在正确的时间里订货。

（2）优先级：按具体正确订货到期日；保持到期日有效。

（3）能力：制订一个完整的负荷计划；制订一个精确的负荷计划；计划的制订要有充足的时间来考虑未来的负荷。

MRP的主旨是"在正确的时间、正确的地点得到正确的物料资源"。MRP系统库存管理的目的与任何库存管理系统是相同的，即提高客户服务水平、使库存投资最小化以及使生产效率最大化。

3. MRP适用范围

MRP用于在各种有加工车间环境的工业行业中（加工车间环境是指用相同的生产设备）生产成批大量的产品。包括流程工业，所指的流程只限于改变成品的作业类型而不包括连续的流程如石油加工和炼钢。

对于以装配操作为中心的公司，MRP具有很高的使用价值，但在加工公司中其使用价值最低。

对于每年只生产少量产品的公司，尤其是那些生产复杂昂贵的产品且产品的技术含量很高的公司，经验显示，由于它的提前期太长和太不确定，其产品结构太复杂以至于不能控制，MRP不能很好地运行，像这样的公司需要由网络计划技术提供的控制。

4. MRP基本原理

MRP按照基于产品结构的物料需求组织生产，根据产品完工日期和产品结构规定生产计划；即根据产品结构的层次从属关系，以产品零件为计划对象，以完工日期为计划基准倒排计划，按各种零件与部件的生产周期反推出它们的生产与投入时间和数量，按提前期长短区别各个物料下达订单的优先级，从而保证在生产需要时所有物料都能配套齐备，不到需要时不要过早积压，达到减少库存量和减少占用资金的目的。

按照MRP的基本原理，企业从原材料采购到产品销售，从自制零件的加工到外协零件的供应，从工具和工艺的准备到设备的维修，从人员的安排到资金的筹措与运用等，都要围绕MRP进行，从而形成一整套新的生产管理方法体系。

5. MRP系统结构

生产活动的物料需求计划部分与主生产计划、物料清单文件、库存记录文件和输出报告之间有着密切的相互作用。

MRP系统的基本工作流程是：使用产品订单来生成一个主生产计划，它指出在特定的时间区内应生产的物料数量。物料清单文件指出用于制造每一种物料所用的材料及正确的数量。库存记录文件包括现有物料数量和已订购数量等数据，这些数据来源即主生产计划、物料清单文件和库存记录文件，成为物料需求程序的数据来源，该程序将生产计划扩展成关于整个生产流程的详细订单计划。

（1）产品需求。对最终产品的需求主要来自两个方面。第一是已知客户，他们下达了具体订单，例如销售人员得到的订单，或是部门之间的事务处理，这些订单通常带有预定的交货日期。对这些订单的处理不涉及预测，只是简单地把它们累加起来。第二是预测的需求。这些是一般的独立需求订单，可以通过需求预测模型来预测需求量。把已知的客户需求和预测需求加起来，作为主生产计划的输入数据。

除了对最终产品的需求外，客户也订购一些特殊的零件和组件，作为备用件，或为了提供服务，或用于修理。这些需求比最终产品的需求复杂度小，通常不作为主生产计划的一部分，而直接填入到物料需求计划程序中合适的层次，即它们是作为零件或组件的毛需求加入系统的。

（2）物料清单文件。物料清单文件包括完整的产品描述，它不仅列出物料、零件、组件，而且还指明产品制造顺序。它是MRP程序的三个主要输入之一（另外两个是主生产计划和库存记录文件）。

物料清单文件通常被称为产品结构文件或产品结构树，因为它指明了一件产品的组装过程。它包含确认每一物料的信息，以及组成该物料的各部件的数量。

物料清单文件通常以缩排格式列出各部分。这样能清楚地表明它所包含的物料以及它们是如何组装起来的，因为每一个缩进都表明该物料的组成。两者之间的联系很容易比较出来。然而，从计算机的角度看，以缩排格式存放物料信息是很低效的。为了计算在较低层次上的一些物料的需求，每一个物料都要进行展开并累加。更有效的过程是将这些零件的数据存放在一个单层结构中，即每一项物料都只列在它的父项下面，包括1个单位父项所需的数量。这样避免了重复，因为每一个物料只被包含一次。

模块化物料清单中的模块是指可以作为部装件来生产和储存的物料。它也是一项标准的物料，没有可选的参数。许多大型的、昂贵的最终物料都是作为模块来进行更好地计划和控制的。在不同的最终物料中出现同一部装件时，对部装件模块进行计划是很有利的。

例如，制造起重机时可以以多种方式组合吊杆、变速器和发动机等来满足用户的需求。使用模块化的物料清单，简化了计划和控制过程，并且容易对不同模块的使用进行预测。使用模块化清单的另一个好处是，如果同一物料在多个产品中使用，总的库存投资费用将会最少。

计划物料清单包括一些带有小数选项的物料。例如，物料清单中指出一个部件数量为0.3，即该产品中30%包括该部件，70%不包括。

如果所有相同的零件都出现在每一个最终产品的同一层次上，那么该产品所需的全部零件和物料的数量就能很容易地计算出来。

（3）库存记录文件。计算机系统中的库存记录文件是很冗长的。在库存中的每一项物料的记录都作为一个独立的文件，并且关于一项物料的资料的详细程度几乎是无限制的，MRP程序只根据特定的时间段来存取该文件中状态段的信息，在程序运行中根据需要访问库存记录文件中包含的各项信息文件。

MRP程序按产品结构从上到下进行分析，逐层进行需求展开。要很多次才能确定一个引起物料需求的父项物料。MRP程序允许产生一个反查记录文件，作为库存记录文件的一部分或单独存在。反查需求允许通过每一层产品结构向上追踪物料需求，确定每一个产生需求的父项。

库存状态文件及时登记所发生的库存事务，不断更新。这些变化是由入库、出库、残料损失、错误零件和取消订单等引起的。

(4) MRP 计算机程序。物料需求计划程序对库存文件、主生产计划和物料清单文件进行操作，其过程如下：由主生产计划确定各时区所需的最终物料项目，物料清单文件中列出制造每一物料所需的物料和零件。每项物料的现有数量和已订货数量都包含在库存文件中。MRP 程序处理库存文件（按时区分段），同时不断查询物料清单文件来计算对每种物料的需求量。然后，根据现有库存量对每一物料的需求量进行修改，再将所确定的净需求按该物料的提前期"偏置"（向回推算）得到计划下达订单。

许多潜在 MRP 程序的用户发现他们很难越过一个障碍，这就是当前的物料清单文件和库存记录文件不足以提供 MRP 程序所要求的数据格式，这样在安装 MRP 系统之前必须改变这些文件），如果所使用的 MRP 程序不考虑能力限制的话，那么主生产计划员必须手工进行能力平衡。通过一个迭代过程，主生产计划员将试验性的主生产计划输入 MRP 系统中，检验其输出是否具有生产可行性。调整主生产计划来更正出现的不平衡，同时再执行一遍程序。重复这一过程直到输出可以接受。尽管可以用计算机模拟一些考虑资源限制的计划，但这看起来似乎很简单，可实际上是一个消耗大量时间的问题。

现在使问题复杂的是，主计划人员不止一个，而是多个。通常公司将计划工作分配给各个计划员，每一条主生产线分配给一个主计划员。这样必然导致竞争：每一个主计划员都为其自己的生产线争夺有限的资源。然而，作为一个集体，他们应为整个生产系统平衡资源的使用以及交货日期。

(5) 输出报告。由于 MRP 程序访问物料清单文件、主生产计划和库存记录文件，因此输出的格式以及内容涉及的范围几乎是没有限制的。这些报告通常被分成主报告和辅助报告。

①主报告。主报告是用于库存和生产控制的最普遍和最主要的报告。包括：在将来要下达的计划订单；执行计划订单的计划下达通知；改变应重新计划的订单交货日期；取消或暂停主生产计划中某些准备下达的订单；库存状态数据。

②辅助报告。这在 MRP 系统中可选的一些附加报告，一般分成三类：用于预测在未来某一时刻的库存和需求的计划报告；用于指出呆滞的物料以及确定物料的提前期、数量和成本的计划情况和实际情况之间的差别的绩效报告；指出严重偏差的例外报告，包括一些错误、超出某种范围、过期的订单、过多的残料或不存在的零件等。

(6) 净改变系统。通常，MRP 系统每隔一周或两周从主计划开始重新运行一次。这要对物料的需求进行全面展开，并产生正常的和例外的报告。然而，许多 MRP 程序提供了一种中间计划的选择，即净改变系统。净改变系统是由"活动"驱动的。只有当一项物料在一次事务中被处理了，净改变系统才会检查该物料。然而，可以对净改变系统进行修改，使其对未计划的和例外事件做出反应。管理人员可以避免被 MRP 系统的输出所淹没（这是容易发生的），可以进行选择以不产生那些预料之中的报告，而只对一些应当注意的偏差进行报告。

例如，如果订单及时收到，就不产生报告。如果发出的数量与订单中的数量有严重的偏差，这项物料就会包含在净改变报告中。一项物料包含在净改变报告中的原因还有运输中的损失、残料消耗、提前期的改变和仓库计数错误等。系统会根据这些变化，产生新的报告。

6. MRP 系统的基本逻辑流程

根据由生产规划导出的主生产计划，物料需求计划系统生成了一些作业计划，这些作业计划确定了为生产最终物料项目所需的零件和物料以及它们各自确定的数量，在整个生产周期内何时下达订单，何时接收订单，何时完成订单任务。MRP 系统通过一个计算机程序实现这些操作。许多公司已经采用计算机库存管理系统多年，但它们都独立于计划系统之外，MRP 则将它们结合起来。

从物流的角度，MRP 实际上反映了一种物料流向的运作方式。该系统主要包括：主生产计划（MPS）、物料需求计划（MRP）、能力需求计划（CRP）、执行物料计划和执行能力计划等部分。生产物流的计划与控制就是在基于 MPS 的驱动下，围绕 MRP，由 BOM 表与库存信息等基本数据进行的。

该系统分为生产计划与计划执行控制两大部分。

（1）计划部分。首先根据订货合同、市场预测及其他生产需求确定总的产品出产计划，并制订一个针对产品或独立需求型半成品的现实可行的主生产计划（MPS）。它是展开物料需求计划与能力需求计划的主要依据和驱动要素，决定着 MRP 系统的现实性与有效性。考虑的因素有：第一，市场对产品的需求、总的生产提前期（Lead Time）和库存情况；第二，则根据 MPs 计划、产品结构及物料清单 BOM 表、库存信息等将生产计划进行展开与细化，编制以相关需求型物料（基本零部件）为对象的物料需求计划 MRP，提出每一项加工件与采购件的建议计划，如加工件的开工日期与完成日期、采购件的订货日期与入库日期等；第三，根据 MRP、工作中心、工艺路线等对企业的生产能力进行详细计划，即编制能力需求计划（CRP）以保证 MRP 的可执行性。一般地，MRP 与 CRP 要进行反复调整，使计划可行；当 MRP/CRP 反复运算调整仍无法解决矛盾时，要修改主生产计划（MPS）。只有经过 MRP/CRP 运行落实后，才能将生产计划下达给执行层。

（2）计划执行控制部分：主要包括执行物料计划（又分为加工与采购两部分）和执行能力计划。执行 MRP 计划主要采用调度单或派工单来控制加工的优先级，采用请购单或采购单控制采购的优先级。加工控制一般由车间作业控制功能完成；采购控制一般由采购供应部门完成。执行能力计划时用投入和产出的工时量控制能力和物流。执行控制层可以把生产计划的执行信息及时反馈给计划层，从而形成了完整的闭环 MRP 的生产计划与控制系统。闭环 MRP 系统实现了规范化管理，并把生产计划的稳定性、灵活性与适应性统一起来，大大提高了企业生产的整体效率与物料合理利用率，也提高了企业对于外部市场环境的适应能力。

在生产物流的计划与控制中,计划的对象是物料,计划执行的结果要通过对物料的监控来考核。对生产物流进行计划就是根据计划期内规定的出产产品的品种、数量、期限,具体安排物料在各工艺阶段的生产进度,并使各环节上的在制品的结构、数量和时间相协调。而对生产物流进行控制则主要体现在物流(量)进度控制和在制品管理两方面。

五、以 JIT 思想为宗旨的生产物流经营方式

任何一种产品从开始加工、装配到成品都要消耗一定的时间。通过比较下面两个关于生产物流的公式,就产生出以 JIT 为宗旨的物流运作方式。

公式一:产品生产总时间 = 加工时间 + 物料整理时间 + 运送时间 + 等待时间 + 检验时间

公式二:产品生产总时间 = 增值时间 + 非增值时间(增值时间等于生产过程对产品的操作时间,非增值时间为储存、等待、运送和检验等时间)

按公式一对企业进行调查,发现大多数企业的产品生产加工时间不足总时间的10%,其余时间均为运送、检验和等待时间等非生产时间,由此而产生的储存、保管、运送、损毁等浪费十分严重。按公式二,就可发现非增值时间不增加价值,纯属浪费。如果每个生产工序只考虑自己,不考虑下一道工序需要什么,什么时候需要和需要多少,那么一定会多生产或少生产,不是提前生产就是滞后生产,甚至生产出次品或废品,这种浪费必然降低生产的效率和效益,所以必须对生产物流系统进行改进,不断消除非增值时间所产生的一切浪费,使生产周期等于对产品必要加工的增值时间。这就是以 JIT 为宗旨对生产物流进行控制的出发点。

(一) JIT 生产

JIT(Just In Time,JIT,即准时生产、即时配送)。人们在丰田汽车车间中任何地方都很少能发现作为生产缓冲的库存。例如,在发动机车间和整车装配车间之间,地上的机车数无论何时何地都少于140。

或者说,很少会出现库存数超过 2 个小时生产所需数量的情况。在装配和准备工序之间,处于运输中的车体框架无论何时都少于 95 个。在丰田汽车公司,不存在任何计划之外的在制品、动力车间无论发生何种变化,在装配线上者可以立刻就感觉到。所有的原材料都从供应商的装料场直接运到工厂中,不经过任何其他中间环节。这是典型的日本式转移物料的运作方式。生产零件每天运送一次,有些甚至可能会出现一天运送几次的情况(例如汽车水箱和前车箱之类的大部件)。车座按顺序每隔 30 分钟从车座供应商处运送一次,原材料和在制品的储存时间和运输路线都由安装在装配车间办公室中的后勤系统(Ryder)来确定的。Ryder 系统辅助公司设计了一种称为艺术 JIT 的传送系

统。并且 Ryder 还为丰田汽车公司从超过 200 个的供应商处挑选出公司所需的零件，并在需要时直接由供应商处运到装配线上。然后，还是由 Ryder 系统将成品汽车运到全国各地的销售商处。

供应商拿到的报酬是基于零件在生产中消费的数量（Pay on Production，POP，称为生产时支付）。供应商方面通常是拒绝这种做法的。不过公司的供应商已经接受了这种做法，其原因在于"丰田汽车公司的物料和在制品周转速度非常快"。

这就是最重要的生产管理方法就是准时化生产。该方法将运作管理的"5P"集成到能提供高质量产品和服务的流水线生产中。同 TQM（全面质量管理）一样，JIT 已在现代制造业中广泛应用。每个现代制造企业都至少在企业的设计中使用 JIT 的一些方法。

20 世纪后半期，石油危机迫使整个汽车市场进入了一个市场需求多样化的新阶段，而且对质量的要求也越来越高。制造业面临的问题是，如何有效地组织多品种小批量生产，否则，生产过剩所引起的不仅只是设备、人员、库存费用等一系列的浪费，而是影响到企业的竞争能力以至于生存。在这种历史背景下，1953 年，日本丰田汽车公司考虑到当时日本国内市场环境、劳动力以及第二次世界大战之后资金短缺等原因，综合了单件生产和批量生产的特点和优点，创造了一种在多品种、小批量混合生产条件下高质量、低消耗的生产方式，即准时生产，表述为"只在需要的时候，按需要的量，生产所需的产品"，也就是追求一种无库存或库存达到最小的生产物流系统。

（二）JIT 的基本内容及其特点

一般来说，制造系统中的物流方向是从零件到组装再到总装。而 JIT 方式却主张从反方向来看物流，即从装配到组装再到零件。当后一道工序需要运行时，才到前一道工序去拿取正好所需要的那些坯件或零部件。同时下达下一段时间的需求量，这就是 JIT 的基本思想——适时、适量、适度（指质量而言）生产。

1. JIT 的目标

对于整个系统的总装线来说，JIT 的目标是彻底消除无效劳动和浪费，具体包括：废品量最低（零废品）——JIT 要求消除各种引起不合理的原因，在加工过程中每一工序都要求达到最好水平；库存量最低（零库存）——JIT 认为，库存是生产系统设计不合理、生产过程不协调、生产操作不良的证明；准备时间最短（零准备时间）——准备时间长短与批量选择相联系，如果准备时间趋于零，准备成本也趋于零，就有可能采用极小批量；生产提前期最短——短的生产提前期与小批量相结合的系统，应变能力强，柔性好；减少零件搬运，搬运量低——零件送进搬运是非增值操作，如果能使零件和装配件运送量减小，搬运次数减少，可以节约装配时间，减少装配中可能出现的问题；机器损坏低；批量小。

为了达到上述目标，JIT 要求：整个生产均衡化——人为的、平均的按照加工时间、数量、品种进行合理地搭配和排序，使生产物流在各作业之间、生产线之间、工序之间、工厂之间平衡、均衡地流动。为达到均衡化，在品种和数量上应组织混流加工，并尽量采用成组技术与流程式生产；尽量采用对象专业化布局，用以减少排队时间、运输时间和准备时——在工厂一级采用基于对象专业化布局，以使各批工件能在各操作间和工作间顺利流动，减少通过时间；在流水线和工作中心一级采用微观对象专业化布局和JIT工作中心布局，可以减少通过时间；从根源上强调全面质量管理，目标是从消除各环节的不合格品到消除可能引起不合格品的根源，并设法解决问题；通过产品的合理设计，使产品与市场需求相一致，并且易生产，易装配，如模块化设计；设计的产品尽量使用通用件、标准件；设计时应考虑易实现生产自动化。

2. JIT系统的特点

（1）多数传统的生产与库存管理系统（如MRP或订货点法）在操作时都是静态系统，在这些系统中，第一，管理重点放在实现各个模块的操作标准上，同时严格地进行控制，以避免与标准产生任何偏差，如果满足了各种变量的设定值（如提前期、标准工作时间、返工率及废品率、搬运时间及成本等），那么系统就认为是成功的。第二，不强调对系统的业绩进行改进，因而是"消极"系统（Passive System）。但是，JIT是一种积极的和动态的系统，它强调在批量、准备时间、提前期、废品率、成本及质量方面的持续改进，全面地对整个生产过程进行分析，消除一切浪费，减少不必要的操作，降低库存，减少工件等待和移动的时间，对于问题采取事前预防而不是事后检查。该系统没有必须达到的标准，所有的业绩都是前进的过程而不是终点。

（2）JIT系统是拉动方式。以看板管理为手段，采用"取料制"即后道工序根据"市场"需要的产品品种、数量、时间和质量进行生产，一环一环地"拉动"各个前道工序，对本工序在制品短缺的量从前道工序取相同的在制品量，从而消除生产过程中的一切松弛点，实现产品"无多余库存"以至"零库存"，最大限度地提高生产过程的有效性。这种拉动方式有助于在工序间实现前一工序的操作是把下一工序作为顾客来对待，下一工序是用客户的眼光来检查上一道工序传来的零件，而这恰恰是实行全面质量管理过程的有效前提。

（3）JIT采用强制性方法解决生产中存在的不足。由于库存已降低到最低状态，生产无法容忍任何中断，所以整个生产过程必须精心组织安排，避免任何可能出现的问题。传统的MRP系统没有这种解决问题的机制，因为库存的存在，不仅可以把许多问题隐藏起来，而且还会使生产费用大幅度增长。

3. JIT方式的技术体系构造

准时生产、即时配送（JIT）的提出，是日本丰田汽车公司对生产物流进行控制的一种创新方法。其目标是降低成本，减少产品提前期并提高质量；其核心是及时物流的思想。即在一个物流系统中，原材料准确（适量）无误（及时）地提供给加工单元（或加工线），零部件准确无误地提供给装配线；其实现及时物流的手段是"看板"管理。从本质上看JIT是基于"拉"动的生产物流的物流管理理念，即它从订货需求出发，根据市场需求确定应该生产的品种和数量，最终工序（组装厂）要求其前的各专业工厂之间、工厂内的各道工序之间以及委托零部件生产厂到组装厂的零部件供应，必须在指定时间高质量完成（供货时免除数量和质量的检验），严格管理供货时间误差（如规定在 30 分钟以内，零部件的库存时间只需 4~8 小时），以保证在需要的时候，按需要的量，生产所需的产品。

以 JIT 思想为宗旨的生产物流运作方式，不仅是对一个企业的生产物流及时性的要求，它同样涉及与之有关的物料供应企业的生产物流能否及时到位的问题。所以只有保证了采购物流、销售物流的 JIT 方式，才能真正保证生产物流的 JIT。这又一次反映出生产物流的计划与控制与采购物流、销售物流的计划与控制息息相关。

(三) JIT 原理

JIT 是一组活动的集合，其目的在于实现在原材料、在制品及产成品保持最小库存的情况下进行大批量生产。零件准时到达下道工序，并被下道工序迅速加工和转移。"准时化"是基于任何工序只在需要时才生产必要的制品的逻辑，生产需要产生于对产品的实际需求。理论上讲，当有一件产品卖出时，市场就从系统的终端（总装线）拉动一个产品，于是形成了对生产线的订货。总装线工人从物流的上游工位拉动一个新产品补充被取走的产品。这个上游工位又从更上游的工位拉动产品。重复这一过程，直到原材料的投入工序。为了保证该拉动过程平稳工作，JIT 要求全过程各阶段都要具有高水平的质量、良好的供应商关系以及对最终产品需求的准确预测。

JIT 一般可以通俗地分为"大 JIT"和"小 JIT"。"大 JIT"（通常称为精益生产）是一种生产管理哲理，它的基本目标是寻求消除企业生产活动各方面浪费的原因，包括员工关系、供应商关系、技术水平及原材料、库存的管理。"小 JIT"内容较窄，较多侧重于计划产品库存，实现在必要的时间和必要的地点提供必要的服务资源。例如，像临时人才服务公司和比萨饼店等服务企业对 JIT 的应用，实质上只是使用拉动信号拉动临时工人或比萨饼的流动，以分别满足各自的需求。然而，对这些公司来讲，围绕 JIT 哲理的其他方面集成运作则是不必要的。

(四) 实行 JIT 的前提条件

实现准时化生产的方法主要适用于重复性生产系统—在该系统中不间断地生产同类产品。这些因素是相关的，生产系统某一部门的任何变化都将影响到系统的其他特征。

1. JIT 布置及流程设计

JIT 的实施要求工厂布局的设计应能保证均衡工作流，该工作流具有最小化的在制品库存。不论物理上的生产线是否实际存在，每个工作站都是生产线的一部分。由于对同一条生产线使用统一的逻辑进行能力平衡，因此所有的操作就通过拉动系统被联系到一起。此外，系统设计者必须要具备如何将内部和外部后勤系统同工厂布局联系起来的概念。

预防维修强调工作流不为延时或设备故障而打断。操作者要进行许多维护工作，因为只有他们最熟悉自己所使用的机器，也因为 JIT 的运作中通常更喜欢使用几台简单机器代替大型的复杂设备，而使机器的维修变得比较容易进行。

前面讨论的安装及换模时间的减少对获得平稳的工作流是十分必要的。在传统方法中，总调整成本被认为是常量，假设经济订货批量为 6，JIT 的看板方式下，总调整成本被看成一个变量，经济订货批量是逐渐减少的。JIT 通过减少安装时间将订货批量从 6 减少到 3、2，直至实现公司追求的最终目标批量 1。

2. 流水线上应用 JIT

在纯 JIT 环境下，员工只有在生产线末端受到市场需求拉动时才开始工作，该产品可能是产成品也可能是被后继工序使用的零部件。当产品被拉动离开本工序时，补充产品由生产线上游工序获得。一件成品从成品库存 F 中拉出。然后，仓库管理人员到工序 E 取来替代产品填补该空位。这种活动沿生产线向上追溯直到工人 A，A 从原料库存中领取物料进行生产。工作流布局的规则要求员工在其工作站上要保证产品的完成。如果有人取走了该产品，工人必须沿工作流向上道工序要来新的产品并进行加工、完成。

3. 加工车间应用 JIT

传统的 JIT 主要用于流水线的工作流中，但加工车间的环境也可以通过使用 JIT 获得效益。JIT 的核心是产品流。虽然加工车间的特点是多品种、小批量，但如果需求可以实现平稳化并允许进行重复生产的话，则加工车间也可以使用 JIT。当需求来自下游的生产阶段而不是最终用户时，需求的均衡化通常比较容易实现。（原因在于内部顾客平衡其输入需求远比批发商或最终消费者要容易得多。）

工厂中的加工中心、喷漆车间以及夹层制造车间都是加工车间。这些车间的操作都是对零件或部件在其到达最终生产阶段之前的加工。假设加工中心生产 9 种不同的零件，这 9 种零件用于 JIT 方式下几种产品的生产。盛满这 9 种零件的完工产品的容器存放在加工车间。这些容器将被用户取走，操作者可以隔一段时间后到该加工中心各处（每小时一次或更频繁）拾回空容器，将它们送到相应的上游加工中心并取走已装满的容器。自动导引小车可以拾起零件，并将其分别运送相应的生产线上加工。这些工作可以手工进行也可自动进行，但无论采取何种方式，这些阶段性的"拾送"操作都使得系统可以按照 JIT 的模式进行工作。

4. 全面质量控制（TQC）

JIT 和全面质量控制（Total Quality Control，TQC）无论在理论上还是在实践上都已经紧密地结合在一起了。全面质量控制是将质量要求加入到过程运作的实践中，而并不通过检查来确认质量。它也是假定员工对其自身工作负责的理论。当员工对其工作质量负责时，JIT 的运行状态最佳，只有高质量的产品在系统中流动，所有产品都合格时则不需要有额外库存存在，企业能获得高质量和高生产效率。

通过使用统计质量管理方法和对员工的培训来保证质量，因此检验工作可以减少到只对第一个和最后一个生产单元。如果这些单元都非常好的话，则可假定这些单元间的其他产品也同样好。

高质量的零件由高水平的产品设计决定。标准产品结构、尽量少的零件及标准化零件是 JIT 系统十分重要的组成部分。这些设计上的改变减少了用于生产的底端产品或原材料的变异性。除了可以提高产品的生产效率外，产品的设计活动还可以促进工程转换的进程。

六、逆向物流

（一）逆向物流的概念

在实践当中，物流是双向的，既有正向物流，也存在着逆向物流。逆向物流是指计划、实施和控制原料、半成品库存、制成品和相关信息，高效和成本经济地从消费点到起点的流动过程，从而达到回收价值和适当处置的目的。

（二）逆向物流产生的原因

逆向物流产生的原因有：来自环境的压力；来自客户的退货行为；来自供应商的产品招回行为；来自报废产品回收行为。

（三）逆向物流的特点

（1）逆向性。逆向物流中退回的商品或报废的物品的流动与正常的商品流动的方向刚好相反，即是消费者—中间商—制造商—供应商。

（2）多变性。逆向物流产生的地点、时间和数量是不确定的。

（3）复杂性。回收的产品在进入逆向物流系统时往往难以进行精确地划为，管理复杂。

（4）缓慢性。废旧物资的收集和整理是长时间的过程。

价值的递减性。对于退货和招回的产品，具有价值递减性；对于已报废产品，具有价值递增性。

（四）逆向物流的流程

（1）回收。回收是企业通过有偿或无偿的方式收回客户退回的产品或包装物，并进行物理移动，将其移至某地等待进一步处理。

（2）检验。各级节点对于流经该级的逆向物流要做检验，确定回收产品是否具有再次使用的可能性，以控制减少逆向物流的不合理形成。

（3）分类。在每个检验的过程中，都需要分类，确定产品回流的原因以便对流经该级节点的逆向物流进行分流处理。

（4）处理。对流经各级节点的逆向物流，经各级节点分类后，先由自身节点处理，对不能处理的向下一级节点转移，由下一级节点处理，直到生产商终端。

供应链的各个节点都会涉及逆向物流业务。因此，企业应该成立专门的逆向物流管理部门，管理逆向物流过程中产生的资金流、信息流、实物流，并通过与正常的供应链系统信息共享，协调供应链各节点的逆向物流业务，减少与供应链业务的冲突。

（五）实施逆向物流的建议

逆向物流管理不仅能节约能源，节约企业成本，为企业创造经济价值，还能减少环境污染，提高企业形象，创造社会价值。对于如何实施逆向物流的建议有以下几点。

（1）成立独立的物流管理部门，加强管理层对逆向物流的重视。
（2）构建逆向物流信息系统。
（3）在供应链的范围内构建企业逆向物流系统。
（4）建立逆向物流的处理中心。
（5）适当选用第三方物流协助管理逆向物流。

 拓展案例

索尼爱立信公司的逆向物流

一、手机物流的特点

手机具有体积小、重量轻、价值高的特点，因此，在输送的过程中对包装技术要求很高。手机物流中技术要求最高的是在信息系统方面，其核心在于手机串号的管理。手机串号是正牌手机制造商为每一台手机所设定的唯一识别号，与每一台手机是一一对应关系。对于制造商了解和控制整条供应链具有重要的作用。

手机物流的风险管理是非常重要的一个方面。由于80%以上总量的手机成品是通过航空干线进行调拨，从提货出厂到物流中心分拨，到交货航空公司，到目的港提货，到信息系统进出仓处理，到配送至零售终端店面，所涉及的环节和人手众多，加上成品手机本身体积小、重量轻，很容易失窃，安全性一直是从不同程度困扰物流服务商、零售商和保险公司的问题。

手机物流对时效性的要求也很高。现行的交易模式是手机制造商提供一定的保价措施，以保障销售商或代理商的利益。假设一个销售商或代理商有一批手机在系统中已经执行了出库，在出库时保价期内，由于物流承运商的失误或能力不足，在途中转停留时间过长，到达店面时该批手机已经大幅降价，那么就会给销售商或代理商带来巨大损失。这对手机物流的时效提出了苛刻要求，除去本身的产品设计、质量特质，时效已经成为制造商、销售商占领市场的法宝。

结合手机物流的特点，作为手机物流服务的提供商必须具备以下基本条件：首先强大的运输能力和配送网络。在保证货物安全度的前提下，保证提供最高的运送实效。其

次一流的信息管理系统。该信息系统不仅能够提供类似快件服务的查询功能，还要具备串号管理功能。第三、良好的风险管理体系。手机成品价值高，丢失风险非常大。不仅需要有良好的风险管理体系降低物流公司本身的风险，而且还要通过风险管理来保障客户的利益，一旦破损失窃，要尽快赔付给客户，维护好客户关系。

二、索爱公司的问题

索尼爱立信（简称索爱）公司是日本索尼公司和瑞典爱立信 AB 公司共同成立的合资公司，索爱公司自成立起，经历过五年半的沉浮。在紧跟消费者需求的战斗中，不仅需要面对诺基亚、摩托罗拉这样的强劲对手，同时，还要面对不断缩短的产品生命周期。它一直寻找在手机市场的竞争优势，其解决方案是：对退货和维修处理的重整。缺陷手机的退货、处置、维修和置换都会给逆向供应链产生巨大的影响。

事实上，由于业务的快速增长以及对现状的不满已使得公司的南美单元——索尼爱立信移动通信公司对于处理这部分服务的方式重新进行了一番审视，索爱公司在美国和加拿大所建立的逆向物流已不能满足消费者的需要。索爱公司需要一个快速、可靠、灵活的系统，这个系统能够管理生命周期为九个月的手机。同时，它也需要降低其成本结构，而且随着手机价格下降到 100 美元以下，降低管理费用的压力也在增加。

原来，索爱公司一直依赖一家单独的电子生产服务商。此服务商不仅处理手机的制造，而且还处理手机的维修，手机的正向和逆向物流。他们一直鼓吹通过一个合作伙伴就能提供全套服务的便利性。从概念上说，这种观点很好，可是对于索爱公司却不起作用。由于没有物流方面的专家，这家电子生产服务商将运输和经纪业务部分转包，这使得索爱公司和关键的物流操作部分又隔了一层。这促使索爱公司想寻找一个更为直接的服务关系。

手机维修方面同样存在许多问题，同时手机变得越来越复杂，这些都促使索爱公司决定找专家来做这项工作。更为复杂的情况是索爱公司坚持将维修定在墨西哥来处理，这样做的原因是省钱，但同时这又产生了另外的复杂性，索爱公司如何从顾客处接受退货，把他们送过南边的边境来修理，并在几天的时间里把修理过的手机取回到美国？

三、双管齐下的战略

索爱公司最后的决定是：将合同分为两部分，一部分是维修，一部分是物流。在每一部分，索爱公司雇了一位专家。维修商的选择是相当明了的，位于印第安纳州布鲁明的 PTS 电子公司是一个独立的服务公司，有着 30 多年的维修经验，所修产品包括高清电视，有线电视转换器，手机等。

物流商的选择需要慎重考虑，所要求的物流服务不仅要处理每日的越境运输，并且还要有效处理两国边境的海关事宜。事实证明，选择对象就在手边。几个月前，索爱公司就开始利用 UPS 的供应链解决方案来处理巴西的物流服务部分。在巴西的物流服务主要是在售后部分提高服务质量、减少费用。为了达到以上目的，索爱公司选择将整个售后运作外包给了 UPS，包括：海关经纪、检测和维修、售后、运入和运出运输等。UPS 负责在巴西的 140 多个零售中心的备件的物流支持。通过合作，索爱公司对零部件的库存有了更大的可见度，更精确的检测和维修，以及维修产品的确保交付，索爱公司得以提高他在巴西的市场份额。

虽然墨西哥的情况和巴西的情况是不同的,但索爱公司需要利用UPS公司已展示过的物流技能。UPS是少数几个能够给无线行业提供全球逆向物流服务的服务商之一,并且UPS有能够使项目迅速运转起来的能力。

整个物流过程如下:首先,在得克萨斯州的埃尔帕索(就在索爱所选择的维修地点——墨西哥的华雷斯市的边境边上),索爱公司收到从达拉斯配送中心发过来的手机成品、缺陷手机、替换零件和附件。然后,再将这些物品运到华雷斯市进行处理和修理,要经过越库和海关经纪。运输方式包括包裹交付和拼箱。在每天的基础上,索爱的客户退回的手机产品在埃尔帕索进行收集和处理。UPS在这些产品运到前就会收到电子通告,同时,他和维修商随时保持通讯联系,在维修商处没有库存。在埃尔帕索收到运入的产品后,在将这些产品通过越库设备前,UPS会检验数量和起源地点,然后直接运到墨西哥,在24小时内到达维修中心。

四、不太容易的部分

在华雷斯市,这些手机会被修理、废弃或作为不可修理归还(如:损坏是用户造成的)。然后,UPS再次介入,将维修中心处理过的产品打包并配备所必需的海关文书通过边境运回。下一步,确认手机串号、型号,所有手机的处置。根据收到的订单,进行拣选、包装、运送到适当的目的地。在多数情况下,消费者会很快拿到新的手机,缺陷手机一旦修好,会再销售。尽管如此,维修设备的替换周期为48到72小时。当此合作项目刚开始的时候,索爱就做好了要处理美国和墨西哥越境问题的准备。而事实证明,这完全不是问题。这次交易不仅证明了将维修服务外包给墨西哥的明智决定,而且使索爱公司提供了更好的客户服务,并且使供应链中所有节点持有更少的库存。有了PTS公司在这个闭环中,公司能确保提供又快又彻底的维修。

此项协议自2005年2月开始实施,到5月服务全面展开,在9月份到达高峰。再后来,一直保持相对稳定的状况。

在实施过程中有些障碍要克服。一是要将UPS关于移动通信行业的知识转移应用到南部边境,另外,要建立一个内部系统来处理流经这个输送系统的产品。当越境运输发生时,安全一直是个引人关注的问题。通过UPS的资本运行部门的研究,提出了一个能降低风险的保险策略,这个策略能够保护托运人免于货物被盗或损失(这种事情很少发生)。运送的货物能够顺畅通过UPS平稳运行并保护多年的良好的越境网络。同时,运输者采取通常的保护措施,例如:强制的装载模式,这种装载模式使得从拖车上移动贵重物品非常困难。而且,埃尔帕索和华雷斯市之间的距离也很近,不到20英里。路况良好。

UPS随时向索爱公司通告系统运行状态。索爱公司能得到每日报告,报告给出每比交易的可见性,这些信息能完全整合到索爱公司内部的企业资源计划中(ERP)。在这个过程中,UPS成为索爱的服务网络的一个"虚拟仓库"。

自从采用UPS的供应链解决方案和墨西哥的维修项目后,索爱公司的客户满意水平提高了一倍，库存控制能力提高，并提高了供应链的可见度和整个过程的管理。

五、将来的规划

双方都希望扩大合作的范围和服务的种类。利用其固定成本结构，UPS公司希望能很快给索爱提供技术筛选和全天候的手机修理，修好手机单元的再包装和再打包以及信贷回报的处理。吸取与索爱在巴西和墨西哥合作的经验，UPS打算建立一个能够服务遍及亚太地区（不包括中国）主要节点的中心。而在欧洲，也有很多提供相似服务的机会。另外还可能包括加勒比海和拉美其他的地区。

对索爱来说，他也许可以将墨西哥作为邻近国家地区的维修中心，这样能够发挥已运营设备的最大效用。索爱公司一直在寻找能够提高全球范围服务的方法，而此次美国—墨西哥项目（服务质量加倍与成本降低）是公司的第一次尝试。他相信这个模式能够在各地适用，打破了维修在接近顾客的当地市场上进行的模式。

在手机这个产业中，逆向物流是非常依赖相互合作的。索爱和UPS的合作不仅是专业的，商业的合作，更结成了合作伙伴关系。在整个手机行业处于下滑的情况下，最近的财政结果显示：索爱的资产处于上升。在2005年发送5120万个手机单元，而在2004年为4230万。销售从78亿美元上升到87亿美元，净收益从37930万美元到42740万美元。索爱公司继续寻找能让消费者满意的方法。

知识拓展

通过课堂学习和课后查阅资料，回答下述问题：
1. 试述生产物流与物料管理。
2. 了解循环经济体系下的逆向物流管理。
3. 了解现代制造企业生产物流成本管理。
4. 试述基于供应链的逆向物流管理。

单元测试

一、单项选择题

1. 运用MRP的原则，在配送环境下，从数量和提前期等方面来确定物料配送需求的一种动态方法是_____。
  A. MRPⅡ   B. ERP   C. JIT   D. DRP

2. 核心思想在于"消除一切不必要的浪费"，在生产物流管理的实践中尽力消除不增值活动和不必要环节的管理方法是_____。
  A. JIT管理   B. MRP系统 C. TQC   D. BPR

3. 广泛应用的MRP系统控制实质上属于_____控制类型。
  A. 推进型控制 B. 负反馈控制 C. 拉动型控制 D. 前反馈控制方式

4. 部分废料可通过收集、分类、加工、供应等环节转化成新的产品，重新投入到生产或消费中，这一过程称为_____。

  A. 回收物流 B. 销售物流 C. 生产物流 D. 废弃物流

5. 企业计划期内生产物流供应活动的行为纲领是_____。

  A. 生产物流计划 B. 供应计划 C. 销售计划 D. 生产计划

二、判断题

1. 以最低的物流成本，提供最好的服务，为顾客创造最大的价值，成为制造企业赢得竞争优势的唯一途径。（ ）

2. 由于生产物流管理并不直接与最终顾客打交道，因此生产物流管理中的各项决策不会直接影响企业的顾客服务水平。（ ）

3. 广泛应用的"看板管理"系统控制实质上就是推进型控制。（ ）

4. 供应商管理主要包括区分供应商级别，对物质供应渠道进行选择以及从质量、价格、售后服务、交货期等方面对供应商进行综合的、动态的评估，不涉及供应商关系管理。（ ）

5. JIT采购是JIT生产在采购物流管理中的应用，生产企业在实施JIT采购时需要供应商的大力配合与支持。（ ）

三、问答题

1. JIT系统的特点及适应条件。

2. 逆向物流产生的原因。

模块五　第三方物流管理

单元一　第三方物流

学习目标

掌握第三方物流的含义及特点，明确第三方物流在物流行业中的优势地位；通过学习培养学生辩证思维和考虑分析问题的能力，并从中找到解决问题的方法和技巧。

一、第三方物流的产生

当前，大多数厂商都是自己既经营生产、销售业务，又拥有自己的车队、仓库。应该看到，物流属于资本密集的活动。运送与储存物料以及产品分销占用大量空间、设备、人员，并越加要求计算机软硬件的支持。在当今趋紧的资源约束环境下，提高资源利用率成为企业生存的前提。同时，随着市场竞争的激化和社会分工的细化，商家们开始思考究竟是自营物流业务，还是将物流业务外包出去。有些商家开始意识到自己并不是运输经营和库存管理的行家，为了把更多的精力集中于自己的主营业务上，以便同自己的对手展开竞争，有些厂商开始把一些自己不十分在行的如运输、仓储等业务外包给"第三方"经营。通过对物流自营与物流外包两种物流管理模式进行比较，可以发现，在当前全球经济一体化，竞争日趋激烈的大背景下，物流外包具有明显的优越性。

（1）自营模式：企业追求大而全，便自己发展物流业务；成本较高；服务水平有限；难以使用高新技术，投资回报率低；为自己服务，资源利用率不高；精力分散，核心业务注意不够；管理模式受限。

（2）外包模式：企业集中精力于核心业务，物流业务外包给第三方物流公司；降低成本；便于提高顾客服务水平，为顾客创造更多价值；可以使用高新技术，实现以信息换库存；降低非重点资产，投资回报率高；资源利用率较高，增加企业柔性，使主业更集中；改变管理模式。

有需求就会有供给，这是市场经济的基本规律。为了满足工商企业日益增加的物流需求，第三方物流企业应运而生，并迅速成为一种潮流和趋势。

二、第三方物流的概念

第三方物流（Third-Party Logistics，3PL，简称TPL），是指生产经营企业为集中精力搞好主业，把原来属于自己处理的物流活动，以合同方式委托给专业物流服务企业，同时通过信息系统与物流企业保持密切联系，以达到对物流全程进行管理与控制的一种物流运作与管理方式。

在物流运作中，根据运作主题的不同，可将物流的运作模式划分为第一方物流、第二方物流和第三方物流。第三方物流实际上就是相对于第一方物流和第二方物流而言的。从广义上讲，第一方物流是指由卖方、生产者或供应方组织的物流，这些组织的核心业务是生产或供应商品，为了自身生产或销售业务需要，而进行自身物流网络及设施设备的投资、经营与管理。第二方物流是指由卖方或再销售者组织的物流，这些组织的核心业务是采购并销售商品，为了销售业务需要投资建设物流网络、物流设施和设备，并进行具体的物流组织和管理。第三方物流是指由专业的物流组织提供的物流服务，包括提供商品买卖双方所需要的部分或全部物流服务。从狭义方面讲，第一方物流指的是物流服务的需求方自行组织的物流；第二方物流指的是运输、仓储、流通加工等基础物流服务的提供者组织的物流；第三方物流则是指系统物流服务的提供者组织的物流。显然，第三方物流整合了部分第二方物流的资源和能力，受第一方委托提供系统物流服务。

第三方物流服务提供商的特征：具有整合一个以上的物流功能；本身不拥有货物；运输设备、仓库等由自身控制；按需提供全部的劳动力与管理服务；按客户的要求提供特殊服务，如存货管理、生产准备、组装、集运等。

三、第三方物流的特点

第一，第三方物流是合同导向的一系列服务。第三方物流有别于传统的外协，外协只属于一项或一系列分散的物流功能，如运输公司提供运输服务、仓储公司提供仓储服务等。第三方物流则根据合同条款规定的要求，而不是临时需求，提供多功能甚至全方位的物流服务。依照国际惯例，服务提供者在合同期内按提供的物流成本加上需求方毛利额的20%收费。也正是由于物流业的服务方式一般是与企业签订一定期限的物流服务合同，所以有人称第三方物流为合同物流（Contract Logistics）。

第二，第三方物流是个性化物流服务。第三方物流服务的对象一般都较少，只有一家或数家，服务时间却较长，往往长达几年，异于公共物流服务——"来往都是客"。这是因为需求方的业务流程各不一样，而物流、信息流是随价值流流动的，因而要求第三方物流服务应按照客户的业务流程来定制，这也表明物流服务理论从"产品推销"发展到了"市场营销"阶段。

第三，第三方物流是建立在现代电子信息技术基础上的。信息技术的发展是第三方物流出现的必要条件，信息技术实现了数据的快速、准确传递，提高了仓库管理、装卸运输、采购、订货、配送发运、订单处理的自动化水平，使订货、包装、保管、运输、流通加工实现一体化；企业可以更方便地使用信息技术与物流企业进行交流和协作，企业间的协调和合作有可能在短时间内迅速完成；同时，计算机软件的飞速发展，使混杂在其他业务中的物流活动成本能被精确计算出来，还能有效管理物流渠道中的商流，这就使企业有可能把原来在内部完成的作业交由物流公司运作。常用于支撑第三方物流的信息技术有：实现信息快速交换的 EDI 技术、实现资金快速支付的 EFT（电子资金转账）技术、实现信息快速输入的条码技术和实现网上交易的电子商务技术等。

第四，企业之间是联盟关系。依靠现代电子信息技术的支撑，第三方物流的企业之间充分共享信息，这就要求双方能相互信任，才能达到比单独从事物流活动所能取得的效果更好，而且，从物流服务提供者的收费原则来看，它们之间是共担风险、共享收益；再者，企业之间所发生的关联不是仅一两次的市场交易，并且在交易维持一定的时期之后，可以相互更换交易对象，所以在行为上，各自不完全采取实现自身利益最大化的行为，也不完全采取实现共同利益最大化的行为，只是在物流方面通过契约结成优势相当、风险共担、要素双向或多向流动的中间组织。因此，企业之间是物流联盟关系。

四、第三方物流的优势

第三方物流作为一种新兴的物流形式，其竞争优势和局限性直接影响企业的物流结构和物流成本。第三方物流越来越受到企业的青睐，原因就在于它能够使企业获得比原来更大的竞争优势，这种优势主要体现在以下几个方面。

1. 核心优势

一般来说，物流业务不是生产企业的关键业务，也不在其专长的业务范围，而新兴的第三方物流企业由于专业从事多项物流项目的运作，拥有丰富的业务经验，使得物流的运作成本相对较低，并且能够提高企业物流效率。生产企业如果将物流业务交给他们来做，将得到更加专业的物流服务，并可将精力集中在发展其核心业务上。以汽车产业为例，整车企业将汽车物流剥离出来，就能集中精力把主要资源投入到技术研发、产品生产以及市场营销等核心业务上。有数据显示，欧美汽车制造企业的物流成本占销售额的比例是8%左右，日本汽车厂商只有5%，而中国汽车企业普遍在10%~15%。也就是说，国内汽车物流成本是国外的2~3倍，具有很大的下降空间。

2. 业务优势

由于客户所从事的行业不同，由此带来的客户服务要求也是千差万别，例如生鲜产品要求快速、及时和冷藏，危险化工品要求安全和具有仓储设备。这些要求的差异往往是生产企业内部的物流系统所不能满足的，但却是第三方物流市场细分的基础。生产企业通过物流业务的外包就可以将这些任务转交给第三方物流公司，由他们来提供具有针对性的定制化物流服务。

此外，当中小型企业的核心业务迅猛发展时，需要企业物流系统快速跟上，这时企业原来的物流系统往往由于硬件设施和信息网络的局限而不能满足业务发展需要，选择第三方物流可以突破这种资源限制的瓶颈，并且避免部门扩张及其物流人员招聘培训所需要的过渡期，保证物流业务的平稳发展。

3. 成本优势

第三方物流可降低生产企业运作成本。专业的第三方物流公司利用规模生产的专业优势和成本优势，通过提高各环节资源的利用率实现费用的节省，并使企业能从费用结构中获益。由于企业使用外协物流作业，可以事先得到物流服务供应商申明的成本或费用，可变成本转变成不变成本，稳定的成本使得规划和预算手续更为简便，这也是物流外包的积极因素。

第三方物流还可以减少固定资产投资。现代物流领域的设施、设备，如仓库租赁与信息系统的投入成本是相当大的，企业通过物流外包可以减少对此类项目的建设和投资费用，变固定成本为可变成本，并且可以将由物流需求的不确定性和复杂性所带来的财务风险转嫁给第三方。尤其是那些业务量呈现季节性变化的公司，外包对公司资产投入的影响更为明显。

4. 客服优势

第三方物流公司作为一种服务性质的公司，为了能够在竞争中处于不败地位，他们就必须不断提高服务质量，让被服务的公司满意，否则它们会有随时被替换的危险。鉴于此，第三方物流公司需要不断地改进服务，以满足客户要求。

单元二 第三方物流管理

通过对比分析自营物流与第三方物流，知道如何合理地提供物流规划方案；通过学习培养学生分析问题及解决问题的能力。

一、第三方物流的经营理念

（一）双赢原则

使用第三方物流实际上是借用其他企业的各种物流管理资源来实现本企业的内部物流管理。换句话说，企业为了实现自身物流管理，采取了与外部企业合作的方式，这种合作方式不仅对企业自身有益，可以分担风险、降低成本、提高服务质量等，同时对第三方物流企业也有利，因为外购物流的企业，实际上是第三方物流企业的客户，外购业务越多，第三方物流的业务越兴旺，也就意味着订单越多，第三方物流企业的发展也就越快。这正是20世纪80年代以来，第三方物流行业迅速发展的原因。第三方物流企业不仅在规模上、数量上发展壮大了，而且在管理内容上也扩大了，功能由仅仅承接单一的物流管理变为能够承接多种物流管理，为客户提供全方位的物流服务。此外，在物流管理时间上也变长了，由原来短期的物流管理合同变为长期物流管理合作的承诺。

显而易见，企业与第三方物流企业的这种合作建立在双方均有利的基础上，也就是实现了双赢原则。双赢原则意味着合作双方相互信任，相互依赖，是一种对等的伙伴关系。

（二）以客户为本

近年来，客户服务在全世界受到了普遍重视。"与客户接近"已成为取得商业成功的法宝。它具有几个方面的要素，其中之一就是具有一个能对客户订单迅速反应的和理解客户需求的物流系统。全面质量管理也与客户服务有关。"市场导向的质量"的口号，不仅包括一个产品的质量，也包括一系列与质量相关的服务，它产生并维持与客户的联系，最终目的是客户能够百分之百的满意。客户服务的另一方面是越来越多的客户对价值与质量比例关系的认识以及现代消费者的特殊需求，例如对时间及灵活性的要求提高了。客户服务是物流与市场营销的重要连接面。如果物流系统不能恰当运作，比如客户不能收到公司承诺的货物，公司将可能丢失客户。也就是说生产制造能在合适的成本下生产合格的产品，市场营销能把产品出售给客户，但物流如果不能按承诺运送产品，客户最终还是不会满意。

客户服务是市场营销与物流的交界面。它们之间的关系是通过市场营销中的"场所"（Place）来相交的，"场所"也就是销售渠道决策及提供的相关客户服务水平。这样，物流在此起到了一个在一定客户服务水平下（服务水平通常由市场营销决定），使所有物流活动的总成本最小的作用。

（三）战略联盟

在企业与第三方物流企业合作的过程中，双方具有共同目标，共享风险与收益，为了共同的利益，结成了战略联盟关系，摒弃了对立的立场，实现了物流的战略联盟。

新经济时代的到来，市场竞争的加剧，使企业面临的是资源及财力的缺乏。因此，寻找经济联盟合作伙伴的意识增强，企业间合作增多，这已成为一种新趋势，客户和供应商都可以成为伙伴，形成一条供应链，而第三方物流恰恰是这条供应链中不可缺少的一环。

企业与第三方物流企业结成的战略联盟应该能够强化物流管理、增加物流管理的价值，促进销售，开拓市场，降低成本，提高利润。

在建立战略联盟时，需要注意的是联盟各方首先要判断自身的优势在哪里，当然，优势并不等于是在占用物力、人力和财力资源最多之处。这些优势不应该在战略联盟中被减弱，而是应该在战略联盟中被大大地增强，并且企业外购物流部分也一定是非优势部分。

（四）虚拟企业

虚拟企业（Virtual Corpondion，VC；或用 Virtual Enterprise，VE），是指组织结构动态化、以互联网（Internet）为平台的企业组织，它们各自具有不同的资源或优势，甚至可能是同行或是竞争对手，为了赢得某一市场机遇，按照某个协定或标准，通过信息技术、网络技术实现的平台，以实现共享优势、降低成本、满足市场需求为目的，所组成的临时性网络组织。

虚拟企业是在发现市场机遇后，由一个盟主企业召集有关的厂商，通过信息网络将这些企业的相应生产、经营资源集成起来，共同完成市场目标的分布式网络动态组织。目标一旦实现，这一组织将随即消亡。

虚拟企业的一个优点是企业对市场的反应时间短。当市场出现一个机遇时，虚拟企业便马上可以组织相应的资源来进行响应，这个时间是传统企业所无法达到的。成本低是虚拟企业的第二个优点，因为一个企业总是有自己擅长和不擅长的地方，一般不擅长的领域要承担高风险和低利润，但为了企业的运转，又不得不承担这一部分，而虚拟企业则仅仅专注于自己的特长部分，其余部分由别的企业去做，而这些企业对此又是最精通的，因此总的成本就明显降低了。另外，虚拟企业在完成一个目标后，马上解除相互间的协议，组织形式很灵活，大家的合作和机会就体现了公平和均等。

虚拟企业具有明显的动态性，它可以分为两种状态：运行和等待。运行是和其他企业合作完成某一目标；等待是寻找合作机会。这种动态性本身就是社会资源调配的一种合理方式。虚拟企业还有网络结合性，没有计算机网络，就无法实现虚拟，所以它是高科技平台下的一种企业形式。虚拟企业可以实现资源配置最佳化，虽然传统企业的目标也是实现资源配置最佳化，但它很难实现这一点。在虚拟企业中，即便合作方相距很远，互相间的沟通也是轻而易举的，因此虚拟企业可以在地理位置分布很遥远、很分散的情况下，将有关社会资源进行最佳优配置。

第三方物流企业的市场满意度不高，根本问题是信息化水平较低，因此不少企业考虑组建呼叫中心、管理信息系统、数据库等 IT 产品和系统，但问题并没有因此得到根本的解决，因为物流需要的是有效的沟通和联系。物流企业在购置了计算机系统后，还要考虑用什么模式来使用它，而这个模式也是物流企业的运作模式。用虚拟企业的模式构建第三方物流企业是一个选择，事实上也是一个最佳的选择。

虚拟企业要求企业之间是动态和合作的，因此在信息化工具上，就要求系统间是接口标准化的，按照这个标准化接口，可以实现任意企业间的即时互连和协同工作，在工作时信息的流通如同是在一个企业内部一样，这样物流业务所必需的各类信息就可以准确无误地进行传递了。一般来说，这些信息需要及时、准确、格式化，传统的手段根本无法满足要求，这也是某些没有实现信息化的第三方物流企业的一大弱点。

物流企业的一个特点是变动性大，一旦和某些企业的合作结束后，马上转入和另一些企业的合作，而虚拟企业的工作特点也是这样的，因此物流企业可以说是天然的虚拟企业。

在虚拟企业的实施中，一般是由盟主来牵头的，而物流企业一般是不能成为盟主企业的，但虚拟企业的实施并不是仅仅由盟主企业来实现的。必须有其他跟进企业才行。而且，从某种程度上来讲，跟进企业虽然没有技术或市场品牌等方面的优势，但必须有IT技术平台方面的便利，否则就无法寻找机会。第三方物流企业就属于这种跟进企业，因此它必须建造一个良好的信息化平台，将有关的呼叫联系、物流信息管理、数据存储计算等功能包括在内，并在内联网、外网联、互联网技术的帮助下，将自己的管理模式转变为虚拟企业的管理模式。

第三方物流企业的虚拟企业化可以带来明显的优点。

(1) 保证质量。一旦与某个企业签约后，可以像在一个企业内部工作一样，保证信息的畅通无阻，这是保证物流质量的根本前提。

(2) 合作机会增加。在互联网上，宣传企业的成本很低，范围很大，因此可以得到更多的机会同各类企业进行合作。对于物流企业来讲，业务越多，成本就越低，质量就越好，主要的制约因素就是当信息种类较多、信息量较大时，会降低物流效率，但在信息化的前提下，这个问题已不复存在。

(3) 服务标准化。企业和物流企业合作，需要复杂的信息联络，在虚拟企业环境中，IT系统的标准化接口给双方的职能划分提供了坚实的技术基础，合作双方需要提供哪些服务和条件，都是很清楚的，从而杜绝了扯皮现象。

(4) 获得高信息化。没有信息化，就没有现代化的物流。通过用虚拟企业模式重整物流，物流企业可以在信息化程度上有突飞猛进的大发展，既提高和完善了自身的整体素质，也满足了社会和企业对信息化平台的要求。

(5) 降低成本。成本是制约一个企业的重要因素，对物流企业也不例外。通过虚拟企业模式，物流企业可以同时和多个企业合作，无论批量大小、路线长短，通过信息化工具的安排，都能实现与企业的快速合作，这样成本自然就降低了。

二、第三方物流的增值服务

一般说来，第三方物流能提供30多种物流服务。传统的物流服务项目如运输、配送、保管、货运代理等占据主导地位。除此之外，第三方物流也提供一些特殊服务、技术服务以及信息网络服务。最常见的3PL服务包括设计物流系统、EDI能力、报表管理、货物集运、选择承运人/货代人、海关代理、信息管理、仓储、咨询、运费支付、运费谈判等。

第三方物流如何进行增值服务，这不能一概而论，每一个第三方物流公司都应当打造自己独特的优势，形成自己独特的增值物流运作方式。所以，客户在选择第三方物流企业时，首先应当判断该企业在增值运作方面的能力。而就第三方物流企业而言，增值服务的一般途径有以下几方面。

（一）基本服务延伸的增值

基本物流服务是大量发生的，由于只是向客户提供基本的服务，服务的深度不够，因此各项基本服务都有增值的潜力，有时候基本服务与增值服务只有一步之遥，是很容易跨越的，之所以没有采取增值服务的方式，有可能出自于客户降低成本的考虑，或者是客户对于增值服务的意义缺乏认识。动员客户实现这一步的跨越是第三方物流企业的责任。基本服务向增值方向延伸的办法很多，表5-1列举了一些方法，可供参考。

基本服务延伸的增值　　　　　　　　　　　　　　表5-1

基本服务	延伸基本服务所增加的因素	增值的效果
一般包装	在一般包装的基础上注入更多的信息因素，例如商品和包装的简要说明、质量查询电话或网址	消费者放心购买、销量增加
一般包装	在一般包装的基础下注入更多的装潢因素，例如商品促销的装潢	促进购买，销量增加
一般的汽车货运	根据情况，将发货点、到货点延伸到两端客户门口，变成了"门到门"的运输	加快了速度，减少了装卸搬运次数，从而降低了费用；抢占了销售时机从而获利
一般仓库存货	增加向客户提供信息服务的因素，例如客户查询系统将一般仓库存货管理变成精细的管理	准确的信息可以支持客户降低库存，从而节约成本
一般库存管理	增加与供需双方的沟通，尤其增加供货的信息，变成低库存甚至零库存	减少了资金占用和货物损失，减轻了仓库管理工作
一般的装车服务	增加事前规划的因素，根据不同货物及不同包装重量、包装体积做出装车规则	增加了装车数量及装车安全程度，降低了成本
一般的卸车服务	增加事前规划的因素，指定每一件货物卸货之后的放置地点，按指定地点放置货物	减少了客户企业内部的物流环节，尤其是再装卸、搬运环节，从而节省人力、节省时间、节省费用

（二）合理化改造的增值

物流系统存在着不停地合理化改造的可能性，这种改造没有止境，即使现在的系统已经很完善了，但是随着技术进步和管理的发展，又会出现很多可以进行合理化改造的空间。第三方物流企业必须牢牢把握一些可进行合理化改造的可能性，由专人分析、研究每个领域合理化改造的可行性，提出合理化解决方案。物流合理化的办法很多，表5-2列举了一些方法，可供参考。

合理化改造的增值　　　　　　　　　　　　　　　　　　　　　　表 5-2

原来的物流运作	实施合理化的做法	增值的效果
商品的通用包装	根据商品不同，有选择地把通用包装改造成有针对性的包装	增强了所需要的包装功能，从而获得增值
过分专用的包装	根据商品不同，有选择地把过分专用的包装改变成通用型的包装	利用通用包装，增加了包装材料的可获得性和再生性，降低了成本
利用配送方式向连锁店进行配送	整合若干个连锁商业系统，或者整合连锁商业系统与其他的物流需求，实行共同配送	减少了车辆的占用和交通拥堵，降低了配送成本
利用配送方式向连锁店进行配送	对需求量比较大的连锁商店，或者原来配送商品中的一部分数量较大的商品，从物流中心或者仓库直接送货到连锁店，实行越库配送	减少了配送中心环节，提高了配送速度，节省了配送系统的配送费用和管理费用
干线汽车物流	利用信息系统进行合理化改造，使干线物流的两个终端点有及时、准确的车辆信息、货源信息，防止车辆回程无货空驶，降低车辆的空驶率	通过降低空驶率增加收入，降低成本
仓库存放货物的普通货架	用提高活性的办法进行合理化改造，对流动性比较强的货物，改用重力式货源，提高被放货物的活性	提高了操作效率，减少了操作时间和人力占用

（三）一体化物流服务的增值

将若干独立物流活动实行一体化，这样可以统筹物流资源，减少浪费，从而获得增值。

（四）供应链集成整合增值

进行更大范围的供应链整合，从而提高整个供应链的竞争能力，获得增值。

（五）管理增值

引入先进的管理模式，介入用户的物流管理，从而可以在不增加物流资源甚至精简物流资源的前提下获得增值。

三、生产企业与第三方物流企业之间的风险关系

不难看出，第三方物流确实能给企业带来多方面的利益，但这并不意味着物流外包就是所有企业的最佳选择，事实上，第三方物流也不可避免地存在以下负面效应。

1. 生产企业对物流的控制能力降低

由于第三方的介入，使得企业自身对物流的控制能力下降，在双方协调出现问题的情况下，可能会出现物流失控的风险，从而使企业的客户服务水平降低。

2. 沟通的时滞性

由于第三方物流企业的接口人太多，企业的一些要求很容易由于接口人的疏忽造成信息传达不准确、不及时、不完整，从而延误清关提货，影响生产按计划的完成。

3. 利益矛盾

由于企业和第三方物流企业代表着两个不同的利益群体，所以当企业碰到一些棘手的问题时，第三方物流企业由于考虑到存在的风险问题，可能会找各种借口推诿，以避免承担不必要的责任。

4. 客户信息泄漏风险

客户信息对企业而言是非常重要的资源，但第三方物流企业并不只面对一个客户，在为企业竞争对手提供服务的时候，企业的商业机密被泄漏的可能性将增大。

5. 连带经营风险

企业与第三方物流企业是一种长期的合作关系，如果第三方物流企业自身经营不善，则可能影响自身企业的经营，解除合作关系又会产生较高的人力成本和时间成本，因为稳定的合作关系是建立在较长时间的磨合基础之上的。

四、企业选择第三方物流的利弊分析

选择第三方物流还是自营物流，企业当慎重选择。第三方物流并不是意味着是所有企业的最佳选择。

企业物流模式主要有自营物流和第三方物流。企业在进行物流决策时，应根据自己的需要和资源条件，综合考虑以下主要因素，慎重选择物流模式，以提高企业的市场竞争力。

1. 物流对企业成功的影响度和企业对物流的管理能力

物流对企业成功的重要度高，企业处理物流的能力相对较低，则采用第三方物流；物流对企业成功的重要度较低，同时企业处理物流的能力也低，则外购物流服务；物流

对企业成功重要度很高，且企业处理物流能力也高，则选择自营物流。

2. 企业对物流控制力要求

越是竞争激烈的产业，企业越是要强化对供应和分销渠道的控制，此时企业应该自营物流。一般来说，主机厂或最终产品制造商对渠道或供应链过程的控制力比较强，往往选择自营物流，即作为龙头企业来组织全过程的物流活动和制定物流服务标准。

3. 企业产品自身的物流特点。

对于大宗工业品原料的回运或鲜活产品的分销，则应利用相对固定的专业物流服务供应商和短渠道物流；对全球市场的分销，宜采用地区性的专业物流公司提供支援；对产品线单一或为主机厂做配套的企业，则应在龙头企业统一下选择自营物流；对于技术性较强的物流服务如口岸物流服务，企业应采用委托代理的方式；对非标准设备的制造商来说，企业自营物流虽有利可图，但还是应该交给专业的物流服务公司去做。

4. 企业规模和实力

一般说来，大中型企业由于实力较雄厚，有能力建立自己的物流系统，制订合适的物流需求计划，保证物流服务的质量。此外，还可以利用过剩的物流网络资源拓展外部业务（为别的企业提供物流服务）。如实力雄厚的麦当劳公司，每天必须把汉堡等保鲜食品运往各地，为保证供货的准确与及时，就组建了自己的货运公司。而小企业则受人员、资金和管理资源的限制，物流管理效率难以提高。此时，企业为把资源用于主要的核心业务上，就适宜把物流管理交给第三方专业物流代理公司。

5. **物流系统总成本**

在选择是自营物流还是物流外包时，必须弄清两种模式下物流系统总成本的情况。计算公式为：

物流系统总成本＝总运输成本＋库存维持费用＋批量成本＋总固定仓储费用＋
总变动仓储费用＋订单处理和信息费用＋顾客服务费用

这些成本之间存在着二律背反现象：减少仓库数量时，可降低保管费用，但会带来运输距离和次数的增加，从而导致运输费用增加。如果运输费用的增加部分超过了保管费用的减少部分，总的物流成本反而增大。所以，在选择和设计物流系统时，要对物流系统的总成本加以论证，最后选择成本最小的物流系统。

6. 第三方物流的客户服务能力

在选择物流模式时，考虑成本尽管很重要，但第三方物流为本企业及企业顾客提供服务的能力也是至关重要的。也就是说，第三方物流在满足你对原材料及时需求情况下，它对你的零售商和最终顾客不断变化的需求的反应能力等方面应该作为首要的因素来考虑。

7. **自拥资产和非自拥资产第三方物流的选择**

自拥资产第三方，是指有自己的运输工具和仓库，从事物流操作的专业物流公司。他们有较大的规模，雄厚的客户基础，到位的系统。专业化程度较高，灵活性受到一定限制。非自拥资产第三方，是指不拥有硬件设施或只租赁运输工具等少量资产，主要从事物流系统设计、库存管理和物流信息管理等，而将货物运输和仓储保管等具体作业活动交由别的物流企业承担，但对系统运营承担责任的物流管理公司。这类公司运作灵活，能制订服务内容，可以自由混合、调配供应商，管理费用较低。企业应根据自己的需求对两种模式加以选择和利用。

拓展案例

中外运空运公司为摩托罗拉公司提供的物流服务

中外运空运公司是中国外运集团所属的全资子公司，华北空运天津公司是华北地区具有较高声誉的大型国际、国内航空货运代理企业之一。下面是中外运空运公司为摩托罗拉公司提供第三方物流服务的案例介绍。

一、摩托罗拉公司的物流服务要求和考核标准

1. 摩托罗拉公司的服务要求

（1）要提供24小时的全天候准时服务。主要包括：保证摩托罗拉公司与中外运业务人员、天津机场和北京机场两个办事处及双方有关负责人通信联络24小时通畅；保证运输车辆24小时运转；保证天津与北京机场办事处24小时提货、交货。

（2）要求服务速度快。摩托罗拉公司对提货、操作、航班、派送都有明确的规定，时间以小时计算。

（3）要求服务的安全系数高，要求对运输的全过程负责，要保证航空公司及派送代理处理货物的各个环节都不出问题，一旦某个环节出了问题，将由服务商承担责任，赔偿损失，而且当过失到一定程度时，将被取消接收业务的资格。

（4）要求信息反馈快。要求公司的计算机与摩托罗拉公司联网，做到对货物的随时跟踪，掌握货物运输全过程。

（5）要求服务项目多。根据摩托罗拉公司货物流转的需要，通过发挥中外运系统的网络综合服务优势，提供包括出口运输、进口运输、国内空运、国内陆运、国际快递、国际海运和国内派送等全方位的物流服务。

2. 摩托罗拉公司的考核标准

摩托罗拉公司选择中国运输代理企业，首先是通过多种方式对备选的运输代理企业的资信、网络、业务能力等进行周密的调查，并给初选的企业少量业务试运行，以实际考察这些企业服务的能力与质量，对不合格者，取消代理资格。

摩托罗拉公司对获得运输代理资格的企业会进行严格的月季度考评。主要考核内容包括运输周期、信息反馈、单证资料、财务结算、货物安全和客户投诉。

二、中外运空运公司的主要做法

（1）制订科学规范的操作流程。摩托罗拉公司的货物具有科技含量高、货值高、产品更新换代快、运输风险大、货物周转及仓储要求零库存的特点。为满足摩托罗拉公

司的服务要求，中外运空运公司从1996年开始，设计并不断完善业务操作规范，并纳入了公司的程序化管理范围。所有业务操作都按照服务标准设定和管理程序进行，先后制订了出口、进口、国内空运、陆运、仓储、运输、信息查询、反馈等工作程序，每位员工、每个工作环节都按照设定的工作程序进行，使整个操作过程井然有序，减少了差错，提高了服务质量。

（2）提供24小时的全天候服务。针对客户24小时服务的要求，实行全年365天的全天候工作制度。周六、周日（包括节假日）均视为正常工作日，厂家随时出货，随时可安排专人、专车进行操作。在通信方面，相关人员从总经理到业务员保持24小时的通信通畅，保证了对各种突发性情况的迅速处理。

（3）提供门到门的延伸服务。普通货物运送的标准一般是从机场到机场，由货主自己提货，而快件服务的标准是从"门到门""库到库"，而且货物运输的全程在严密的监控之中，因此收费也较高。对摩托罗拉公司的普通货物虽然是按普货标准收费的，但提供的却是"门到门""库到库"的快件服务，这样既提高了摩托罗拉的货物运输及时性，又保证了安全。

（4）提供创新服务。从货主的角度出发，推出新的、更周到的服务项目，最大限度地减少货损，维护货主信誉。为减少摩托罗拉公司的货物在运输中被盗情况，在运输中间增加了打包、加固的环节；为防止货物被雨淋，又增加了一项塑料袋包装；为保证急货按时送到货主手中，还增加了手提货的运输方式，解决了客户的急、难的问题，让客户感到在最需要的时候，中外运公司都能及时快速地帮助解决。

（5）充分发挥中外运的网络优势。经过50年的建设，中外运在全国拥有了比较齐全的海、陆、空运输与仓储、码头设施，形成了遍布国内外的货运营销网络，这是中外运发展物流服务的最大优势。通过中外运网络，在国内为摩托罗拉公司提供服务的网点已覆盖98个城市，实现了提货、发运、派送全过程的定点定人、信息跟踪反馈，满足了客户的要求。

（6）对客户实行全程负责制。作为摩托罗拉公司的主要货运代理之一，中外运空运公司对运输的每一个环节负全责。对于出现的问题，积极主动协助客户解决，并承担责任和赔偿损失，确保货主的利益。

回顾6年来中外运空运公司为摩托罗拉公司的服务，从开始的几单货发展到面向全国，双方在共同的合作与发展中，建立了相互信任和紧密的业务联系。在中国加入世界贸易组织后的新形势下，中外运空运公司和摩托罗拉公司正在探讨更加广泛和紧密的物流合作。

进出口商在向货运代理人和第三方物流商寻求增值服务的同时，他们还有着更高的要求——服务商完全掌握从原材料的采购到制成品的运送整个制造过程的每一个环节，对遍布世界各个出口市场的通关程序了如指掌，并能做出相应计划以使他们免于美国海关施加在他们头上的重税和罚款。但有一个的要求却是永远一样的，即要求第三方物流企业具有应付并处理繁杂事物的能力。正如位于美国的Solar Turbines公司的运输经理琳达·布雷斯顿所说："及时运送是至关重要的,最糟糕的事情莫过于接到客户的电话,抱怨他们的货物还没有到,不知出了什么事。"对于 Solar Turbines 这样一个向 80 多个国家出口机械(包括向边远地区运送石油和天然气勘探设备)的公司来说,第三方物流企业必须通晓他们的运作情况。

一些货主还希望代理商们与他们在海外的客户进行接触,比如生产打印机的 Encad 公司的物流经理杰尼·卡拉盛情邀请其服务商与他一道对海外客户进行专访,以使这些服务商们对该公司 60 多个出口市场国家和海关运作有所了解。

美国出口商在拓展新的出口市场时,他们一般不太愿意在建立分拨和雇佣海外员工方面投入太大,他们只是希望对当地运作实施有效的管理与控制。越来越多的出口商更希望他们的物流服务商拥有自己的仓储及分拨设施,并在这些国家建有自己的办事机构。

通信设备制造商 Pulse Engineering 公司的国内及国际运输经理米歇尔·罗密欧说:"你们(物流服务商)是我们公司的延伸,我们希望你们成为我们的业务伙伴。"该公司与那些离自己客户市场邻近的第三方物流服务商合作,在订单签订若干小时内,产品就能及时送到客户手中。罗密欧说,第三方物流企业还能够提供更有价值的服务。比如,Pulse Engineering 公司就一直在寻找在 EDI 系统方面有专长的物流服务商为其提供服务。

在货主从货运代理人及第三方物流商那里寻求附加服务的同时,这些服务商也提出了进出口商们是否会为这些附加服务付费的问题。西雅图的全球运输服务公司特殊项目主任说:"如果要求卡迪拉克式服务,你会支付卡迪拉克般的价格吗?"

一般来说,货主更愿意与物流服务商签订全程服务合同,并提供额外的不可预见的服务费用。但也有一些进出口商还是宁愿物流商提供如编制进出口单据之类的基本服务。经纪公司和代理商们却认为这种方式过于目光短浅,因为货主在整个合同执行过程中,避免不了有更深层次服务的需求。如果这些额外服务以单独形式计算,肯定会比一揽子合同方式计算成本更高。

进口商与出口商的需求有时是不同的。相比之下,进口商对技术的要求更高。由于美国海关对进口公司所报货品的分类及估价造成的错误十分头疼,难免对这些进口商罚以重金。鉴于这种情况,有些大型进口商指定专门物流服务商来解决这些问题,这样,他们就得以少向美国海关缴纳罚金。因此美国海关开始对那些没有能力解决这些问题的中小型进口公司下手,海关经纪公司倍受青睐的原因就在于此。

单元测试

一、单项选择题

1. 及时系统工厂的基本理念是_____。
   A. 零库存、零缺陷、零故障　　　　　　B. 精益生产

  C. 看板管理   D. 拉式系统

2. 企业只_____，才能更关注服务工作，提高服务水平。

  A. 集中精力于核心业务   B. 吸收大量优秀人才

  C. 完成生产指标   D. 制订生产计划

3. 第三方物流与企业为了共同的利益，摒弃了对方的立场，建立了_____理念。

  A. 双赢   B. 一体化   C. 战略联盟   D. 友好

4. 选择第三方物流首要考虑的因素是_____。

  A. 第三方物流企业特长   B. 第三方物流企业资源

  C. 花费成本   D. 物流服务

5. 现代物流服务功能是_____。

  A. 单一的   B. 多种多样的   C. 灵活的   D. 全方位的

二、判断题

1. 为了满足准时交货要求，只有采用加班加点方法。   （ ）
2. 现代物流功能包括运输、保管和配送。   （ ）
3. 企业由于精力、能力的不足，要做到不断更新物流设备有困难。（ ）
4. 企业内部的物流管理部门就是一个第三方物流。   （ ）
5. 选择第三方物流时，最好选择服务资源丰富的企业。   （ ）

三、问答题

1. 企业如何合理选择第三方物流？
2. 论述第三方物流的优势。

模块六　国际物流管理

单元一　国际物流

了解国际物流管理的含义、特点、分类。通过任务驱动学生掌握国际物流商务与国际物流业务操作的方法和技巧，明确物流全球化和战略地位。

一、国际物流的概念

国际物流（International Logistics）是不同国家（地区）之间的物流，是物流活动的国际化，也就是物流业务跨越国界，在全球范围内运作。广义的国际物流包括国际贸易物流和非国际贸易物流。国际贸易物流是与国际贸易活动相关的物流活动，如贸易公司为实现进出口商品交易、跨国公司为组织全球范围内的产品生产而必需的货物集运、分拨、包装、运输、仓储、装卸、加工、报关、保险和单证处理等活动。非国际贸易物流是指由非对等交易活动引起的国际物流活动，如跨越国界的国际邮件、国际展品、国际军火、个人、家庭或组织间的实物赠予、国际公益活动以及逆向物流等。国际贸易物流可以看作是狭义的国际物流。

二、国际物流的特征

与国内物流相比，跨越国界的国际物流活动距离更长、环节更多、环境更复杂，同时顾客的需求也更加多样化。这种复杂性决定了国际物流必然具有许多特殊性。具体来说，国际物流运作有以下特征。

（一）物流作业环节多，流程完成周期长

国际物流是跨越国界的物流活动，与一般物流相比，国际物流作业不仅需要一般的运输、仓储、装卸、流通加工等环节，还需要某些特殊的环节，致使物流流程的完成周期更长。具体体现在以下几个方面。

（1）由于地域范围扩大，货物的在途时间拉长，导致运输时间较长。同时，运输时间还会因为定期的船期或航班而延长。

（2）由于物流流程涉及不同的国家，货物的出入境都需要报关、安全检查检疫、清关等必备的海关过境程序。这些物流活动涉及的国家越多，整个过程越长。

（3）不同国家的物流设施设备存在差异，必然需要更多的运输工具转换，这就导致物流过程中更多的装卸作业。

（4）为保证长距离物流运输的安全性，避免由于温度和天气条件的变化，或者搬运作业可能对货物造成的损害，一般国际物流中的货物都需要特殊包装。同时，还需要办理相关的保险，以降低整个物流过程中的风险损失。

（5）相对于国内贸易，国际贸易中的交易双方更多地依赖于金融中介来确保信誉，一般需要借助金融中介的信用证或者依靠银行融资来实现，而信用证的办理以及融资都需要一定的时间。

（二）物流作业复杂

国际物流跨越海洋和大陆，其业务流程涉及多个国家和地区，本身就是一个庞大的复杂系统，涉及运输、储存、包装、装卸搬运、流通加工、检验检疫、通关和配送等多个作业环节。国际物流涉及两个以上的国家或地区，不同的国家或地区又存在着法律法规、物流技术和标准的差异，因而，物流过程中的管制和查验以及相关手续繁多。除此之外，国际物流作业的复杂性还表现为以下几方面。

（1）国际物流环境复杂、差异大。在不同国家之间进行经济活动时，往往会受到各个国家的政策、法律规定不同，经济发达的程度不同，地理环境条件不同，科技发展的水平不同，历史、文化背景不同等诸多因素的影响。不同的国家适应不同的物流法规，使国际物流经营活动的环境可能变得非常复杂。一个国际物流系统需要在几个不同的法律、语言、科技、社会标准下运行，这些无疑会大大增加物流作业的难度和系统的复杂性。

（2）国际物流运输过程复杂。国际物流往往需要经过多种运输方式的衔接运输，同时由于气候条件复杂，对货物运输途中的保管、存放要求高。货物的加工和储存也具有一定的复杂性。

（3）国际物流作业的复杂性还突出地表现在单证的复杂性上。国内作业一般只需要一份发票和一份提单就能完成，而国际作业往往需要大量的有关商务单证、结汇单证、船务单证、运输单证、报检报关单证、港口单证及装卸货流转单证等。同时，货物装运交付每经过一个国家，都需要使用这个国家或地区语言的单证，因此，尽管有时候物流运输的地域范围并不大，但由于语言的复杂性，物流作业涉及大量不同语言的单证。例如，西欧国家在地域上并不比美国大，整个西欧又是统一的市场，不存在货物出入关的相关程序，但由于各国使用不同语言，在西欧范围内的物流作业中产生了大量的单证，这就使西欧跨越国界的物流作业比在美国国内的物流作业复杂得多。此外，虽然在国际物流运输中，针对不同的运输方式有许多共同的国际性规则，如国际惯例、价格条件、国际清算、信用证交易、承运人责任限制和通用单证等,但不同的国家或地区在运输方式、资金融通、订货项目以及政府控制等方面总是存在着差异,有时候甚至差异很大,这些都会导致国际物流过程中的单证增多,使物流作业更加复杂。

(三)物流过程具有高风险性

风险产生的根本原因在于事物发展及其环境变化的不确定性,物流活动也是如此。国际物流由于较长的流程完成周期、复杂的作业和跨国界运作,其过程中除了存在一般性物流风险(如意外事故、不可抗力、作业损害、理货检验疏忽、货物自然属性、合同风险)外,还因跨国家、长距离运作,面临着政治、经济和自然等方面的更高风险。

(1)政治风险。政治风险主要是指由于所经过国家的政局动荡,如罢工、动乱或战争以及国与国之间的政治、经济关系的变化等原因造成物流流程中断、运输延迟、物流流程延长及货物损害甚至丢失等。毫无疑问,物流流程涉及的国家越多,风险就越大。

(2)汇率和利率风险。由于国际物流过程中的资金流具有不确定性,因此除一般物流过程中存在的经济风险以外,国际物流还面临着汇率风险和利率风险。在信用货币制度下,各国货币间的汇率和货币利率受国际金融市场交易状况的影响,其波动性很大,从而导致物流中用于结算的货币相对币值具有不确定性。如班轮公司会因其运输费结算货币的贬值而减少实际的运费收入,为此,船运公司通常要加收货币贬值附加费以弥补汇率变动所引起的损失。物流流程完成周期越长,这种不确定性就越大,结算货币的汇率和利率的风险就越大。同时,处于不同国家的不同物流阶段上的费用支出一般使用本地货币,这就涉及多种货币的汇率。币种越多,汇率和利率风险就越大,从而增加了物流成本控制的难度。

(3)自然风险。它是指因地震、海啸、风暴等自然灾害引起的运输事故、物品运输过程中断等风险。自然灾害会直接造成货品损失,中断物流过程。国际物流由于运输时间长、距离远,使货物在途中丢失和损坏的风险加大,从而导致更高的自然风险。

(四)国际物流以远洋运输为主,多种运输方式结合

国际物流运输方式的选择不仅关系到国际物流交货周期的长短,还关系到国际物流总成本的大小。由于国际物流中的运输距离远、运量大,考虑运输成本,运费较低的海运成为最主要的方式。同时,为缩短货运时间,满足客户在时间上的要求,在运输方式上还采用空运、陆运和海运相结合的方式。目前,在国际物流活动中,"门到门"的运输方式越来越受到货主的欢迎,使得能满足这种需求的国际复合运输方式得到快速发展,逐渐成为国际物流运输中的主流。

(五)国际物流的标准化要求高

国际物流除了需要国际化信息系统支持外,还要求物流各国家和地区的物流基础设施结构标准化和签订贸易协定,以保证国际物流的畅通。

（1）全球标准信息系统是保证国际物流效率的基础。信息技术是现代物流发展最有力的技术支撑，也是物流成为独立产业的技术基础。国际物流的运作既涉及各个国家和地区政府宏观控制和管理问题，又涉及各种物流基础设施和设备的问题。国际物流流程的复杂性和较长的完成周期，决定了整个作业过程中信息的复杂性和多样性。要保证各物流环节之间及时的信息交流，就必须建立统一的信息技术平台，实行全球信息一体化运作。目前，在物流信息传递技术方面，欧洲各国不仅实现企业内部的标准，而且也实现了企业之间及欧洲统一市场的标准化。

（2）基础设施设备标准化可以有效地减少物流作业量，缩短物流流程完成周期。如运输和货物搬运设施设备、仓库和港口设施等。标准集装箱运输方式的发展极大地促进了物流基础设施设备的标准化发展，但各个国家和地区在汽车、轮船等运输工具的装载尺寸、载重和铁路轨道规格等方面仍然存在着很大的差距，这就导致产品在跨越国界时，不得不在不同的运输工具之间卸载和转运，人为增加了作业环节和作业量，导致大量的资源浪费和增加物流成本。美国和欧洲共同体各国在许多基础设施和工具方面实施标准化建设，如托盘采用 $1000mm \times 1200mm$ 规格，集装箱实行统一规格及条码技术等，极大地促进了国际物流的发展。

（3）贸易协定也是减少物流作业环节、降低物流成本的重要保证。为保护国内企业生产，一些国家和地区通过规定某些商品的进口额度，对超出部分设置高额关税，限制这些商品的流入量，从而人为增加了物流成本。例如美国对金枪鱼进口就采取了这样的措施。为避免缴纳过多的关税，进口商往往在金枪鱼即将到达规定的数量时，将多余的部分存入保税仓库，等待第二年年初进行装运。这就增加了物流成本，也使金枪鱼的物流过程复杂化。各个国家和地区通过贸易协定就可以有效地克服这种人为成本的增加。

（六）国际物流需要更高的标准化信息处理系统和信息传输技术

国际物流管理的最终目标是在国际范围内，以适当的方式，在适当的时间，将指定的物品以较低的成本，快速、安全地送到指定的地点。它要求整个流程的一体化协作，从而最大限度地节约时间、缩短物流流程的完成周期。因此，要实现物流流程中各环节之间的有序衔接，节约时间、缩短流程周期，就必须有功能更强大，信息传输和信息处理更快的标准化信息系统技术作为支撑。只有这样，才能及时处理国际物流流程中纷繁复杂的相关信息，才能以标准化的方式将有用的信息及时传递到相关物流节点，保证各节点及时组织和安排相关的业务。

国际物流与传统物流的区别就在于现代信息技术与物流的结合，也就是通过计算机和网络进行信息收集、传递、发布，以及智能化处理和物流过程的控制。由于信息网络的条码和自动识别技术、全球定位系统（GPS）跟踪、自动仓储控制、自动订单等电子单据传递等新技术的广泛采用，国际物流需要有世界范围的信息化支持。

总之，尽管国际物流在原理上与国内物流基本相同，但国际物流的经营环境更复杂和昂贵。国际物流的复杂性通常用4个"D"来概括，即距离（Distance）、单证（Bill Of Document）、文化差异（Culture Difference）和顾客需求（Customer Demand）。由于国际物流线长、面广，作业环节多，情况和单证复杂，整个流程面临着更大的营运风险，同时不同国家和地区在制度法律、物流设施和语言等方面还存在着差异，使国际物流的组织和管理难度更大。这不仅要求国际物流有强大的信息技术系统支撑，而且要求从业人员具备较高的政治素质和业务素质，保证在业务处理上有较强的洞察力和应变力，能够对具体的物流运作环境做出反应。

三、国际物流的分类

根据不同的标准，国际物流可以分成不同的类型。

（一）根据货物在国与国之间的流向分类

国际物流可分为进口物流和出口物流。凡存在于进口业务中的国际物流行为被称为进口物流，而存在于出口业务中的国际物流行为被称为出口物流。鉴于各国的经济政策、管理制度、外贸体制的不同，进口物流和出口物流，既存在交叉的业务环节，又存在不同的业务环节，需要物流经营管理人员区别对待。海关对进出口物流活动在监管上存在着较大的差异。

（二）根据货物流动的关税区域分类

国际物流可分为国家间物流与经济区域间物流。这两种类型的物流在形式和具体环节上存在着较大差异。比如，欧洲经济共同体国家之间由于属于同一关税区，成员之间的物流运作与欧洲共同体成员及其他国家或者经济区域之间的物流运作在方式和环节上就存在着较大的差异。

（三）根据跨国运送的货物特性分类

国际物流可分为贸易型国际物流和非贸易型国际物流。贸易型国际物流指由国际贸易活动引起商品的国际移动。除此之外的国际物流活动都属于非贸易型国际物流，如国际展品物流、国际邮政物流、国际军火物流和国际逆向物流等。

（1）国际展品物流是伴随着国家展览业的发展而发展的。它是指以展览为目的，暂时将商品运入一国境内，待展览结束后再复出境的物流活动。国际展品物流的主要内容包括制订展品物流的运作方案，确定展品种类和数量，安排展品的征集和运输，协调组织展品等货物的包装、装箱、开箱、清点和保管，协助安排展品布置等工作。

（2）国际邮政物流是指通过各国邮政运输办理的包裹、函件等。由于国际邮政完成的货运数量较大，使得国际邮政物流成为国际物流的重要组成部分。航空快递的发展已经开始分流一部分函件和货物包裹。

（3）国际军火物流是指军用品作为商品和物资在不同的国家或地区之间的买卖和流通，是广义物流的一个重要组成部分。

（4）国际逆向物流是指对国际贸易中回流的商品进行改造和整修活动，包括循环利用容器和包装材料，由于损坏和季节性库存需要重新进货、回调货物或过量库存导致的商品回流。

（四）根据国际物流经营方式和管理的重点分类

国际物流可分为资源导向型国际物流、信息导向型国际物流和客户导向型国际物流。具体内容我们在此不做介绍。

四、国际物流系统的构成

国际物流作为将货物在国际上进行物理性移动的国际商务活动，是一种集各种一般物流功能于一体的开放系统。它既包含一般物流系统的功能要素，如包装、装卸、储存、运输、流通加工、国际配送、物流信息等子系统，还涉及与货物跨境移动相关的一些特殊的物流问题，如商检、海关手续和国际支付等，这些都使得国际物流系统的复杂性大大提高。国际物流系统是由商品的包装、储存、运输、检验、流通加工及其前后的整理、再包装以及国际配送等子系统组成。其中，运输和储存子系统是物流系统的主要组成部分。国际物流通过商品的储存和运输，实现其自身的时间和空间效益，满足国际贸易活动和跨国公司经营的要求。

（一）运输子系统

运输的作用是将商品使用价值进行空间移动，物流系统依靠运输作业克服商品生产地和需要地的空间距离，创造了商品的空间效益。国际货物运输是国际物流系统的核心。商品通过国际货物运输作业由卖方转移给买方。国际货物运输具有路线长、环节多、涉及面广、手续繁杂、风险性大、时间性强等特点。运输费用在国际贸易商品价格中占有很大比重。国际运输主要包括运输方式的选择、运输单据的处理以及投保等方面。

（二）仓储子系统

商品储存、保管使商品在其流通过程中处于一种或长或短的相对停滞状态，这种停滞是完全必要的。因为，商品流通是一个由分散到集中，再由集中到分散的源源不断的流通过程。国际贸易和跨国经营中的商品从生产厂或供应部门被集中运送到装运港口，有时需要临时存放一段时间再装运出口，是一个集和散的过程。它主要是在各国的保税区和保税仓库进行的，主要涉及各国保税制度和保税仓库建设等方面。

从物流角度看，应尽量减少储存时间、储存数量，加速货物和资金周转，实现国际物流的高效率运转。

（三）商品检验子系统

由于国际贸易和跨国经营具有投资大、风险高、周期长等特点，使得商品检验成为国际物流系统中重要的子系统。通过商品检验，确定交货品质、数量和包装条件是否符合合同规定。如发现问题，可分清责任，向有关方面索赔。在买卖合同中，一般都签订有商品检验条款，其主要内容有检验时间与地点、检验机构与检验证明、检验标准与检验方法等。

（四）商品包装子系统

杜邦定律（美国杜邦化学公司提出）认为：63%的消费者是根据商品的包装装潢进行购买的，国际市场和消费者是通过商品来认识企业的，因而商品的商标和包装就是企业的面孔，它反映了一个国家的综合科技文化水平。在考虑出口商品包装设计和具体作业过程时，应把包装、储存、搬运和运输有机联系起来统筹考虑，全面规划，实现现代国际物流系统所要求的"包、储、运一体化"。即从开始包装商品时，就考虑储存的方便、运输的快速，以加速物流运转，减少物流费用，符合现代物流系统设计的各种要求。进出口商品的装卸与搬运作业，相对于商品运输来讲，是短距离的商品搬移，是仓库作业和运输作业的纽带和桥梁，实现的也是物流的空间效益。它是保证商品运输和保管连续性的一种物流活动。搞好商品的装船、卸船、商品进库、出库以及在库内的搬运清点、查库、转运、转装等，对提高国际物流系统的运转速度十分重要，而且节省装卸搬运费用也是物流成本降低的重要环节。有效地搞好装卸搬运作业，可以减少运输和保管之间的摩擦，充分发挥商品的储运效率。

（五）进出口商品的流通加工子系统

流通加工业是为了促进销售，提高物流效率和物资利用率以及为维护产品的质量而采取的，能使物资或商品发生一定的物理和化学及形状变化，同时可以确保进出口商品质量达到要求。出口商品加工业的重要作用是使商品更好地满足消费者的需要，不断地扩大出口。同时，也是充分利用本国劳动力和部分加工能力，扩大就业机会的重要途径。

进出口商品的流通加工的具体内容包括装袋、贴标签、配装、挑选、混装、刷标记（刷唛）等出口贸易商品服务。另外，还有生产性外延加工，如剪断、平整、套裁、打孔、折弯、拉拔、组装、改装、服装的检验、烫熨等。这种出口加工或流通加工，不仅能最大限度地满足客户的多元化需求，同时还可以实现商品的增值。

（六）国际物流信息子系统

其主要功能是采集、处理和传递国际物流和商流的信息情报。没有功能完善的信息系统，国际贸易和跨国经营将寸步难行。国际物流信息的主要内容包括进出口单证的作业过程、支付方式信息、客户资料信息、市场行情信息和供求信息等。

国际物流信息系统的特点是信息量大、交换频繁；传递量大、时间性强；环节多、点多、线长。所以要建立技术先进的国际物流信息系统。国际贸易中 EDI（电子数据交换）的发展是一个重要趋势。

单元二　国际物流管理

了解国际商务流程的有关内容，熟悉国际物流包含的内容，从而理解国际商务与国际物流的关系。

一、国际商务

国际商务流程远比国内商务流程复杂，它除了与国内商务在意向洽谈、合同签订、合同履行等这些业务内容上相同之外，还需要有开信用证、商品检验、海关申报、投保、送货接货、结算、索赔等项业务。当意向洽谈完成之后，可以签订合同，然后开始履行合同。对于进出口双方来说，其合同履行过程是不同的。

对于进口方来说，首先要开立信用证，然后进行投保，接货之后可以进行付款的结算，并且向海关申报，同时商品需要经过检验，如果发现有损坏及短缺现象，需要向有关方面提出索赔要求，办理索赔手续。

对于出口方来说，首先商品要经商品检验局的检验，然后对进口方开出的信用证进行查验，接着向海关办理申报手续，并进行投保，投保之后送货，最后完成结算工作。下面就对国际商务流程的有关内容做一些简单说明。

1. 开信用证

信用证是根据进口方的要求，由银行开给出口方的文件，这份文件规定了一定期限及一定的金额，它是一份承诺付款的文件。

信用证有多种类型：有按付款期限分类的即期信用证和远期信用证；有按付款性质分类的可撤销信用证和不可撤销信用证；有按付款形式分类的可转让信用证和不可转让信用证；还有按用途分类的对开信用证和背对背信用证。

开证的银行以信誉承担了对受益人的担保责任。按照信用证的规定运作，受益人应收的货款肯定能够收到，这样，就为进出口双方提供了较好的安全保证。当然，信用证也并非绝对安全，因为即使是完成以上运作，还是会存在着拒绝开证、延迟开证、伪造单据、银行倒闭、拒绝支付、交易方破产等不安全因素，具有一定的风险。

2. 商品检验

商品检验是由专门的商品检验部门或公证部门，按签订的进出口合同规定的商品数量多少、质量高低、包装方式、安全标准等检验要求，对交易商品进行检验，以确保买方的利益。检验结束时，商品检验部门或公证部门，根据检验的结果开具各种检验证明书。

3. 海关申报

海关申报业务是由进出口交易的收发货人，根据各国海关规定，向海关提交进出口货物报关单，进出口货物许可证，提货单（装货单或运单）、发票、装箱单、减免税证明，商品检验证明书，交易的合同等单证，并如实申报，由海关进行货物验证，并在征收关税之后，签发放行。

4. 投保

在国际商务交易过程中，由于随时都有可能发生天灾人祸，所以也就无法预计因意外可能遭受的损失。为了避免损失和尽量减少损失，可以借助国际保险的力量保障国际商务活动的正常进行。

国际保险的险种有：海运保险、陆运保险和空运保险。各种保险又被分为基本险和附加险两类。基本险是承担基本保险责任的，附加险是需要加保的部分。例如，因为运输船舶的损坏而造成保险货物损失的全损就属于基本险。此外，水渍险也属于基本险。而保险货物的包装破损保险则属于附加险，战争险、渗漏险、锈损险也属于附加险。

货物可以由出口方投保，也可以由进口方投保，这要根据是采用工厂交货、船上交货，还是目的港交货的交易方法而定。除了基本险和附加险之外，还有责任保险、财产保险、人身保险和信用保险等。

5. 结算

结算是国际商务中交易双方对于交易中所发生的款项进行的国家间货币收付工作。由于是国际结算，所以它比一般国内结算要复杂，在货币种类、付款方式、付款时间、付款地点这些结算环节上，都需要认真而细微地处理，以便取得最大的效益。

国际结算方式一般有汇款、托收、信用证等方式。结算方式与国际贸易惯例有关。例如汇款方式与汇票法有关；托收方式与托收规则有关；信用证方式与信用证统一惯例有关。汇款方式是通过银行将款项汇给对方。它可以采用信汇、电汇或者票汇方法，三者比较，信汇费用最低，电汇速度较快，而票汇灵活性最强。

托收方式是在货物装运之后，将货物运单及汇票送交银行，通过银行进行收款。托收方式一般开出的汇票与货单一起发出，因此它属于一种跟单的方式。进口商比较欢迎托收方式，因为不需要交纳保证金，银行收取手续费又较低。相反，对于出口商来说，往往不愿意采用托收方式，因为出口商需要承担拒付、转售及货物退回等风险。

信用证方式是一种由银行保证付款的方式。信用证的结算方式为交易双方提供了安全的保证，降低了风险。

以上各种结算方式也可以混合使用，以便使结算方式更加灵活。

6. 索赔

根据商品检验部门或公证部门所出具的检验证明书，对于不符合合同规定的货物，按照不同的责任者，进口方可以分别向供应商、运输方以及保险公司提出赔偿的要求。

7. 有关术语

在对国际商务流程了解的同时，还需要对商务活动中所涉及的有关术语有所了解，这里给出一些国际商务术语的简单解释。

（1）保税仓库。保税仓库是保存不需要缴纳关税的进口商品的仓库。

（2）关税。关税是各国所征收的进出口商品税。

（3）自由贸易区（保税区）。自由贸易区（保税区）是各国政府所指定的区域，在此区域内，进口商品可以进行保管、重新包装工作而无须缴纳关税，当商品出口时方才缴纳关税。

（4）出口许可证。出口许可证是各国对允许出口的产品及限量出口的产品所给予的证明。

（5）口岸。口岸是各国所指定的对外开放的门户，它可以是港口、机场等各种通道。

（6）理货。理货是指专职的理货机构，在装运或卸货港口，接受货主或运输方委托，代为做好点数记录、货物损耗记录、货物仓位记录等项工作。

（7）大陆桥运输。在集装箱海陆联运路程中，连接两端海洋的中间大陆部分的运输，好似一座桥梁，称作大陆桥运输。

（8）理赔。在进出口业务中违约方对受损方的索赔要求进行处理称为理赔。

二、国际物流

国际的商品和劳务流动是由商流和物流所组成的，前者按国际惯例流动，后者是由物流企业按各国生产和市场结构完成。为了克服它们之间的矛盾，需要建立与国际商务相适应的国际物流。国际商务发生的同时，国际物流也产生了。反之，由于国际物流水平的提高，又进一步促进了国际商务的迅速增长，国际物流包含了国际运输、配送、保管、装卸、包装、流通加工及信息管理等内容。

1. 国际物流运输管理

国际物流中的一项重要的内容是国际运输。国际运输是各国之间或各国与地区之间的运输。国际运输的风险较大，这是因为路途遥远，手续繁多，时间难控，情况多变。对于这样一种复杂的物流活动，必须要有较高的物流管理水平才能胜任此项工作。

国际运输的发展是与国际商务的发展同步的。随着世界各国贸易的不断扩大，运输业务量猛增，国际运输业快速发展，以适应发展要求。运输工具不断更新，运输管理水平不断提高，运输体制不断完善。

（1）国际运输基本功能。

国际运输是国际物流最直接的一项物的流动作业。在这项作业中，主要完成的工作是将货物由供应地移动至需求地。运输活动使空间上的距离缩短，时间上的差异减少，这样就产生了物品的流动。而这种流动是通过运输达成的。这就是国际运输的基本功能之一。

在国际运输过程中，由于运输作业需要用一定的时间来完成，因此在这个时间阶段中，实际上货物相当于保存在运输的载体上，处于一种临时储存状态，这种情况往往发生在那些不断装卸货而装卸费用却又较高的，仓库库位有限而需要借用运输工具来储存货物的，以及目的港经常发生变化的国际运输过程中。在以上情况下，储存货物无形之中也就成为国际运输的另一项基本功能了。

（2）国际运输管理职能。

国际运输的管理可以围绕以下几方面工作来展开。

①预计设备能力。对于国际运输企业来说，首先要对自身所拥有的运输设备能力有所了解，按照运输设备的承载能力、设备利用率、员工能力制订运输设备能力计划，以便根据此计划安排托运各方货物的运输，化解运输瓶颈，也可以参照此计划，进一步制订运输设备的维修计划，以便协调和保证运输计划的实现。

②决定收费标准。对于运输企业来说，运输收费问题是重要的管理内容。

运输业务的赢利与运输收费的多少有关。运输企业首先要制定运输收费的费率标准。运输费率是指在运输区域内运输货物单位重量的运输价格，与运输企业所承担的责任大小以及服务质量高低有关。运输工作如果能够达到承运方和托运方双赢的目的，那是最理想的情况。托运方一般会对承运方做一个全面的了解和评定，并根据所能承受的运输费用及承运方的服务水平来决定选择哪一个运输企业。

③跟踪货物流向。当运输业务开始展开时，运输企业必须对货物流向的全过程进行跟踪，以便确认货物的安全，防止时间的延误，随时掌握货物的动向。跟踪管理可以采用一些先进的技术手段，如计算机货物跟踪信息系统、全球定位系统等。

在运输中，为了避免损失，还可以与托运方事先共同拟订一些防范措施以及事故发生时的一些紧急处理方案，争取做到运输的事前管理。

④熟悉规章制度。运输部门必须熟知国际上有关运输方面的规章制度。这些制度往往是各国政府为控制和促进运输业务的发展而制定的，可以分为属于经济方面的制度和属于社会及安全方面的制度。例如：服务标准，运输费率种类，危险品运输规则，铁路运输规程等。运输企业只有深入地了解各项法规，才能做好运输工作。

⑤安排索赔处理。在国际运输中，一旦发生运输服务质量下降、货物损失、收费不当等问题，托运方将会提出索赔要求，而作为承运方的运输企业有责任进行理赔处理。运输企业首先要对所发生的问题进行审核，然后根据索赔规定进行处理。

2. 国际物流保管管理

国际物流保管管理是物品在流动过程中，由于不同国家的保管过程时间和区域上的不同而产生的一种停留状态。保管管理则要在物品的停留状态中，确保物品数量准确、质量完好和损耗减少，并且做到准确、迅速地收发物品。

对于国际物流中大规模的物流往往是通过建立物流中心来实现的。这些物流中心可以是某些国家的自由贸易区域，也可能是港口、保税仓库等。无论是哪种形式的物流中心，它们都具备存放货物的场所、人力和设备，也就是有仓库，它们都是通过对仓库的管理来达到储存目的的。

(1) 国际保管管理职能。国际保管管理是围绕着以下几方面工作展开的。

①编制储存计划。对国际保管企业来说,编制好储存计划是首要的工作。必须根据货主储存的需求,以及自身储存能力,不断地寻求市场(负荷)与仓储容量(能力)的平衡,需求是不断变化的,是个变量,而容量基本上是相对固定的,是个常数。

此外,由于物品出库与另一批物品入库在时间上有间隙,所以在货物周转过程中,总会出现空闲的时间,即仓库容量是有等待时间的。反映此现象的指标则是储存的周转次数。在进行储存能力平衡时,往往也会考虑这一因素,并且希望等待时间尽量缩短,从而使周转次数增多。储存计划下达之后,仓储部门应按计划执行,并与货主经常保持联系,及时调度进出仓货物,保证计划的实现。

②签订保管合同。与货主按照合同法签订储存保管合同,也是保管管理的一项作业。在保管合同中,必须说明保管物品的种类、数量、验收标准,保管和加工服务方法,进出仓手续,存放日期,违约处理程序等内容。合同对于委托方和保管方来说,同样是体现双赢原则的。

③安排物品入库。根据合同规定货物的入库种类、数量及各项要求,做好场地、货位、人力、搬运工具及设备的各项准备工作。然后,当货物到达时,需要做好货物验收工作。货物验收工作包括货单与货物的核对、编写货物数量清单和做好质量检验工作。

a. 单货核对。根据货物进仓单所列品种与数量,与实物外包装标记进行核对,做到单货相符。

b. 数量清点。由于委托方本身制度不健全,如果存在开单差错,点数不准,或者是运输途中发生错装、漏装和丢失等,储存的货物数量会发生溢缺现象,所以在保管管理中必须做好数量清点工作。

c. 质量验收。仓储部门主要是检查物品的外观是否有异状,包装是否完好,标记是否符合要求等项目,而并非检查物品的内在质量。在验收的时候,需要做好验收记录。对验收不合格货物将做另行处理,暂缓入库,并通知对方。

一般情况下,进仓单与货物是一起到达的,称作单货同行。但有时也可能发生单到货未到或货到单未到,此时可根据实际情况,分别进行处理,对单到货未到的可以做退单处理,对货到单未到的可以做催单补单以及安排仓位处理。

④做好保管工作。在物品入库作业完成之后,保管好物品是其下一个作业。保管工作分为以下三个方面。

a. 仓位安排。安排仓位的基本原则是有利于缩短收发货时间,合理使用仓容,便于保管活动进行。

储存物品的场所可以采用分区、分类的方法来划分。分区分类的标准可以按物品种类及性质,也可以按物品发往地点,还可以按物品危险程度。在仓库中所选中的实际堆货场所即是货位,一般货位均有其货位编号。

b. 数量管理。对于储存的物品,必须做好数量管理,具体工作是要标明货垛,做好货卡记录及期末盘点。

标明货垛是要求对货垛上的物品数量进行标识，一般可以用数字或图示方法，目的是为了防止物品数量的混乱。

货物上挂着货物卡，它是用来记录货物并垛、分垛、移位、进出货的情况的。

盘点是将库存账、货卡及库存实物进行数量上的核对，以便了解保管货物的溢缺情况，进一步做出分析。

c. 物品维护。在保管中，对物品不仅仅从数量上进行管理，还需要对物品经常进行维护，以便保证物品质量完好，避免保管过程中发生损失。要做好物品的维护工作，首先是要建立维护作业的规程，其次是要掌握科学的维护方法。

⑤完成出库作业。仓储部门根据货主开出的出仓凭证，经过核对而发货，最终完成物品出库作业。

出仓和入库一样，也需要做好人力、设备的准备，以及待运场地的准备。然后，对货主所开出的出库凭证进行验印、核对其数量及有效期，在审查了交付保管费情况之后，才能开出库单放行。仓库保管员凭出库单发货。

发货的形式有：货物直接交付运输部门送货；货物由委托方自提；库存货物过户给第三方；委托方将货物转库储存。

在执行出库发货作业时，首先是按出库货位顺序找到货物，将出库单、货卡和货物进行核对，并进行销卡和签字，最后发货。

⑥处理保管事故。在保管过程中，由于工作的过失，有可能会发生物品溢缺、错误收发以及漏装等差错，这些差错称作货差；也有可能会发生破损、变形、霉变等损失，这些损失称作货损。无论是货差还是货损均属于保管事故。

处理事故是仓储管理的一项内容。保管事故处理包括以下几项工作。

a. 调查。首先是对事故进行事故性质、严重程度、造成原因、事故责任者等方面调查。

b. 赔偿处理。经过调查分析之后，确认保管事故是由仓储部门所造成的，仓储部门必须承担责任，按规定负责赔偿。

保管事故的处理已属于事后管理范畴，实际上最好的方法是加强事前管理，将事故消灭在发生之前，这就必须在事前建立一套切实可行的管理制度，并且要严格地去执行，以防止事故的发生。

（2）国际保管的仓库分类。国际保管主要依赖仓库来完成以上各项职能，保管的仓库按其分类原则可以分为以下几种。

①按仓库职能划分。

a. 保管仓库：接收和发运货物较少，而主要是对物品进行长期保管。

b. 中转仓库：适应物品在转运中间停留的需要，接收货物，暂时保管，完整地转送至收货地点。

c. 加工仓库：对进出口货物进行再次加工，如改变包装等。

②按仓库储存物品划分。

a. 粮食仓库。

b. 电子仓库。

c. 化学品仓库。

③按仓库技术设备划分。

a. 专用仓库：仓库建筑适用于某些类型储存物品要求的。

b. 特种仓库：仓库建筑及设备适用于储存特殊物品要求的。

c. 通用仓库：适用于一般物品要求的仓库。

此外，还有一种特殊的仓库，那就是专门保管不需要缴纳关税的进口物品的仓库，即保税仓库。

保管是国际商务中不可缺少的部分，保管管理不仅包含了编制储存计划、签订保管合同、安排物品入库，做好保管工作，完成出库作业，处理储存事故的职能，也参与了进出口加工、包装等活动。

国际保管和国际运输若连接起来，将会在国际物流中起到很大的作用，使物流过程大大缩短，物流作业加速完成。由配送中心将最终产品送给用户。这一过程需要高效的信息网络的支持。

拓展案例

上海外高桥保税物流园区

上海外高桥保税物流园区是中国第一个保税区，位于上海东北端，濒临长江口，处于长江与东海岸线的交汇点，距虹桥国际机场 40 分钟车程，距浦东国际机场 20 分钟车程，距上海火车站 35 分钟车程，距地铁 2 号线浦东终点站 20 分钟车程。该保税物流园区集自由贸易、出口加工、物流仓储及保税商品展示交易等多种经济功能于一体。

上海外高桥保税物流园区面积 1.03 平方千米，2004 年 4 月 15 日顺利通过国务院联合验收小组的封关验收，是发展仓储和物流产业的专业区域。上海外高桥物流中心有限公司统一负责保税物流园区的开发建设、招商引资、项目经营和营运管理。政府主管部门、海关、国检、国税、外汇银行、企业、港口、代理公司之间的电子联网，实现信息共享，港区与园区一体化。例如，海关在此设立无障碍自动卡口，通过信息共享平台，进出港区园区的货物只需一次申报、一次查验、一次放行。物流园区通过整合港区和保税区资源，园区和港区开辟海运直通式通道，实现"区港联动"，促进货物在境内外快速集拼、流动和集运，带动信息流、资金流和商品流的集聚和辐射。所谓"区港联动"，是指外高桥保税物流园区与外高桥港区的联动，在港区划出部分区域作为保税区（不包含码头泊位），实行保税区政策，简化相关手续，方便货物在港区和境内外之间快速流动。

保税物流园区有四大功能：

（1）国际中转功能，即对进入园区的国际、国内货物及保税货物进行分拆、集拼，转运至境内外其目的港，集装箱在园区堆存无时间限制。

（2）国际配送功能，即境外进入我国的货物，可以把货物储存在保税物流园区内，根据市场的需求，向国内外进行分拨配送。

（3）国际采购功能，即对采购进区的国内货物和保税货物进行出口集运的综合处理和临港增值加工后向国内外分销。

（4）国际转口贸易功能，即保税物流园区内企业可开展以转口贸易为核心的服务贸易，加快国际物流运作。

 思考题

1. 上海港是全国性的多功能枢纽港，是中国大陆沿海最大的港口，是我国重要的水上客运枢纽和主要外贸港口之一。1999 年，上海港跻身世界十大港口，每年吞吐量都在以 20% 以上的惊人速度快速上升，2002 年达 861 万标准箱，列全球集装箱港排名第四。请谈谈上海外高桥保税物流园区的建立对于相关地区的经济发展有什么必要性？

2. 请结合上海外高桥保税物流园区来谈谈物流园区的本质。

知识拓展

通过课堂学习和课后查阅资料，回答下述问题：
1. 试述国际物流趋势下的供应链管理。
2. 试述国际物流的管理政策。

单元测试

一、单项选择题

1. 基本险有_____。
   A. 战争险　　B. 包装破裂险　　C. 渗漏险　　D. 全损险
2. 开立信用证的部门是_____。
   A. 进口方　　B. 出口方　　C. 银行　　D. 海关
3. 信用证是一份_____文件。
   A. 银行　　B. 承诺付款　　C. 结算　　D. 信用
4. 保税区内规定_____。
   A. 不交税　　B. 不交出口税　　C. 不交进口税　　D. 不交关税

5. 国际运输的主要功能是_____。

  A. 物品储存 B. 物品转移 C. 物品配送 D. 物品维护

二、判断题

1. 国际物流是在不同国家之间展开的商务活动，是与商品移动相关的制造、流通等各项活动。( )

2. 在国际物流活动中，存在的风险就是社会动荡、政治冲突、体制改变。( )

3. 报关是进口方必须做的一项工作。( )

4. 按仓库职能划分有：专用仓库、保管仓库、通用仓库。( )

5. 理货是由专制的理货机构在装运或卸货港口完成的。( )

三、问答题

1. 简述国际物流的特点。

2. 论述国际物流管理。

模块七　订单处理与信息技术

单元一　订 单 处 理

 学习目标

了解订单处理的功能，明确以订单履行为主线的物流企业业务流程。通过讨论分析，树立学生订货周期稳定比缩短订货周期优越的现代仓储理念。

订单处理系统是物流系统的神经枢纽中心，而客户订单是引发物流过程运转的信息。信息流的速度与质量对整个运作过程的成本与效率具有直接的影响作用。低速、缺乏稳定性的通信方式不但会导致失去客户，而且还会导致多余的运输、库存和仓储成本，以及由于频繁的线路变更，有可能导致生产的无效率。订单处理与信息系统构成了物流与企业管理信息系统的基础，这是一个能够为提高物流绩效水平提供巨大潜力的领域。

一、客户订货周期

（一）客户订货周期组成

客户订货周期从下订单开始，到客户收到产品并将产品入库为止。典型的订货周期包括以下组成部分。

(1) 订单准备与发送。

(2) 订单接收与订单输入。

(3) 订单处理。

(4) 仓库分拣和包装。

(5) 货物运输。

(6) 客户交货和卸货。

图 7-1 显示了与总订货周期有关的流程，从客户角度来看，总订货周期为 8 天。然而，许多制造商会犯错误，他们只衡量和控制订货周期中属于企业内部的那一段时间。也就是说，这些制造商只是监控从收到客户订单到发运产品的这一段时间。图 7-1 中的例子表明，这一做法的缺陷。在总订货周期中属于制造商内部的那一部分时

间（步骤2、3和4）总计只占8天的1/3。这一比例对于没有自动订单输入与处理系统的企业来说是很普遍的。提高订货周期中由制造商所控制的3天部分的效率与消除非制造商直接控制的5天中的1天相比，所需花费的成本可能要高。例如，通过监控承运商的绩效并将业务转交给那些速度最快和运输时间最稳定的承运商，有可能使运输时间减少1天。

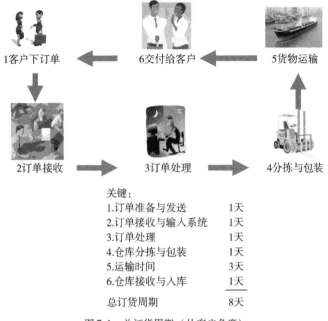

图7-1　总订货周期（从客户角度）

然而，下单和订单输入方式的变化可能最有潜力使总订货周期时间的缩短效果最为显著。一个先进的订单处理系统可以将总订货周期缩短2天。此外，改善后的信息流能够使管理者更为有效地执行仓储和运输职能，从而使总订货周期可以再缩短1天或2天。

（二）订货周期的变动

图7-1假设了订货周期的组成部分不存在变动的情况，而图7-2则说明了订货周期的各组成部分以及总订货周期都有可能产生变动情况。在我们所举的例子中，实际的订货周期可能在3.5~20天的范围内变动，而最可能的周期时间为8天。订货周期的变动对于制造商的客户来说其代价是很高的，客户必须备足安全库存来避免可能的延迟交货情况，否则将因为缺货而失去销售机会。

在图7-2中，如果平均订货周期时间是8天，但最长的周期时间可以长达20天，此时，客户必须维持额外的相当于12天销售量的库存来预防提前期的变动。如果日销售量等于20单位，企业的经济订货批量为160单位，即8天的供应量，那么平均周期库存为80单位（订货批量的1/2）。用于预防12天的订货周期变动所需的额外库存为240单位。排除需求的不确定性因素，由于订货周期的变动，平均库存将从80单位上升到 320 单位。

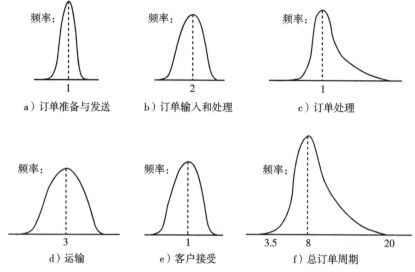

图 7-2 订货周期变动（单位：天）

下面哪一项对客户的库存影响最大：订货周期缩短为 3 天，还是订货周期变动减少 3 天？如果客户继续以 160 单位的经济订货批量进行订货，那么订货周期缩短 3 天对库存的影响将很小或者几乎没有任何变化。客户只是简单将下单时间向后挪 3 天而已。相反，如果客户每 5 天订 100 单位，而不是每 8 天订 160 单位，那么平均周期库存将是 50 单位，而不是 80 单位，但是此时仍需要 240 单位的安全库存来预防订单延期 12 天的可能情况。结果将导致总平均库存下降 30 单位，即从 320 单位下降到 290 单位。然而，订货周期变动减少 3 天将使安全库存下降 60 单位，从而导致总平均库存下降为 260（80+180）单位。因此，安全库存的下降效果是周期库存下降效果的两倍。该例子说明了为什么订货周期的稳定比快速交货更为优越。

（三）订货周期不稳定的因素

原材料订货周期的不稳定性主要表现在以下几方面。

（1）实际交付周期与事先约定（并用以制订采购计划）的周期不符。如果当期材料交付延迟，将势必造成当期期末库存小于事先计划的存量，从而使得生产计划难以实施。

（2）原材料订单交付量的不稳定性经常表现在供应商虽能按时交货，但数量上经常存在着溢短装。这种情况多发生于数量大或大宗散装的订单。通常地，采购人员与供应商的约定允许溢短装控制在一个很小的百分比范围之内。单次或少数次数的交货短装，尚不至于影响生产计划的实施。但如果是一段时间内连续交付短装的积累，将可能使得期末库存与预期值有很大偏差，从而影响后期的生产。

(3) 交付原材料的质量问题。很多情况是，供应商交付的数量是可以接受的，但由于质检的时间滞后，可能在 1~2 天后才发现一定比例（有时可能是致命的）的原材料质量不符，从而立即造成原料的短缺。同样地，原材料供应的不稳定性计算，也依赖于管理人员平时对数据的记录、积累和分析。而计算原材料供应的不稳定性主要有两种方法：采购订单完成率和订单执行周期。

(4) 运输的不稳定。订货只是商流问题，是否能按订货意图的批量和批次以实现控制，这便取决于运输的保障。运输是库存控制的一个外部影响要素，有时候库存控制不能达到预期目标并不是控制本身或订货问题，而是运输的提前或延误，提前则一下子增大了库存水平，延误则使库存水平下降甚至会出现失控状态。

二、客户订单如何进入企业订单处理功能

（一）订单输入方法

客户订单的下单、发送和输入制造商订单处理功能的方法有许多种。传统的方法是客户填写订单，然后将订单交给销售人员或者邮寄给供应商。略高层次的方法是通过电话将订单告诉制造商的订单接收文员，文员再将订货信息详细记录下来。先进的系统可以使客户通过电话将订单信息传递给在制造商总部办公并配备计算机终端的客户服务代表。这种类型的系统允许客户服务代表确定所需产品是否有库存。如果有库存，所需的物品将从库存中扣除，从而避免再将这些物品承诺给其他客户。如果所需物品缺货，客户服务代表可以当场为客户安排替代产品，或者告知客户何时有货。实际上，这种类型的系统消除了图 7-1 中所描述的订货周期中最初的两天时间。

为了在订单发送和订单输入方面达到最快的速度和实现最高的准确度，电子化方式（例如通过电话线发送信息的电子终端和计算机与计算机之间的联网）正得到更广泛地应用。许多公司逐渐使客户通过互联网来下单。

库存持有成本与通信成本之间有着直接的权衡关系。然而，通信系统越复杂，企业对内部或外部通信故障的抵御能力越薄弱。这是因为存在这样一个事实：由于先进订单处理系统和较低的库存水平，安全库存被大大减小了，从而导致减少客户在由于订货周期时间的任何变动所引起的缺货情况下所受的保护。在许多供应链中，存在着通过利用先进订单处理来提高物流绩效水平的重大潜力。

（二）客户订单路径

在研究一个企业的订单处理系统时，理解由客户下单开始的信息流是很重要的。图 7-3 体现了对客户订单路径的一种解释。首先，客户认识到对某些产品的需要，并向供应商发送订单。

一旦制造商接到订单，并将订单输入订单处理系统，制造商必须进行各种检查来确

定：①所需产品是否具有所订数量的库存；②客户的信用是否令人满意到可以接收订单；③如果产品目前没有库存，那么该产品是否安排生产。然后库存文件得到更新，如果必要，产品可以延迟交货，下达生产指令，生成库存平衡报表。管理层也可以利用有关的日销售量信息作为其销售量预测软件包的输入。然后，订单处理提供：会计开具发票的信息、确认向客户发送的订单、仓库提取产品的分拣与包装指令和运输文件。当产品已经从仓库库存中被提出，并且已经安排好运输，相关文件就被传递到会计部门，从而可以开具发票。

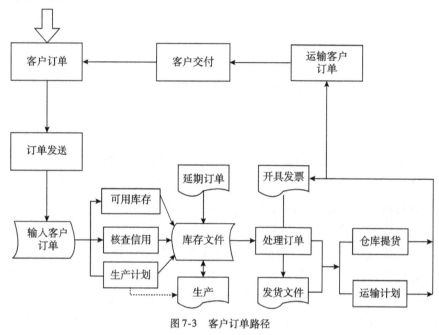

图 7-3　客户订单路径

三、评价订单发送方式的方法

订单处理系统的主要功能在于提供一个连接客户与供应商的通信网络。管理层应该评价各种订单发送方式的信息传递的一致性。通常来说，较大的不一致性与订单发送方式较慢的速度相关。订单发送的手工方式需要更多由个人进行的处理，结果导致更高的通信差错的可能。管理者可以在速度、成本、一致性和准确性的基础上来评价订单发送的各种方式。订单发送应尽可能直截了当，用电子方式替代手工方式进行订单发送可以使人为过失风险低到最低程度。

此外，订单处理系统可以把有用的销售信息传达给营销部门（用于市场分析和预测）、财务部门（用于现金流计划）以及物流或生产部门（如表 7-1 所示）。最后，订单处理系统为那些向仓库分配订单、审核客户信用、更新库存文件、准备仓库分拣指令以及准备运输指令及相关文档的员工提供信息。通信极其重要，因为它使物流系统处于运转之中。

表 7-1

某先进订单处理系统提供的管理信息

销售/市场销售	
日订单状况	
购买量累计	
销售与定额	
促销绩效	
目前产品的市场地位	管理层可以获得：状况；例外情况；绩效水平；计划
物流/生产	
客户服务	
计划库存水平	
实际库存水平	
可销售的库存	
物流例外处理	

 拓展案例

曼费利加拿大公司的先进系统

曼费利（Manville）加拿大公司是一家已经成功地实施先进订单发送、订单输入和订单处理系统的公司。曼费利加拿大公司在计算机系统上投资了 750000 美元，在不到两年的时间内就收回了投资。

在实施新系统之前，客户通过电话向位于多伦多的三位客户服务员中一位订购玻璃纤维内部绝缘体——曼费利加拿大公司的产品之一。这些职员中的一位被安排从事接电话工作，而其他两位则忙于记录订单。接话员接受订单，然后将订单传递给其他两个人中的一个进行处理。完成订单所需的信息来自于许多地方的不同文件，通过手工填写在每一份订单中。当这一过程完成时，职员将订单送到订单与开票部门，在这里输入并送到运输地点。一旦订单发运，运输部门将订单表格和一份运输文件返回给客户服务员，客户服务员进行核实并将其转送到开票部门再进行输入。

这三位客户服务员平均每天处理 12 份订单，在高峰期间还需要加班。这种处理客户订单不连贯的方式造成了相当大的压力，也导致了相对高的人为失误的发生概率。在实施新系统后客户通过电话向客户服务员下订单，客户服务员将客户的姓名输入到视频显示屏上。此时，所有相关的客户信息被显示在屏幕上并应用于订单。当输入产品时，所有的库存、价格和其他与该项目有关的信息被显示并应用于订单。

当所有的项目都已添加到订单中后，系统可以计算出物品的总重量以及占整车运输的百分比。如果订单中的物品数量小于整车运输的数量，客户会被告知将订单增加到整车运输的成本以及可以获得的折扣。通过这种方式，客户服务员提供了内部销售的职能。计算机也会计算出订单的总价值并将其与为该客户设立的信用额度相比较。如果担保额大于信用额度，订单由信用经理来进行信用审查。（该公司将接到的订单称为担保额。当订单达到时，订单被累计、估量和汇总到担保额报表中。一旦为该客户开票，那么该订单就算做是一次销售）一旦订单完成，运输文件（如包装指令卡片和提单）将在发运地打印出来。在每一个发运地，运输日期以及运输数量、承运人、承运人数量和替代产品等数据被输入终端。此时，库存文件将自动更新。

客户服务员检查和验证订单上的所有信息，通过检验的订单可以开账单。账单由计算机用法语和英语自动打印出来，然后邮寄给客户。计算机同时也生成应收账款和销售的详细报表。如果需要，将进行延期交货。新系统带来的好处是十分大的。系统的校订功能使开票的出错率降低了85%。由于系统中设定的5%合理因素，使计算机能够察觉工作人员在订单各处理阶段处理订单所犯的错误。新系统使曼费利加拿大公司精简了19人，很大程度上精简了既耗时又耗场地的打字和归档工作，客户服务水平得到了提高。此外，由于系统能够在发运的前一天生成客户账单，使公司的现金流加速了好几天。曼费利加拿大公司还将该系统与其库存管理系统集成在一起。

随着订单的下单和发货，库存存货自动地进行更新。这一特征为生产计划提供了准确的数据，同时也提供了大量的其他报表：营销担保额和账单报表、表明超出正常运输成本的例外报表和承运人收入报表。

在多伦多、蒙特利尔和埃德蒙的运作中，已建立起的类似系统之间还可以实现链接。这使得订单可以在加拿大任何一个地区下单。这也允许客户服务员对订单进行全程控制，不管订单运输到加拿大什么地方，客户服务员有责任对客户负责。

通过课堂学习和课后查阅资料，回答下述问题：
1. 订单处理信息化的意义何在？
2. 中小企业商品订单自动处理系统的设计要点。

单元二　物流信息技术

学习目标

了解并掌握信息技术在物流领域中的发展与应用情况；着重了解条码技术、RFID（射频识别）技术、全球定位系统（GPS）的在物流领域里的应用。

一、条码技术

（一）条码

条码，是由一组黑白相间、粗细不同的条状符号组成，隐含着数字信息、字母信息、标志信息、符号信息，主要用以表示商品的名称、产地、价格、种类等，是全世界通用的商品代码的表示方法。条码的条纹由若干个黑色的"条"和白色的"空"的单元所组成，其中，黑色条对光的反射率低而白色的空对光的反射率高，再加上条与空的宽度不同，就能使扫描光线产生不同的反射接收效果，在光电转换设备上转换成不同的电脉冲，形成了可以传输的电子信息。由于光的运动速度极快，所以可以准确无误地对运动中的条码予以识别。

目前，现存的条码码制多种多样，但它们都有一些共同的特点，比如唯一性和永久性。唯一性是指同种规格同种产品对应同一个产品代码，同种产品不同规格对应不同的产品代码。根据产品的不同性质，如重量、包装、规格、气味、颜色、形状等，赋予不同的商品代码。永久性是指产品代码一经分配，就不再更改，并且是终身的。当此种产品不再生产时，其对应的产品代码只能搁置起来，不得重复起用再分配给其他的商品。

（二）条码类型

条码举例，如表7-2所示。

条 码 举 例 表7-2

	条码种类	概　况	图　例
一维条码	EAN 码	是国际物品编码协会制定的一种商品用条码，通用于全世界	6 901234 567892
	UPC 码	是美国统一代码委员会制定的一种商品用条码，主要为美国和加拿大使用	0 89600 12456 9
	Code 39 码	主要用于工业、图书及票证的自动化管理领域	*123ABC*
	ITF25 码	在物流管理中应用较多	1234567890
	Codebar 码	主要用于医疗卫生、图书情报、物资等领域	a000800a
	ISBN 码	用于图书和期刊	ISBN 7-80165-355-6
	ISSN 码	用于图书和期刊	ISSN 1817-2539

续上表

条码种类		概 况	图 例
二维条码	PDF417 码	由美国 SYMBOL 公司发明，是一种堆叠式二维条码	
	QR Code	日本 Denso 公司于 1994 年 9 月研制，是一种矩阵二维码符号	

EAN13 条码是企业最常用的商品条码，它由 13 位数字及相应的条码符号组成。这 13 位条码包括：前缀码，由三位数字组成，是国家的代码，我国为 690，是国际物品编码会统一决定的；制造厂商代码，由四位数字组成，我国物品编码中心统一分配并统一注册，一厂一码；商品代码，由五位数字组成，表示每个制造厂商的商品，由厂商确定，可标识 10 万种商品；校验码，由一位数字组成，用以校验前面各码的正误。EAN13 条码示例，如图 7-4 所示。

图 7-4　EAN13 条码示例

（三）条码与扫描设别在物流中的应用

（1）生产线上的产品跟踪。在日常生产中，对产品的生产过程进行跟踪。首先由商务中心下达生产任务单，任务单跟随相应的产品进行流动。在产品下线时，产品标签由制造商打印并粘贴在产品包装的明显位置。产品标签将成为跟踪产品流转的重要标志。

（2）产品标签管理。若产品制造商未提供条码标签或标签损坏，可利用系统提供的产品标签管理模块，重新生成所需的标签。

（3）产品入库管理。入库时识读商品上的二维条码标签，同时录入商品的存放信息，将商品的特性信息及存放信息一同存入数据库，存储时进行检查，看是否重复录入。

（4）仓库内部管理。在库存管理中，一方面，条码可用于存货盘点。通过手持无线终端，收集盘点商品信息，然后将收集到的信息由计算机进行集中处理，从而形成盘点报告。另一方面，条码可用于出库备货。

（5）产品出库管理。根据商务中心产生的提货单或配送单，选择相应的产品出库。为出库备货方便，可根据产品的特征进行组合查询，可打印查询结果或生成可用于移动终端的数据文件。产品出库时，要扫描商品上的条码，对出库商品的信息进行确认，同时更改其库存状态。

（6）货物配送。配送前将配送商品资料和客户订单资料下载到移动终端中，到达配送客户后，打开移动终端，调出客户相应的订单，然后根据订单情况挑选货物并验证其条码标签，确认配送完一个客户的货物后，移动终端会自动校验配送情况，并做出相应的提示。

二、射频识别技术

（一）射频识别技术的原理

射频识别（Radio Frequency Identification，RFID）技术是利用发射接收无线电射频信号，对物体进行近距离无接触方式和跟踪的一种高新技术。射频识别技术的基本原理是电磁理论，它的最主要特点是非接触式识别。

一个典型的射频识别系统由电子标签（Tag）、读写器或阅读器（Reader）组成。阅读器用以产生发射无线电射频信号并接收由电子标签反射回来的无线电射频信号，经过处理后获得标签的数据信息。电子标签用以存储数字字母编码，当受无线电信号照射时，能反射回携带有数字字母编码信息的无线电射频信号，供阅读器处理识别。RFID标签，如图7-5所示。

RFID的优点突出体现在以下几方面。

（1）无接触识别阅读距离远。射频识别技术的传送距离由许多因素决定，如传送频率、天线设计等。

（2）识别速度快（输入12位数据速度只有0.3~0.5秒）。

（3）适应物体的高速移动，可以识别高速移动中的物体。

（4）可穿过布、皮、木等材料阅读。由于采用非接触式设计，所以不必直接接触电子标签，可以隔着非金属物体进行识别。

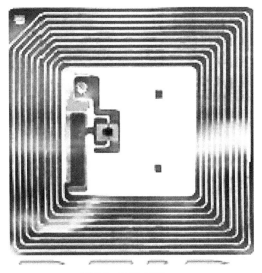

图7-5　RFID标签

(5) 抗恶劣环境工作能力强，可全天候工作。

(二) RFID 的分类

1. 低频段电子标签

低频段电子标签，简称低频标签。低频电子标签安全保密性差，其工作频率范围为 30~300kHz，典型工作频率为 125kHz、133kHz（也有接近的其他频率，如 TI 使用 134.2kHz）。低频标签与阅读器之间传送数据时，低频标签需位于阅读器天线辐射的近场区内。低频标签的阅读距离一般情况下小于 1m。

低频标签的典型应用有：动物识别、容器识别、工具识别、电子闭锁防盗等。低频标签有多种外观形式，应用于动物识别的低频标签外观有项圈式、耳牌式、注射式、药丸式等。典型应用的动物有牛、信鸽等。

低频标签的主要优势体现在：省电、廉价；工作频率不受无线电频率管制约束；可以穿透水、有机组织、木材等；非常适合近距离的、低速度的、数据量要求较少的识别应用（例如动物识别）等。

低频标签的劣势主要体现在：标签存储数据量较少；只适合低速、近距离识别应用；与高频标签相比：标签天线匝数更多，成本更高一些。

2. 中高频段电子标签

中高频段电子标签的工作频率一般为 3~30MHz。典型工作频率为：13.56MHz。高频电子标签一般也采用无源方式，其工作能量同低频标签一样，也是通过电感（磁）耦合方式从阅读器耦合线圈的辐射近场中获得。标签与阅读器进行数据交换时，标签必须位于阅读器天线辐射的近场区内。中频标签的阅读距离一般情况下也小于 1m（最大读取距离为 1.5m）。

高频标签的基本特点与低频标签相似，由于其工作频率的提高，可以选用较高的数据传输速率。电子标签天线设计相对简单，标签一般制成标准卡片形状。典型应用包括：电子车票、电子身份证、电子闭锁防盗（电子遥控门锁控制器）、小区物业管理、大厦门禁系统等。

3. 超高频与微波标签

超高频与微波频段的电子标签，简称微波电子标签，超高频标签的阅读距离大。其典型工作频率为：433.92MHz，862（902）~928MHz，2.45GHz，5.8GHz。微波电子标签可分为有源标签与无源标签两类。工作时，电子标签位于阅读器天线辐射场的远区场内，标签与阅读器之间的耦合方式为电磁耦合方式。阅读器天线辐射场为无源标签提供射频能量，将有源标签唤醒。相应的射频识别系统阅读距离一般大于 1m，典型情况为 4~7m，最大可达 10m 以上。阅读器天线一般均为定向天线，只有在阅读器天线定向波束范围内的电子标签可被读/写。由于阅读距离的增加，应用中有可能在阅读区域中同时出现多个电子标签的情况，从而提出了多标签同时读取的需求，进而这种需求发展成为一种潮流。目前，先进的射频识别系统均将多标签识读问题作为系统的一个重要特征。

超高频标签主要用于铁路车辆自动识别、集装箱识别，还可用于公路车辆识别与自动收费系统中。

微波电子标签的典型特点主要集中在是否无源、无线读写距离、是否支持多标签读写、是否适合高速识别应用，读写器的发射功率容限，电子标签及读写器的价格等方面。微波电子标签的数据存储容量一般限定在2Kbits以内，再大的存储容量似乎没有太大的意义，从技术及应用的角度来说，微波电子标签并不适合作为大量数据的载体，其主要功能在于标识物品并完成无接触的识别过程。典型的数据容量指标有：1Kbits，128Bits，64Bits等。由Auto-ID Center制定的产品电子代码EPC的容量为90Bits。

微波电子标签的典型应用包括：移动车辆识别、电子身份证、仓储物流应用等。

（三）RFID在物流中的应用

在物流领域中推广和使用RFID技术是相当必要和有益的，企业可以通过在整个物流活动的过程中广泛采用RFID技术，来减少企业对于人力、财力、时间等方面的不必要投入，节约成本，增强物流活动过程中商品信息的准确性和及时性。整个物流活动中的各个阶段的透明度提高，便于企业对其物流活动进行管理，从而更好地为企业的生产活动服务，使其真正成为企业的第三利润源泉。

（1）生产环节。RFID技术在这个环节中主要应用于完成自动化生产线运作，实现对原材料、零部件、半成品以及最终成品在整个生产过程中的识别与跟踪，降低人工识别成本和出错率，从而提高生产效率和提业效益。特别是在采用JIT的生产流水线上，该功能表现尤为突出。

原材料与零部件必须准时送达工位上。运用了RFID技术之后，企业就能够通过识别RFID标签来快速准确地从品类繁多的库存中，找出适当工位所需的适当的原材料和零部件，并结合运输系统及传输设备，实现物料的转移。RFID技术还能及时根据生产进度发出补货信息，从而协助生产管理人员实现流水线均衡协调，确保稳步生产，同时也加强了对产品质量的控制与追踪。

（2）存储环节。在各物流环节中，RFID技术最重要的使用环境在于存储环节，尤其是在进行存取货物活动过程中，它能够帮助企业简化作业流程，实现工作流程自动化。在整个仓库管理中，将整个物流系统制订的收货计划、取货计划、装运计划等与射频识别技术相结合，能够高效地完成各种业务操作，如指定堆放区域、上架取货和补货等，并最大限度地减少储存成本。这样，既增强了作业的准确性和快捷性，提高了服务质量，降低了成本，节省了劳动力和库存空间，同时又减少了整个物流中由于工作失误造成的物品错送、偷窃、损坏和出货错误等造成的不必要的损耗。

RFID技术同样降低了在库存盘点时对人力的要求。RFID可以使商品的登记自动化，在盘点时无须人工检查或条码扫描的过程，使盘点工作更加快速准确。RFID智能标签系统能够提供相关产品现有库存情况的准确信息，管理人员可由此快速识别并统计现有库存状况，从而实现快速盘点。

（3）运输环节。在商品运输过程中，可以给在途运输的货物和车辆贴上 RFID 标签，同时在运输路线上的一些检查点安装 RFID 接收转发装置。当接收装置收到 RFID 标签发出的信息后，可以将商品当前情况以及所在的地理位置等信息上传至通信卫星，再由卫星传送给运输调度中心，从而使信息被送入数据库中。这可使企业直接了解目前有多少货箱处于转运途中、转运的始发地和目的地以及预期的到达时间等信息，方便对在途货物进行管理，同样便于货物的发货人或收货人掌握货物行进状况，相应调整收货时间。

（4）配送环节。在配送环节，采用 RFID 技术能够大大加快配送的速度，提高拣选与分发过程的效率与准确率，并能减少人工作业量、降低配送成本。假设到达中央配送中心的所有商品都已经贴有 RFID 标签，当这些商品在进入配送中心时，配送中心的读码设备可以读取所有商品各自标签中所包含的内容，配送系统将这些信息与发货记录进行核对，以检测出可能的错误，然后将 RF1D 标签更新为最新的商品存放地点和状态，并且根据要求将商品进行下一步处理，可确保对商品的精确控制。

（5）销售环节。RFID 智能标签可以在供应链最终端的销售环节中改进零售商的库存管理水平，实现适时补货，有效跟踪运输与库存，提高效率，减少出错率，免除跟踪过程中的人工干预，并能够生成百分之百准确的业务数据，因而具有巨大的吸引力。特别是在超市中，智能标签能对某些时效性强的商品有效期限进行监控。商店还能利用 RFID 系统在付款台实现自动扫描和计费，从而取代人工收款，使现有的超市顾客排队交费的场景不断减少。

三、全球定位系统

全球定位系统（Global Positioning System，GPS）是由一系列卫星组成的，它们 24 小时提供高精度的世界范围的定位和导航信息。准确地说，它是由 24 颗沿距地球 12000 千米高度的轨道运行的 NAVSTAR GPS 卫星组成，不停地发送回精确的时间和它们的位置。GPS 接收器同时收听 3~12 颗卫星的信号，从而判断地面上或接近地面的物体的位置，还有它们的移动速度和方向等。

GPS 接收器利用 GPS 卫星发送的信号确定卫星在太空中的位置，并根据无线电波传送的时间来计算它们之间的距离。等计算出至少 3~4 个卫星的相对位置后，GPS 接收器就可以用三角学来算出自己的位置，每个 GPS 卫星都有 4 个高精度的原子钟，同时还有一个实时更新的数据库，记载着其他卫星的当下位置和运行轨迹。当 GPS 接收器确定了一个卫星的位置时，它可以下载其他所有卫星的位置信息，这有助于它更快地得到所需的其他卫星的信息。

在物流管理中，GPS 是非常先进和实用的工具。在物流配送过程中，经常要涉及货物的运输、仓储、装卸、配送等处理环节，对各个环节涉及的问题如运输路线的选择、仓库位置的选择、仓库的容量设置、合理装卸策略、运输车辆的调度和投递路线的选择等进行有效的管理和决策分析,这将有助于物流配送企业有效地利用现有资源,降低消耗,提高效率。事实上,这些问题都涉及地理要素和地理定位导航,全球定位与导航正是 GPS 的长处所在,因此 GPS 技术是全程物流管理中不可缺少的组成部分。

拓展案例

沃尔玛:信息技术下的"生产商店,经营物流"

20 世纪 50 年代末,当第一颗人造卫星上天的时候,全世界商业对现代通信技术还无人问津。而 70 年代,沃尔玛就率先使用了卫星通信系统。21 世纪开始,沃尔玛又投资上亿美元开始实施"互联网统一标准平台"的建设。凭借先发优势、科技实力,沃尔玛的店铺冲出阿肯色州,遍及美国,走向世界。由此可见,与其说他是零售企业,不如说他是物流企业。

沃尔玛领先于竞争对手,先行对零售信息系统进行了非常积极的投资。最早使用计算机跟踪存货(1969 年),全面实现 SKU(库存量单位)单品级库存控制(1974 年),最早使用条码(1980 年),最早使用 CM(品类管理)软件(1984 年),最早采用 EDI(1985 年),最早使用无线扫描枪(1988 年),最早与宝洁公司(Procter&Gamble)等大供应商实现 VMI-ECR 产销合作(1989 年)。

在信息技术的支持下,沃尔玛能够以最低的成本、最优质的服务、最快速的管理反应进行全球运作。尽管信息技术并不是沃尔玛取得成功的充分条件,但它却是沃尔玛成功的必要条件。这些投资都使得沃尔玛可以显著降低成本,大幅提高资本生产率和劳动生产率。

沃尔玛的全球采购战略、配送系统、商品管理、人力资源管理、天天平价战略在业界都是可圈可点的经典案例。可以说,所有的成功都是建立在沃尔玛利用信息技术整合优势资源,信息技术战略与传统物流整合的基础之上。可以说,强大的信息技术和后勤保障体系使它不仅在经营商品,更在生产商店,经营物流。

20 世纪 90 年代沃尔玛提出了新的零售业配送理论,开创了零售业的工业化运作新阶段:集中管理的配送中心向各商店提供货源,而不是直接将货品运送到商店。其独特的配送体系,大大降低了成本。加速了存货周转,形成了沃尔玛的核心竞争力。90 年代初,沃尔玛就在公司总部建立了庞大的数据中心,全集团的所有店铺、配送中心和经营的所有商品,每天发生的一切与经营有关的购销调存等详细信息,都通过主干网和通信卫星传送到数据中心。

任何一家沃尔玛商店都具有自己的终端,并通过卫星与总部相连,在商场设有专门负责排货的部门。沃尔玛每销售一件商品,都会即时通过与收款机相连的电脑记录下来,每天都能清楚地知道实际销售情况,管理人员根据数据中心的信息对日常运营与企业战略做出分析和决策。

沃尔玛的数据中心已与上万家供应商建立了协同工作,从而实现了快速反应的供应链管理库存(VMI)。厂商通过这套系统可以进入沃尔玛的电脑配销系统和数据中心,直接从POS得到其供应的商品流通动态状况,如不同店铺及不同商品的销售统计数据、沃尔玛各仓库的存货和调配状况、销售预测、电子邮件与付款通知等,以此作为安排生产、供货和送货的依据。生产厂商和供应商都可通过这个系统查阅沃尔玛产销计划。这套信息系统为生产商和沃尔玛两方面都带来了巨大的利益。

沃尔玛总部的通信网络系统使各分店、供应商、配送中心之间的每一进销调存节点都能形成在线作业。使沃尔玛的配送系统高效运转。这套系统的应用,在短短数小时内便可完成"填妥订单—各分店订单—汇总送出订单"的整个流程,大大提高了营业的高效性和准确性。

知识拓展

通过课堂学习和课后查阅资料,回答下述问题:
信息技术与物流增值服务的关系。

单元测试

一、单项选择题

1. 在电子商务下,以下_____的处理有时不能完全通过计算机和网络通信设备实现。

   A. 商流　　　　B. 资金流　　　　C. 物流　　　　D. 信息流

2. 按照EAN—13条码的规定是_____。

   A. 国家的代码由二位数字组成,制造厂商代码由四位数字组成,商品代码由六位数字组成,校验码由一位数字组成

   B. 国家的代码由三位数字组成,制造厂商代码由三位数字组成,商品代码由六位数字组成,校验码由一位数字组成

   C. 国家的代码由三位数字组成,制造厂商代码由五位数字组成,商品代码由四位数字组成,校验码由一位数字组成

   D. 国家的代码由三位数字组成,制造厂商代码由四位数字组成,商品代码由五位数字组成,校验码由一位数字组成

3. 条码和扫描技术在物流管理中主要应用于_____。

   A. 超市和零售商店的销售记账　　　B. 物料搬运过程的跟踪
   C. 超市和零售商　　　　　　　　　D. 都不是

4. 全球定位系统的简称是_____。

   A. GIS　　　　B. GPS　　　　C. POS　　　　D. EDI

5. 在电子商务下，物流的运作是以_____为中心的。
   A. 信息　　　　　B. 商品　　　　　C. 企业　　　　　D. 客户

二、判断题

1. 物流信息是物流管理的必然要求，没有物流的信息化，就没有先进的物流管理。（　　）

2. 运输管理系统（TMS）能优化运输模式组合，寻求最佳的运输路线，并实现在途物品的跟踪，在必要时调整运输模式，实现车队管理、运输计划、调度与跟踪、与运输商的电子数据交换（信息集成）等。（　　）

3. 条码所表示的某种产品不在生产时，其对应的产品代码可以重复起用，再分配给其他的商品。（　　）

4. 电子数据交换简称 EDI，它是按照统一规定的一套通用标准格式，将标准的经济信息，通过通信网络传输，在贸易伙伴的电子计算机在系统之间进行数据交换和自动处理。（　　）

5. 电子商务不仅要求物流管理人员既具有较高的物流管理水平，而且也要求物流管理人员要具有价高的电子商务知识，并在实际的运作过程中，能有效地将两者有机地结合在一起。（　　）

三、问答题

1. 论信息技术在现代物流管理中的重要性。
2. 电子商务下的物流应该注意哪些问题？

模块八 供应链管理

单元一 供 应 链

了解供应链管理的产生的必要性，正确区分供应链管理与传统物流管理的区别。

一、供应链的产生

由于科学技术的不断进步和经济的飞速发展，20世纪后期政治和经济都发生剧烈的变化。随着高新技术的发展和运用，尤其是通信技术、信息技术的发展，打破了时间和空间对经济活动的限制，世界各国和各个企业之间的距离缩短了，联系加强了。科学技术的发展也使世界经济发生了巨大的变化，企业的生产活动趋向于国际化，贸易和投资趋向自由化；世界金融市场趋向于一体化，信息技术趋向于网络化，世界经济正走向经济全球化的时代。

经济全球化的发展导致了世界范围内的经济结构的调整，资源配置的优化和生产要素的重新组合，使经济领域中的资金、技术、人员、信息等生产要素和商品在全球范围内快速自由流动，寻求最佳配置，使得世界各国的经济日益紧密地联系在一起，相互影响，相互渗透，相互补充，相互依存。

经济全球化对企业的生产经营理念产生了极大的冲击，企业认识到要能够快速响应用户的需求，赢得市场，仅靠一个企业所拥有的资源是不够的。必须借助其他企业的资源才能达到快速响应市场变化，同时，企业还认识到赢得市场的关键不在于具体的制造技术和管理方法本身，而在于企业的生产与经营模式的改变，为此，企业开始考虑与供应商和用户之间的关系，把整个产品的物流过程从原材料和零部件的采购与供应，到生产加工、运输与仓储、配送与销售，直至用户看成一个整体，这个整体中的各个环节形成了一条网链结构，这就生了供应链的概念。

（一）供应链

供应链是指生产及流通过程中，涉及将产品或服务提供给最终用户活动的上游和下游企业，所形成的网链结构。供应链涉及供应商的供应商到客户的最终产品的生产与交付的一切过程。它包括了从原材料到最终用户的相关联的所有活动。

早期的供应链的概念只局限于企业内部的操作层面,注重企业本身的资源利用。它把从企业外部采购的原材料和零部件,通过生产加工和销售,传递到零售商和用户看作一个过程。强调企业内部供应链的管理。而整个产品供应链中的各个企业往往独立运作。

如今的供应链概念已发展到企业战略管理层面,强调供应链中各节点企业之间的集成,贯穿了从产品设计、原材料和零部件采购、生产制造、包装、运输、配送、销售直到最终用户的全过程的一体化。

供应链是一个新型的范围更广的企业结构模式。供应链包含所有加盟的节点企业,从原材料的供应开始,经过链中不同企业的制造加工、组装、运输、销售等过程直到最终用户。这种企业管理模式注重了外部环境对企业的关联和影响,强调相互间的协作和整合,是一种范围更广、更系统的概念。

供应链又是需求链。在买方市场的情况下,供应链的产生是由于客户(消费者或使用者)的需求驱动而形成的,如果客户对某种商品没有需求,也就不存在这种商品的供应链。因此,整个供应链的运作是以满足客户需求为目标的。

供应链又是增值链。在供应链上通过加工、包装、运输等过程,增加产品的价值,给相关企业带来收益。

(二) 供应链的特征

供应链是一个网链结构,由围绕核心企业的供应商、供应商的供应商和用户、用户的用户组成。一个企业是一个节点,节点企业和节点企业之间是一种需求与供应关系。供应链主要具有以下特征。

1. 复杂性

因为供应链节点企业组成的跨度(层次)不同,供应链往往由多个、多类型、多地域企业构成,所以供应链结构模式比一般单个企业的结构模式更为复杂。

2. 动态性

供应链管理因企业战略和适应市场需求变化的需要,其中节点企业需要动态地更新,这就使得供应链具有明显的动态性。

3. 交叉性

节点企业可以是这个供应链的成员,同时又是另一个供应链的成员,众多的供应链形成交叉结构,增加了协调管理。

4. 面向用户需求

供应链的形成、存在和重构,都是基于一定的市场需求而发生,并且在供应链的运作过程中,用户的需求拉动是供应链中信息流、产品/服务流、资金流运作的驱动源。

（三）供应链的基本模型

一般说来，供应链中的每一个企业称为节点企业，其中一般有一个核心节点企业（可以是产品制造企业，也可以是大型零售企业），节点企业在需求信息的驱动下，通过供应链的职能分工与合作（生产、分销、零售等），以资金流、物流和信息流为媒介实现整个供应链的不断增值。所以，供应链的基本模型如图 8-1 所示。

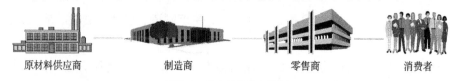

图 8-1　供应链的基本模型

从运营机制上看，供应链是一个过程，它是根据产品订单，通过原材料供应、生产加工、运输和仓储、销售等环节将信息、资金、物质送达到用户的一个过程。因此，供应链的运作表象就是物流、信息流和资金流。

一般来说，构成供应链的基本要素以下几方面（如图 8-2 所示）。

（1）供应商（原材料或零部件供应商）：指给生产厂家提供原材料或零件的企业。

（2）厂家（产品制造业）：产品生产的最重要环节，负责产品生产、开发和售后服务等。

（3）批发及第三方物流：为实现将产品送到经营地理范围每一角落而设的产品流通代理企业。

（4）零售行业：将产品销售给消费者的企业。其中批发及物流和零售行业也可以统称为流通业。

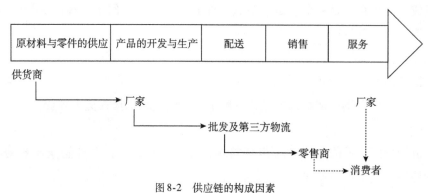

图 8-2　供应链的构成因素

二、供应链管理概述

虽然目前供应链管理（Supply Chain Management）的概念仍然处在一个不断完善的发展过程中，各国学者对供应链管理的概念表述不一，但有一点达成了共识，供应链管理代表的不仅仅是某种管理方法，而是代表了一整套管理理念，它是管理理论的又一次革命性的飞跃。

单元二　供应链管理

了解供应链管理的概念；通过操作习题使学生树立供应链管理的思想；了解基于供应链的物流管理。

一、供应链管理

国际上对于供应链管理定义的文字表述各有不同，但它们的实质都是一样的，就是从不同的角度描述了什么是供应链管理。

我国发布的国家标准《物流术语》（GBT 18354—2006）将供应链管理定义为：对供应链涉及的全部活动进行计划、组织、协调与控制。

二、供应链管理与物流相比的特点

供应链管理改变了传统物流的内涵，物流已经发展成为它的一部分。与物流管理相比，供应链管理具有如下特点。

（一）供应链管理的互动特性

从管理的对象来看，物流是以存货资产作为管理对象的，供应链管理则是对存货流动（包括必要的停顿）中的业务过程进行管理，它是对关系的管理，因此具有互动的特征。兰博特教授认为，必须对供应链中所有关键的业务过程实施精细管理，主要包含需求管理、订单执行管理、制造流程管理、采购管理和新产品开发及其商品化管理等。有些企业的供应链管理过程，还包括从环保理念出发的商品回收渠道管理，如施乐公司。

（二）供应链管理成为物流的高级形态

事实上，供应链管理是从物流的基础上发展起来的，从企业运作的层次来看，从实物分配开始，到整合物资管理，再到整合信息管理，通过功能的逐步整合形成了供应链管理的概念。从企业关系的层次来看，则有从制造商向批发商和分销商再到最终客户的前向整合，以及向供应商的逆向整合，通过关系的整合形成了供应链管理的概念。从操作功能的整合到渠道关系的整合，使物流从战术的层次提升到战略高度，所以供应链管理看起来是一个新概念，实际上它是物流在逻辑上的延伸。

(三)供应链管理决策的发展

供应链管理决策和物流管理决策都是以成本、时间和绩效为基准点的,供应链管理决策在包含运输决策、选址决策和库存决策的物流管理决策的基础上,增加了关系决策和业务流程整合决策,成为更高形态的决策模式。

物流管理决策和供应链管理决策的综合目标,都是最大限度地提高客户服务水平,供应链管理决策形成了一个由客户服务目标拉动的空间轨迹。供应链管理的概念涵盖了物流的概念,从系统论的观点看,物流是供应链管理系统的子系统。所以,物流的决策必须服从供应链管理的整体决策。

(四)供应链管理的协商机制

物流在管理上是一个计划的机制。临传统的物流模式中,主导企业通常是制造商,它们力图通过一个计划来控制产品和信息的流动,与供应商和客户的关系本质上是利益冲突的买卖关系,常常导致存货或成本向上游企业的转移。供应链管理同样制定计划,但目的是为了谋求在渠道成员之间的联合和协调。美国联合技术公司为了提高生产周期的运营效率,在互联网上公布生产计划,使供应商能够更加迅速地对需求变化做出反应。

供应链管理是一个开放的系统,它的一个重要目标就是通过分享需求和当前存货水平的信息,来减少或消除所有供应链成员企业所持有的缓冲库存,这就是供应链管理中"共同管理库存"的理念。

(五)供应链管理强调组织外部一体化

物流更加关注组织内部的功能整合,而供应链管理认为只有组织内部的一体化是远远不够的。供应链管理是一个高度互动和复杂的系统工程,需要同步考虑不同层次上相互关联的技术经济问题,进行成本效益权衡。比如要考虑在组织内部和组织之间,存货以什么样的形态放在什么样的地方,在什么时候执行什么样的计划;供应链系统的布局和选址,信息共享的深度;实施业务过程一体化管理后所获得的整体效益如何在供应链成员之间进行分配;特别是要求供应链成员在一开始就共同参与制定整体发展战略或新产品开发战略等。跨边界和跨组织的一体化管理使组织的边界变得更加模糊。

(六)供应链管理对共同价值的依赖性

随着供应链管理系统结构复杂性的增加,它将更加依赖信息系统的支持。如果物流管理是为了提高产品面向客户的可行性,那么供应链管理则是首先解决供应链伙伴之间信息的可靠性问题。所以,有时也将供应链看作是协作伙伴之间信息增值交换的一系列关系。

互联网为提高信息可靠性提供了技术支持，但如何管理和分配信息则取决于供应链成员之间对业务过程一体化的共识程度。所以，与其说供应链管理依赖网络技术，还不如说供应链管理是为了在供应链伙伴间形成一种相互信任、相互依赖、互惠互利和共同发展的价值观和依赖关系而构筑的信息化网络平台。

（七）供应链管理是"外源"整合组织

供应链管理与垂直一体化物流不同，它是在自己的"核心业务"基础上，通过协作的方式来整合外部资源以获得最佳的总体运营效益，除了核心业务以外，几乎每件事都可能是"外源的"，即从公司外部获得的。著名的企业如 Nike 公司和 Sun 微系统公司，通常外购或外协所有的部件，而自己集中精力于新产品的开发和市场营销。这一类公司有时也被称为虚拟企业或网络组织，其制造成本的 90% 都是外购的。表面上看这些企业是将部分或全部的制造和服务活动，以合同形式委托其他企业加工、制造，但实际上是按照市场的需求，根据规则对由标准、品牌、知识、核心技术和创新能力所构成的网络系统整合或重新配置社会资源。

垂直一体化以拥有资源为目的，而供应链管理则以协作和双赢为手段。所以，供应链管理是资源配置的优先方法。供应链管理在获得外部资源配置的同时，也将原先的内部成本外部化，通过清晰的过程进行成本核算和成本控制，可以更好地优化客户服务和实施客户关系管理。

供应链管理是一个动态的响应系统。在供应链管理的具体实践中，应该始终关注对关键过程的管理和测评。高度动态的市场环境要求企业管理层能够经常对供应链的运营状况实施规范的监控和评价，如果没有实现预期的管理目标，就必须考虑可能的替代供应链并做出适当的应变。

三、供应链管理的目标

供应链管理的目标是通过调和总成本最低化、客户服务最优化、总库存成本最小化、总周期时间最短化及物流质量最优化等目标之间的冲突，实现供应链绩效的最大化。

（一）总成本最低化

众所周知，采购成本、运输成本、库存成本、制造成本及供应链物流的其他成本费用都是相互联系的。因此，为了实现有效的供应链管理，必须将供应链各成员企业作为一个有机整体来考虑，并使实体供应物流、制造装配物流与实体分销物流之间达到高度均衡。从这一意义出发，总成本最低化目标并不是指运输费用或库存成本，或其他任何供应链物流运作与管理活动的成本最小，而是整个供应链运作与管理的所有成本的总和最低化。

（二）客户服务最优化

在激烈的市场竞争时代，当许多企业都能在价格、特色和质量等方面提供相类似的产品时，差异化的客户服务能带给企业以独特的竞争优势。纵观当前的每一个行业领域，从计算机到汽车，消费者都有广泛而多样化的选择余地。任何企业都承担不起惹怒它的顾客的代价。企业提供的客户服务水平，直接影响到它的市场份额、物流总成本，并且最终影响其整体利润。供应链管理的实施目标之一，就是通过上下游企业协调一致的运作，保证达到客户满意的服务水平，吸引并保留客户，最终实现企业的价值最大化。

（三）总库存成本最小化

传统的管理思想认为，库存是维系生产与销售的必要措施，因而企业与其上下游企业之间在不同的市场环境下只是实现了库存的转移，整个社会库存总量并未减少。按照即时生产（JIT 生产）管理思想，库存是不确定性的产物，任何库存都是浪费。因此，在实现供应链管理目标的同时，要使整个供应链的库存控制在最低的程度。零库存反映的即是这一目标的理想状态。所以，总库存最小化目标的达成，有赖于实现对整个供应链的库存水平与库存变化的最优控制，而不只是单个成员企业库存水平的最低。

（四）总周期时间最短化

在当今的市场竞争中，时间已成为竞争成功最重要的要素之一。当今的市场竞争不再是单个企业之间的竞争，而是供应链与供应链之间的竞争。从某种意义上说，供应链之间的竞争实质上是时间竞争，即必须实现快速有效地响应客户的需求，最大限度地缩短从客户发出订单到顾客满意收货的整个供应链的总时间周期。

（五）物流质量最优化

企业产品或服务质量的好坏直接关系到企业的成败。同样，供应链企业间服务质量的好坏直接关系到供应链的存亡。如果在所有业务过程完成以后，发现提供给最终客户的产品或服务存在质量缺陷，就意味着所有成本的付出将不会得到任何价值补偿，供应链物流的所有业务活动都会变为非增值活动，从而导致整个供应链的价值无法实现。因此，达到和保持服务质量的水平，也是供应链管理的重要目标。而这一目标的实现，必须从原材料、零部件供应的零缺陷开始，直至供应链管理全过程、全方位质量的最优化。

就传统的管理思想而言，上述目标相互之间呈现出互斥性：客户服务水平的提高、总时间周期的缩短、物流质量的改善必然以库存、成本的增加为前提，因而无法同时达到最优。而运用集成化管理思想，从系统的观点出发，改进服务、缩短时间、提高品质与减少库存、降低成本是可以兼得的，因为只要供应链的基本工作流程得到改进，就能够提高工作效率，消除重复与浪费，缩减员工数量，减少客户抱怨，提高客户忠诚度，降低库存总水平，减少总成本支出。

 拓展案例

中远集运与上海通用演绎现代全球物流

一、中远集运与上海通用"一见钟情"

上海通用汽车有限公司（简称上海通用）是迄今为止中美最大的合资公司之一，美国通用汽车公司和上海汽车（集团）总公司共同投资15.2亿美金。上海通用是一个整车组装公司，零部件在全球范围内采购，相当部分汽车零部件需从国外进口。1997年年底，上海通用开始对汽车零部件物流项目进行招标，要求物流服务商将通用的汽车零部件从加拿大内陆铁路运输到温哥华、海运至日本港口中转、横跨太平洋，再到上海交货，必须提供"门到门"全程物流运输服务。由于上海通用的汽车零部件物流项目利润高、运量稳定、连贯性强，所以该物流项目就成为众多航运公司虎视眈眈的一块"肥肉"。中远集团下属的中国远洋集装箱运输有限公司（简称中远集运）整合了中远的物流网络与信息管理系统，按照上海通用的要求设计"门到门"的物流方案并提供相应的报价。像上海通用这样的公司，在物流服务质量上有着近乎苛刻的要求。当中远集运将一份近一百页、内容翔实的标书呈在上海通用的负责人面前时，该负责人曾毫不掩饰地说："我真有种'惊艳'的感觉，这是我们收到的最精美、最完善的标书！能制作如此高质量标书的公司也一定能提供高标准、高质量的服务。"双方就"一见钟情"啦。1998年7月9日，上海通用与中远集运签订了协议，而且一签就是三年。按惯例，这种合同一般只签一年。

二、上海通用享受中远集运物流的贴身服务

上海通用采用零库存流水线生产，基本不设仓库，生产进度完全以运输时间为准，船舶一靠码头，汽车零部件立即卸下拉到工厂上流水线，由此可见，中远集运的物流服务已经成了上海通用生产流程中不可或缺的重要一环。因此，中远集运的物流必须与上海通用的生产计划同步。中远集运为了和上海通用在业务流程方面实现平滑衔接，专门派专职人员长驻上海通用"蹲点"，详尽了解上海通用的运作环节。经过充分的明察暗访，中远集运在传统服务项目基础上，大胆创新，给上海通用提供了贴身物流服务。

中远集运依托中远集团强大的技术实力，在承运上海通用的运输上安置全球GPS，实现对运输过程的全程跟踪，以达到对上海通用"零部件"的即时控制。虽然具体的物流工作由中远集运承担，但是上海通用足不出户，"货物始终掌握在自己手中"。为了最大限度地缩短物流周期，中远集运专门为上海通用"量身定做"了一条多式联运航线，从加拿大内陆到温哥华码头，再到上海交货地全程仅需20天，比别的公司至少提前了4天。当时的竞争对手东方海外知道后坦率地说："早知你们实力这么强，当初就不花那么多工夫跟你们竞争了！"

三、物流品牌效应

一提到中远集运的物流,上海通用汽车零部件项目负责人一连说了好几个"excellent"(优秀的、相当好的),他们这样肯定中远集运的服务:"我司从一开始就追求精益物流的目标,中远集运的物流服务便清楚地表明,中远集运是我们放心的承运人。""周密细致的计划,精益求精的服务,尽力尽责的精神……可以说,在对上海通用的物流服务方面,这是其他船公司无法匹及的。"上海通用说:"跟我们打交道很难,我们是用国际标准来要求中国的公司,比较挑剔。但要是给我们服务好了,再给别的公司提供服务的可能性就大了。""花香自然引蝶来",中远集运承接的上海通用汽车零部件物流项目在业界引起了很大反响,不少客户慕名而来,要中远集运全权代理其物流项目。如今,包括上海大众、一汽集团在内的16家知名汽车制造企业、闻名遐迩的青岛海尔、美国最大的鞋类零售商PAYLESS,纷纷把其物流项目交给中远集运承运。

知识拓展

通过课堂学习和课后查阅资料,回答下述问题:
1. 供应链管理如何提升流通企业竞争力?
2. 比较分析虚拟供应链和敏捷供应链。

单元测试

一 单项选择题

1. 以下关于供应链的叙述中,不正确的是_____。
    A. 供应链是指商品进入消费者手中之前行业与行业之间得联系
    B. 供应与需求是不可分割的两部分,可把供应链与需求链的概念结合起来统称为"供需链"
    C. 供应链就是原材料的供应渠道
    D. 供应链涵盖着从原材料的供应商经过开发、加工、生产、批发、零售等过程到达用户之间有关最终产品或服务的形成和交付的每一项业务活动

2. 供应链的基本要素包括_____。
    A. 供应商和生产厂家
    B. 供应商、生产厂家、批发及物流,零售行业
    C. 生产厂家,批发及物流,零售行业
    D. 供应商,流通业

3. 以下关于供应链管理的叙述中不正确的是_____。
    A. 供应链管理是制造商与它的供应商、分销商及用户协同合作,为顾客所希望并愿意为之付出市场,提供一个共同的产品和服务

B. 供应链管理所涉及的理论源于产品的分销和运输管理，因此供应链管理就是后勤管理

C. 供应链管理是计划、组织和控制从最初原材料到最终产品及其消费得整个业务流程，这些流程连接了供应商到顾客的所有企业

D. 供应链管理更着重于从原材料供应商到最终用户所有关键业务流程的集成，因此许多非后勤管理的流程也必须集成到供应链管理中来

4. 虚拟供应链一般是一种_____结构。

  A. 链式   B. 网状   C. 树状   D. 点状

5. 支持未来供应链管理的信息系统将是_____。

  A. 电子商务

  B. 扩展的 ERP 系统（eERP）

  C. 完全电子化的供应链（e-chain）

  D. 电子商务与扩张的 ERP 系统（eERP）相结合

二、判断题

1. 以前的竞争是企业与企业之间的竞争，以后的竞争将是供应链与供应链之间的竞争。（　　）

2. 供应链涵盖着从原材料的供应商经过开发、加工、生产、批发、零售等过程到达用户之间有关最终产品或服务的形成和交付的每一项业务活动。（　　）

3. 供应链管理是计划、组织和制造从最终原材料到最终产品及其消费的整个业务流程，这些流程连接了从供应商到顾客的所有企业。供应链包含了由企业内部和外部为顾客制造产品和提供服务的各职能部门所形成的价值链。（　　）

4. 拉式市场的供应链系统比推式市场的供应链系统对需求信息的把握更加准确与及时。（　　）

5. 在选择长期合作伙伴时，应选择能提供最低价格的供应商。（　　）

三、问答题

1. 供应链管理如何建立合作伙伴关系？
2. 供应链管理的基本原则是什么？

参 考 文 献

[1] 张毅. 现代物流管理 [M]. 上海：上海人民出版社，2002.
[2] 詹姆士·R·斯托克，道格拉斯·M·兰伯特. 战略物流管理 [M]. 邵晓峰，等，译. 北京：中国财政经济出版社，2003.
[3] 唐纳德·J·鲍尔索克斯，戴维·J·克劳斯. 物流管理——供应链过程的一体化 [M]. 北京：机械工业出版社，1999.
[4] 傅莉萍. 企业物流管理 [M]. 北京：科学出版社，2014.
[5] 吴小燕. 运输管理与实务 [M]. 上海：上海大学出版社，2013.
[6] 仪玉莉. 运输管理 [M]. 北京：高等教育出版社，2012.
[7] 马士华，黄爽，赵婷婷. 供应链物流管理 [M]. 北京：机械工业出版社，2010.
[8] 王道平，侯美玲. 供应链库存管理与控制 [M]. 北京：北京大学出版社，2011.
[9] 蒋长兵，白丽君. 仓储管理与库存控制案例、习题与解答 [M]. 北京：中国物资出版社，2010.
[10] 劳健，符海青，邱漠河. 供应链管理 [M]. 西安：西北工业大学出版社，2015.
[11] 何明珂. 物流与供应链管理 [M]. 4版. 北京：电子工业出版社，2012.
[12] 赵跃华. 现代物流管理概论 [M]. 北京：北京大学出版社，2015.
[13] 杨尊琦. ERP企业内部物流实验教程 [M]. 北京：清华大学出版社，2016.
[14] 刘宝红. 采购与供应链管理 [M]. 北京：机械工业出版社，2015.
[15] 孔继利. 企业物流管理 [M]. 北京：北京大学出版社，2012.
[16] 李海民，纪付荣. 国际物流运输实务 [M]. 北京：清华大学出版社，2015.
[17] 黄新祥，陈雅萍，施丽华. 国际物流 [M]. 北京：清华大学出版社，2014.
[18] 李育蔚. 仓储物流精细化管理全案 [M]. 北京：人民邮电出版社，2015.
[19] 刘徐方. 供应链管理视角下的现代物流研究 [M]. 北京：中国水利水电出版社，2015.
[20] 白兰，杨春河. 物流信息管理系统 [M]. 天津：南开大学出版社，2015.
[21] 梁世翔. 采购管理 [M]. 2版. 北京：高等教育出版社，2014.
[22] 朱占峰，陈勇. 供应链管理 [M]. 2版. 北京：高等教育出版社，2014.
[23] 曲建科，杨明. 物流成本管理 [M]. 2版. 北京：高等教育出版社，2014.
[24] 都国雄. 物流信息管理 [M]. 北京：高等教育出版社，2014.
[25] 薛威. 仓储作业管理 [M]. 2版. 北京：高等教育出版社，2014.